기초부터 활용까지

택일 완벽 가이드

기초부터 활용까지
택일 완벽 가이드

글쓴이 | 백 호
펴낸이 | 유재영
펴낸곳 | 동학사
기 획 | 이화진
편 집 | 박선희
디자인 | 문정혜

1판 1쇄 | 2010년 6월 14일
출판등록 | 1987년 11월 27일 제10-149

주소 | 121- 884 서울 마포구 합정동 359-19
전화 | 324-6130, 324-6131 · 팩스 | 324-6135
E-메일 | dhak1@paran.com
dhsbook@hanmail.net
홈페이지 | www.donghaksa.co.kr
www.green-home.co.kr

ISBN 978 - 89 - 7190 - 316 - 2   03150

기초부터 활용까지

택일 완벽 가이드

백 호 白湖

 동학사

택일법은 생활 속에서 쉽게 활용할 수 있는 학문이다

택일(擇日)을 하는 가장 큰 이유는 자신이나 가족의 안위(安慰)를 지키기 위해서이다. 길한 날을 선택함으로써 마음의 안정을 얻고, 자신과 가족의 삶이 무탈하기를 바라는 마음에서 택일을 하는 것이다. 그런데 몇몇 학자들이 자신의 말대로 하지 않으면 화(禍)를 입거나 가족들이 해(害)를 당한다는 식으로 공포를 조장하고, 일부 택일 서적들은 이런 내용을 그대로 담고 있기도 하다. 그래서 택일법에 대해 잘 모르는 일반인들은 택일법을 미신으로 치부하여 무시하고, 또 어떤 사람들은 맹신하여 시키는 대로 하지 않으면 재앙을 당한다고 생각하는 것이 현실이다.

그러나 택일법은 옛날부터 우리 생활과 밀접한 관계를 맺으며 발전해 온 오래된 풍습으로, 조상들의 지혜와 경험이 축적된 학문이다. 또한 역학(易學)은 오랜 시간을 갖고 공부를 해야 하지만, 택일법은 조금만 관심을 갖고 공부한다면 누구나 쉽게 활용할 수 있다. 조금만 노력하면 전문가 못지않은 실력을 갖출 수 있다는 것도 택일법의 매력이다.

이 책은 1부 기초 이해, 2부 실용 학습, 3부 실전 연습으로 되어 있다. 책을 보다 효과적으로 보는 방법은 다음과 같다.

첫째, 1부와 2부는 한 번 읽어보듯이 하고 지나간다. 택일을 처음 접하는 초보자가 이 부분을 처음부터 완전히 이해하고 넘어가려고 한다면 한 시간도 못 되어 책을 덮어

버리는 경우가 대부분일 것이다. 두세 번 정도는 읽어봐야 이해할 수 있기 때문이다. 또한 1부와 2부는 단순히 날[日辰]로만 보는 종합적인 택일 방법이지 각 개인의 사례에 맞는 택일 방법은 아니다.

둘째, 3부는 각 개인의 사례에 맞춘 세부적인 택일 방법이다. 1부와 2부에서 배운 이론과 표를 참고하면서 3부를 보면 택일을 어떻게 하는 것인지 구체적이고 자세한 방법을 쉽게 이해할 수 있다. 1부와 2부를 한 번 읽어보고 넘어가라고 한 이유도 여기에 있다.

셋째, 이 책을 보면서 이해가 안 가거나 모르는 부분이 있으면 필자가 운영하는 카페(http://cafe.daum.net/tkwndurgkr)에 들어와서 질문하고 답을 구하기 바란다.

이 책을 통해 보다 많은 이들이 택일법에 대한 잘못된 생각을 버리고, 택일법을 이해하여 일상생활에서 폭넓게 활용할 수 있기를 바라는 마음이다.

여수에서 白溪

기 초 부 터 　 활 용 까 지
택일 완벽 가이드

基礎理解

택일법

모든 택일에서 기초가 되는 중요한 이론들을 모아 자세히 설명한다.

생기법(生氣法)은 택일(擇日)을 할 때

가장 기본이 되는 방법이다.

생기법에서 생기(生氣)·천의(天宜)·복덕(福德)일은 매우 길하고,

화해(禍害)·절명(絶命)일은 매우 흉하며,

절체(絶體)·유혼(遊魂)·귀혼(歸魂)일은 별로 좋지 않다.

택일을 할 때는 생기법으로 먼저 길일을 가리고,

다른 방법으로 보아 길일이 되더라도

생기·복덕·천의일에 맞지 않으면 쓰지 않는다.

기초 이해

1

육갑론 六甲論

1. 천간지지와 음양오행

1 천간지지

간(干)은 하늘을 상징하여 천간이라 하고, 지(支)는 땅을 상징하여 지지라 한다. 또한 천간은 甲·乙·丙·丁·戊·己·庚·辛·壬·癸 10가지로 이루어져 있어 십간(十干)이라고도 하고, 지지는 子·丑·寅·卯·辰·巳·午·未·申·酉·戌·亥 12가지로 이루어져 있어 십이지(十二支)라고도 한다. 천간과 지지를 합쳐서 간지(干支)라고 한다.

2 음양

음양(陰陽)이란 우주의 근본이 분화하는 과정에서 생겨난 것으로 음과 양은 서로 대비되는 관계이다. 음은 부드러움과 순함을 뜻하고 양은 강함과 튼튼함을 뜻한다. 천간지지도 각각 음양으로 구분할 수 있다.

천간	양간(陽干)	甲·丙·戊·庚·壬
	음간(陰干)	乙·丁·己·辛·癸
지지	양지(陽支)	子·寅·辰·午·申·戌
	음지(陰支)	丑·卯·巳·未·酉·亥

3 오행

오행(五行)이란 만물을 이루는 다섯 가지 원소를 말하는 것으로, 木·火·土·金·水를 가리킨다. 천간지지는 음양 뿐만 아니라 오행으로도 구분할 수 있으며, 각각의 오행이 상징하는 계절, 방위, 숫자, 색깔 등이 다르다.

오행＼구분	木	火	土	金	水
천간	甲·乙	丙·丁	戊·己	庚·辛	壬·癸
지지	寅·卯	巳·午	辰·戌·丑·未	申·酉	亥·子

오행 구분	木	火	土	金	水
방위	동	남	중앙	서	북
숫자	3 · 8	2 · 7	5 · 10	4 · 9	1 · 6
색	청색	적색	황색	백색	흑색
계절	봄	여름	사계절	가을	겨울
월	1 · 2	4 · 5	3 · 6 · 9 · 12	7 · 8	10 · 11

오행은 끊임없이 서로 생하거나 생을 받으며 상호작용을 하는데, 이를 오행의 상생이라고 한다. 또한 오행은 끊임없이 서로 극하거나 극을 받으며 상호작용을 하기도 하는데, 이는 오행의 상극이라고 한다.

❶ 상생

- 목생화(木生火) : 목이 화를 생한다.
- 화생토(火生土) : 화가 토를 생한다.
- 토생금(土生金) : 토가 금을 생한다.
- 금생수(金生水) : 금이 수를 생한다.
- 수생목(水生木) : 수가 목을 생한다.

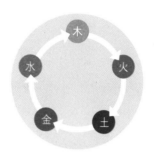

❷ 상극

- 목극토(木剋土) : 목이 토를 극한다.
- 토극수(土剋水) : 토가 수를 극한다.
- 수극화(水剋火) : 수가 화를 극한다.
- 화극금(火剋金) : 화가 금을 극한다.
- 금극목(金剋木) : 금이 목을 극한다.

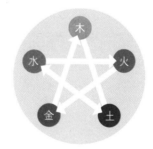

4 합충

합(合)은 합한다, 배합한다는 뜻이며, 충(沖)은 충돌한다는 뜻으로 천간 또는 지지는 서로 합을 하거나 충을 한다.

❶ 천간합

천간에서 이루어지는 합이다. 그리고 천간들이 서로 합을 하면 자신이 아닌 다른 새로운 기운의 오행으로 바뀌는데, 이것을 합화(合化)라고 한다.

- 갑기합토(甲己合土) : 갑목(甲木)과 기토(己土)가 만나 합하면 토(土)로 변한다.
- 을경합금(乙庚合金) : 을목(乙木)과 경금(庚金)이 만나 합하면 금(金)으로 변한다.

- 병신합수(丙辛合水) : 병화(丙火)와 신금(辛金)이 만나 합하면 수(水)로 변한다.
- 정임합목(丁壬合木) : 정화(丁火)와 임수(壬水)가 만나 합하면 목(木)으로 변한다.
- 무계합화(戊癸合火) : 무토(戊土)와 계수(癸水)가 만나 합하면 화(火)로 변한다.

❷ 천간충

천간에서 이루어지는 충이다. 갑경충(甲庚沖), 을신충(乙辛沖), 병임충(丙壬沖), 정계충(丁癸沖), 무기충(戊己沖) 등이 있다.

❸ 지지합

지지에서 이루어지는 합이다. 천간합과 마찬가지로 서로 다른 오행이 만나 합을 이루어 다른 오행으로 변한다. 지합(支合)이라고도 하며, 6개의 합이 있다 하여 육합(六合), 지육합(支六合), 지지육합(地支六合)이라고도 한다.

- 자축합토(子丑合土) : 자수(子水)와 축토(丑土)가 만나 합하면 토(土)로 변한다.
- 인해합목(寅亥合木) : 인목(寅木)과 해수(亥水)가 만나 합하면 목(木)으로 변한다
- 묘술합화(卯戌合火) : 묘목(卯木)과 술토(戌土)가 만나 합하면 화(火)로 변한다.
- 진유합금(辰酉合金) : 진토(辰土)와 유금(酉金)이 만나 합하면 금(金)으로 변한다.
- 사신합수(巳申合水) : 사화(巳火)와 신금(申金)이 만나 합하면 수(水)로 변한다.
- 오미합화(午未合火) : 오화(午火)와 미토(未土)가 만나 합하면 화(火)로 변한다.

❹ 지지충

지지에서 이루어지는 충이다. 즉 양의 지지는 양의 지지끼리, 음의 지지는 음의 지지끼리 부딪치는 것으로, 자오충(子午沖), 축미충(丑未沖), 인신충(寅申沖), 묘유충(卯酉沖), 진술충(辰戌沖), 사해충(巳亥沖) 등이 있다.

❺ 지지삼합

3개의 지지가 모여서 이루어지는 합이다. 순서로 볼 때는 子·午·卯·酉를 중심으로 앞으로 네 번째 지지와 뒤로 네 번째 지지가 만나 합을 이루며, 이 때 중심에 있는 子·午·卯·酉의 오행의 기운으로 바뀐다.

- 인오술합화(寅午戌合火) : 인오술(寅午戌)은 합하여 화(火)로 변한다.
- 신자진합수(申子辰合水) : 신자진(申子辰)은 합하여 수(水)로 변한다.
- 사유축합금(巳酉丑合金) : 사유축(巳酉丑)은 합하여 금(金)으로 변한다.
- 해묘미합목(亥卯未合木) : 해묘미(亥卯未)는 합하여 목(木)으로 변한다.

삼합을 이루는 지지 중에서 子·午·卯·酉를 포함한 2개의 지지가 모여도 합이 이루어지는데, 이 것을 반합(半合)이라고 한다. 예를 들어 인오술합(寅午戌合)에서는 午를 포함하는 인오합(寅午合) 이나 오술합(午戌合)이 반합이다.

지지삼합	반합	
인오술합(寅午戌合)—화(火)	인오합(寅午合)—화(火)	오술합(午戌合)—화(火)
신자진합(申子辰合)—수(水)	신자합(申子合)—수(水)	자진합(子辰合)—수(水)
사유축합(巳酉丑合)—금(金)	사유합(巳酉合)—금(金)	유축합(酉丑合)—금(金)
해묘미합(亥卯未合)—목(木)	해묘합(亥卯合)—목(木)	묘미합(卯未合)—목(木)

❻ 지지방합

지지 중에서 같은 기운, 같은 방위를 나타내는 3개의 지지가 모여 이루는 합이다. 같은 계절에 속 하는 지지의 합이라 하여 계절합이라고도 한다.

- 인묘진합(寅卯辰合)-동쪽-목(木) : 인묘진(寅卯辰)은 동쪽에 해당하고, 동쪽은 목(木)을 나타낸다.
- 신유술합(申酉戌合)-서쪽-금(金) : 신유술(申酉戌)은 서쪽에 해당하고, 서쪽은 금(金)을 나타낸다.
- 사오미합(巳午未合)-남쪽-화(火) : 사오미(巳午未)는 남쪽에 해당하고, 남쪽은 화(火)를 나타낸다.
- 해자축합(亥子丑合)-북쪽-수(水) : 해자축(亥子丑)은 북쪽에 해당하고, 북쪽은 수(水)를 나타낸다.

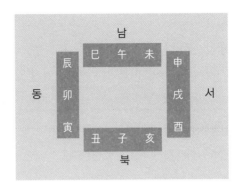

지지방합에서도 지지삼합과 마찬가지로 합을 이루는 3개의 지지 중 2개의 지지만 모여도 합을 이루며, 이것을 반합(半合), 준방합(準方合), 반국(半局)이라고 한다. 단, 반드시 포함되어야 하는 지지가 없이 어느 것이든 2개의 지지만 있으면 된다.

지지방합	반합	
인묘진합(寅卯辰合)－동쪽－목(木)	인묘합(寅卯合)－목(木)	묘진합(卯辰合)－목(木)
신유술합(申酉戌合)－서쪽－금(金)	신유합(申酉合)－금(金)	유술합(酉戌合)－금(金)
사오미합(巳午未合)－남쪽－화(火)	사오합(巳午合)－화(火)	오미합(午未合)－화(火)
해자축합(亥子丑合)－북쪽－수(水)	해자합(亥子合)－수(水)	자축합(子丑合)－수(水)

5 형·파·해

❶ 형
형(刑)은 형살(刑殺)이라고도 하며, 지지에서 이루어지기 때문에 지형(支刑)이라고도 한다. 그리고 삼형에서 지지가 각각 2개만 있는 경우는 육형이라 한다. 형의 종류로는 삼형, 상형, 자형 등이 있다.

- 삼형 : 인사신(寅巳申), 축술미(丑戌未).
- 상형 : 자묘(子卯)
- 자형 : 진진(辰辰), 오오(午午), 유유(酉酉), 해해(亥亥).

❷ 파
파(破)는 글자 그대로 파괴한다는 뜻이다. 파에 자유파(子酉破), 축진파(丑辰破), 인해파(寅亥破), 묘오파(卯午破), 사신파(巳申破), 술미파(戌未破) 등이 있어 육파(六破)라고도 하며, 지지에서 이루어지기 때문에 지파(支破)라고도 한다.

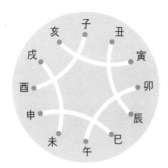

❸ 해

해(害)는 합으로 들어오는 것을 충한다는 의미이다. 자미해(子未害), 축오해(丑午害), 인사해(寅巳害), 묘진해(卯辰害), 신해해(申亥害), 유술해(酉戌害) 등이 있어 육해(六害)라고도 하며, 지지에서 이루어지기 때문에 지해(支害)라고도 한다.

2. 육십갑자

천간(天干) 10글자와 지지(地支) 12글자가 각각 결합하여 60개의 간지(干支)를 이루는데, 이를 육십갑자(六十甲子)라 한다. 양간(陽干)은 양지(陽支)와 만나고, 음간(陰干)은 음지(陰支)와 만난다.

갑자순	甲子	乙丑	丙寅	丁卯	戊辰	己巳	庚午	辛未	壬申	癸酉
갑술순	甲戌	乙亥	丙子	丁丑	戊寅	己卯	庚辰	辛巳	壬午	癸未
갑신순	甲申	乙酉	丙戌	丁亥	戊子	己丑	庚寅	辛卯	壬辰	癸巳
갑오순	甲午	乙未	丙申	丁酉	戊戌	己亥	庚子	辛丑	壬寅	癸卯
갑진순	甲辰	乙巳	丙午	丁未	戊申	己酉	庚戌	辛亥	壬子	癸丑
갑인순	甲寅	乙卯	丙辰	丁巳	戊午	己未	庚申	辛酉	壬戌	癸亥

1 육십갑자 납음오행

육십갑자에 오행(五行)을 붙인 것을 납음오행(納音五行)이라 하며, 육십화갑자(六十花甲子) 또는
육십갑자병납음(六十甲子幷納音)이라고도 한다.

1순(旬)	2순(旬)	3순(旬)	4순(旬)	5순(旬)	6순(旬)
甲子 乙丑 해중금 (海中金)	甲戌 乙亥 산두화 (山頭火)	甲申 乙酉 천중수 (泉中水)	甲午 乙未 사중금 (沙中金)	甲辰 乙巳 복등화 (覆燈火)	甲寅 乙卯 대계수 (大溪水)
丙寅 丁卯 노중화 (爐中火)	丙子 丁丑 간하수 (澗下水)	丙戌 丁亥 옥상토 (屋上土)	丙申 丁酉 산하화 (山下火)	丙午 丁未 천하수 (天河水)	丙辰 丁巳 사중토 (沙中土)
戊辰 己巳 대림목 (大林木)	戊寅 己卯 성두토 (城頭土)	戊子 己丑 벽력화 (霹靂火)	戊戌 己亥 평지목 (平地木)	戊申 己酉 대역토 (大驛土)	戊午 己未 천상화 (天上火)
庚午 辛未 노방토 (路傍土)	庚辰 辛巳 백납금 (白蠟金)	庚寅 辛卯 송백목 (松柏木)	庚子 辛丑 벽상토 (壁上土)	庚戌 辛亥 채천금 (釵釧金)	庚申 辛酉 석류목 (石榴木)
壬申 癸酉 검봉금 (劍鋒金)	壬午 癸未 양류목 (楊柳木)	壬辰 癸巳 장류수 (長流水)	壬寅 癸卯 금박금 (金箔金)	壬子 癸丑 상자목 (桑柘木)	壬戌 癸亥 대해수 (大海水)

2 육갑순중공망

천간과 지지가 결합할 때 천간은 10개이고 지지는 12개로, 천간이 지지에 비해 2개가 부족하기 때
문에 짝을 이루지 못하는 2개의 지지를 말한다. 줄여서 공망(空亡)이라고도 하는데, 공망은 없는
것과 같다는 뜻이다.

순(旬)	갑자순	갑술순	갑신순	갑오순	갑진순	갑인순
공망	戌·亥	申·酉	午·未	辰·巳	寅·卯	子·丑

3. 연월일시의 간지 찾는 법

일반적으로는 연월일시를 숫자로 나타내지만, 사주분석을 하거나 택일을 하기 위해서는 연월일시
의 간지를 알아야 한다.

1 년

택일을 할 때 년(年) 간지를 알려면 만세력에서 해당 연도를 찾으면 된다. 단, 택일도 사주와 마찬
가지로 년(年) 즉 한 해를 구분하는 기준이 되는 것이 절기(節氣)이며, 새해의 시작을 입춘으로 본

다는 점에 주의해야 한다. 예를 들어 2010년 경인년(庚寅年)의 입춘 시각은 양력 2월 4일 07시 48분이고, 이 때부터 경인년이 시작된다고 보는 것이다.

② 월

택일에서 월(月)도 년과 마찬가지로 24절기를 기준으로 구분한다. 양력을 기준으로 초순에 드는 것을 절기(節氣)라고 하고, 중순에 드는 것을 중기(中氣)라고 하는데, 각 달은 절기와 절기 사이를 말한다. 예를 들어, 1월인 인월(寅月)은 입춘(立春)부터 경칩(驚蟄) 전까지이다.

24절기

구분 \ 월	寅 (1월)	卯 (2월)	辰 (3월)	巳 (4월)	午 (5월)	未 (6월)	申 (7월)	酉 (8월)	戌 (9월)	亥 (10월)	子 (11월)	丑 (12월)
절기	입춘 (立春)	경칩 (驚蟄)	청명 (淸明)	입하 (立夏)	망종 (芒種)	소서 (小暑)	입추 (立秋)	백로 (白露)	한로 (寒露)	입동 (立冬)	대설 (大雪)	소한 (小寒)
중기	우수 (雨水)	춘분 (春分)	곡우 (穀雨)	소만 (小滿)	하지 (夏至)	대서 (大暑)	처서 (處暑)	추분 (秋分)	상강 (霜降)	소설 (小雪)	동지 (冬至)	대한 (大寒)

년의 천간을 알고 월의 간지를 모를 때는 다음의 월건법(月建法)을 알아두면 편리하다. 월건법은 년의 천간으로 월의 간지를 찾는 방법으로, 연두법(年頭法)이라고도 한다.

- 갑기지년병인두(甲己之年丙寅頭) : 갑(甲)·기(己)년은 병인월(丙寅月)부터 시작된다.
- 을경지년무인두(乙庚之年戊寅頭) : 을(乙)·경(庚)년은 무인월(戊寅月)부터 시작된다.
- 병신지년경인두(丙辛之年庚寅頭) : 병(丙)·신(辛)년은 경인월(庚寅月)부터 시작된다.
- 정임지년임인두(丁壬之年壬寅頭) : 정(丁)·임(壬)년은 임인월(壬寅月)부터 시작된다.
- 무계지년갑인두(戊癸之年甲寅頭) : 무(戊)·계(癸)년은 갑인월(甲寅月)부터 시작된다.

월건법 조견표

년 \ 월	寅	卯	辰	巳	午	未	申	酉	戌	亥	子	丑
甲·己년	丙寅	丁卯	戊辰	己巳	庚午	辛未	壬申	癸酉	甲戌	乙亥	丙子	丁丑
乙·庚년	戊寅	己卯	庚辰	辛巳	壬午	癸未	甲申	乙酉	丙戌	丁亥	戊子	己丑
丙·辛년	庚寅	辛卯	壬辰	癸巳	甲午	乙未	丙申	丁酉	戊戌	己亥	庚子	辛丑
丁·壬년	壬寅	癸卯	甲辰	乙巳	丙午	丁未	戊申	己酉	庚戌	辛亥	壬子	癸丑
戊·癸년	甲寅	乙卯	丙辰	丁巳	戊午	己未	庚申	辛酉	壬戌	癸亥	甲子	乙丑

③ 일

일(日)의 간지인 일진(日辰)을 찾는 방법은 매우 간단하다. 만세력에서 알고 싶은 날을 찾기만 하면 된다. 단, 밤 11시 30분이 넘으면 다음날로 본다는 것에 주의해야 한다.

4 시

시의 간지인 시주(時柱)를 알기 위해서는 시건법(時建法)을 알아야 한다. 시건법은 일의 간지로 시의 간지를 찾는 방법으로, 시두법(時頭法)이라고도 한다.

- 갑기야반생갑자(甲己夜半生甲子) : 갑(甲)·기(己)일은 한밤중인 갑자시(甲子時)부터 시작된다.
- 을경야반생병자(乙庚夜半生丙子) : 을(乙)·경(庚)일은 한밤중인 병자시(丙子時)부터 시작된다.
- 병신야반생무자(丙辛夜半生戊子) : 병(丙)·신(辛)일은 한밤중인 무자시(戊子時)부터 시작된다.
- 정임야반생경자(丁壬夜半生庚子) : 정(丁)·임(壬)일은 한밤중인 경자시(庚子時)부터 시작된다.
- 무계야반생임자(戊癸夜半生壬子) : 무(戊)·계(癸)일은 한밤중인 임자시(壬子時)부터 시작된다.

예를 들어, 갑·기일은 자시(11:30~01:30)가 갑자시에 해당하며, 축시(01:30~03:30)는 을축시, 인시(03:30~05:30)는 병인시 등이 된다.

시두법 조견표												
일 \ 시	子	丑	寅	卯	辰	巳	午	未	申	酉	戌	亥
甲·己일	甲子	乙丑	丙寅	丁卯	戊辰	己巳	庚午	辛未	壬申	癸酉	甲戌	乙亥
乙·庚일	丙子	丁丑	戊寅	己卯	庚辰	辛巳	壬午	癸未	甲申	乙酉	丙戌	丁亥
丙·辛일	戊子	己丑	庚寅	辛卯	壬辰	癸巳	甲午	乙未	丙申	丁酉	戊戌	己亥
丁·壬일	庚子	辛丑	壬寅	癸卯	甲辰	乙巳	丙午	丁未	戊申	己酉	庚戌	辛亥
戊·癸일	壬子	癸丑	甲寅	乙卯	丙辰	丁巳	戊午	己未	庚申	辛酉	壬戌	癸亥

02 팔괘론 八卦論

1.팔괘의 의미와 구성

① 팔괘의 의미

태극이 음양으로 분리되고, 음양에서 사상이 나왔으며, 사상이 다시 음양으로 나뉘어 8개의 괘로 변한 것이 팔괘이다. 팔괘는 천지인(天地人)을 의미하는 3개의 효(爻)로 이루어진 건(乾)·태(兌)·이(離)·진(震)·손(巽)·감(坎)·간(艮)·곤(坤)으로 구성되어 있으며, 각 팔괘마다 나타내는 의미가 다르다.

팔괘의 생성과 의미

구분 \ 팔괘	건(乾)	태(兌)	이(離)	진(震)	손(巽)	감(坎)	간(艮)	곤(坤)
생성 순서	일건천 (一乾天)	이태택 (二兌澤)	삼이화 (三離火)	사진뢰 (四震雷)	오손풍 (五巽風)	육감수 (六坎水)	칠간산 (七艮山)	팔곤지 (八坤地)
자연	하늘[天]	못[澤]	불[火]	우레[雷]	바람[風]	水[물]	산[山]	땅[地]
가족	아버지	막내딸	작은딸	큰아들	큰딸	작은아들	막내아들	어머니

② 팔괘의 구성

팔괘는 상중하 3개의 효(爻)로 이루어지는데, 이 3개의 효에 양획(陽劃 —) 또는 음획(陰劃 ==)이 각기 다르게 조합하여 8개의 모양이 다른 팔괘가 완성된다. 팔괘의 모양을 쉽게 기억하려면 각 괘에 붙여진 이름과 의미를 생각해 본다. 건괘(乾卦)는 건삼련(乾三連)으로 3획(三劃)이 모두 연결되어 있다는 의미이고, 태괘(兌卦)는 태상절(兌上絶)로 3획 중 상획(上劃)이 끊어진 것을 의미한다. 이괘(離卦)는 이허중(離虛中)으로 삼획 중에 중획(中劃)이 끊어진 것을 의미하며, 다른 말로 이절중(離絶中)이라고도 한다. 진괘(震卦)는 진하련(震下連)으로 3획 중에 하획(下劃)이 연결되어 있다는 의미이고, 손괘(巽卦)는 손하절(巽下絶)로 3획 중에 하획이 끊어진 것을 의미하며, 감괘(坎卦)는 감중련(坎中連)으로 3획 중에 중획(中劃)만 연결되어 있다는 의미이다. 간괘(艮卦)는 간상련(艮上連)으로 3획 중에 상획만 연결되어 있다는 의미이고, 곤괘(坤卦)는 곤삼절(坤三絶)로 3획이 모두 끊어져 있다는 의미이다.

팔괘의 구성과 음양오행

구분 \ 팔괘	건(乾)	태(兌)	이(離)	진(震)	손(巽)	감(坎)	간(艮)	곤(坤)
구성	☰ 건삼연 (乾三連)	☱ 태상절 (兌上絕)	☲ 이허중 (離虛中)	☳ 진하련 (震下連)	☴ 손하절 (巽下絕)	☵ 감중련 (坎中連)	☶ 간상련 (艮上連)	☷ 곤삼절 (坤三絕)
음양	양	음	음	양	음	양	양	음
오행	금	금	화	목	목	수	토	토

건괘(☰)는 모두 양획으로 이루어져 있으므로 양(陽)이 되고, 곤괘(☷)는 모두 음획으로 이루어져 있으므로 음(陰)이 된다. 진·감·간괘는 이음일양(二陰一陽)의 획으로 이루어져 그 중 양획을 취하여 양으로 간주하고, 태·이·손괘는 이양일음(二陽一陰)의 획으로 이루어져 그 중 음획을 취하여 음으로 간주한다. 즉 삼양(三陽)은 양이고, 삼음(三陰)은 음이며, 이음일양은 하나뿐인 양을 취하여 양으로 분류하고, 이양일음은 하나뿐인 음을 취하여 음으로 분류한다.

팔괘 방위도

손(☴) 큰딸 음목(陰木) 남동쪽 辰·巽·巳	이(☲) 작은딸 음화(陰火) 남쪽 丙·午·丁	곤(☷) 어머니 음토(陰土) 남서쪽 未·坤·申
진(☳) 큰아들 양목(陽木) 동쪽 甲·卯·乙		태(☱) 막내딸 음금(陰金) 서쪽 庚·酉·辛
간(☶) 막내아들 양토(陽土) 북동쪽 寅·艮·丑	감(☵) 작은아들 양수(陽水) 북쪽 壬·子·癸	건(☰) 아버지 양금(陽金) 북서쪽 戌·乾·亥

2. 64괘

팔괘의 괘를 2개씩 겹쳐서 만든 것이 64괘이다. 따라서 6개의 효(爻)로 이루어진다. 팔괘가 우주만물을 상징한다면, 64괘는 만물의 생로병사 등 우주의 순환과 변화를 설명한다.

상괘 하괘	건(乾)	태(兌)	이(離)	진(震)	손(巽)	감(坎)	간(艮)	곤(坤)
건(乾)	건위천 건(乾)	택천쾌 쾌(夬)	화천대유 대유(大有)	뇌천대장 대장(大壯)	풍천소축 소축(小畜)	수천수 수(需)	산천대축 대축(大畜)	지천태 태(泰)
태(兌)	천택이 이(履)	태위택 태(兌)	화택규 규(暌)	뇌택귀매 귀매(歸妹)	풍택중부 중부(中孚)	수택절 절(節)	산택손 손(損)	지택임 임(臨)
이(離)	천화동인 동인(同人)	택화혁 혁(革)	이위화 이(離)	뇌화풍 풍(豊)	풍화가인 가인(家人)	수화기제 기제(既濟)	산화비 비(賁)	지화명이 명이(明夷)
진(震)	천뢰무망 무망(无妄)	택뢰수 수(隨)	화뢰서합 서합(噬嗑)	진위뢰 진(震)	풍뢰익 익(益)	수뢰준 둔(屯)	산뢰이 이(頤)	지뢰복 복(復)
손(巽)	천풍구 구(姤)	택풍대과 대과(大過)	화풍정 정(鼎)	뇌풍항 항(恒)	손위풍 손(巽)	수풍정 정(井)	산풍고 고(蠱)	지풍승 승(升)
감(坎)	천수송 송(訟)	택수곤 곤(困)	화수미제 미제(未濟)	뇌수해 해(解)	풍수환 환(渙)	감위수 감(坎)	산수몽 몽(蒙)	지수사 사(師)
간(艮)	천산돈 둔(遯)	택산함 함(咸)	화산여 여(旅)	뇌산소과 소과(小過)	풍산점 점(漸)	수산건 건(蹇)	간위산 간(艮)	지산겸 겸(謙)
곤(坤)	천지비 부(否)	택지취 췌(萃)	화지진 진(晉)	뇌지예 예(豫)	풍지관 관(觀)	수지비 비(比)	산지박 박(剝)	곤위지 곤(坤)

03 택일의 기초 擇日基礎

---

1. 생기법

택일을 할 때 가장 기본이 되는 택일법이다. 나이와 날[日辰]을 기준으로 하여 길일과 흉일을 가리는데, 이 때 나이는 양력을 기준으로 한다. 단, 음택에서는 사용하지 않는다.

생기법(生氣法)에서 길일은 생기(生氣)·천의(天宜)·복덕(福德)일로 매우 좋은 날이고, 대흉일은 화해(禍害)·절명(絶命)일로 매우 좋지 않으며, 소흉일은 절체(絶體), 유혼(遊魂), 귀혼(歸魂)일로 별로 좋지 않다. 택일할 때는 생기법으로 먼저 길일을 가리고, 다른 방법으로 보아 길일이 되더라도 생기, 천의, 복덕일에 맞지 않으면 쓰지 않는다.

기본 구궁도

손(巽)· ☴ 辰·巽·巳	이(離)· ☲ 丙·午·丁	곤(坤)· ☷ 未·坤·申
진(震)· ☳ 甲·卯·乙		태(兌)· ☱ 庚·酉·辛
간(艮)· ☶ 寅·艮·丑	감(坎)· ☵ 壬·子·癸	건(乾)· ☰ 戌·乾·亥

생기법의 기본이 되는 것이 구궁도로 생기법을 알기 위해서는 먼저 기본 구궁도를 이해해야 한다. 위의 구궁도를 보면 자(子)는 감궁(坎宮=감괘)에 속하고, 축(丑)·인(寅)은 간궁(艮宮=간괘)에 속하며, 묘(卯)는 진궁(辰宮=진괘), 진(辰)·사(巳)는 손궁(巽宮=손괘), 오(午)는 이궁(離宮=이괘), 미(未)·신(申)은 곤궁(坤宮=곤괘), 유(酉)는 태궁(兌宮=태괘), 술(戌)·해(亥)는 건궁(乾宮=건괘)에 속한다.

다음으로 본궁을 찾아야 한다. 본궁이란 사주 명주의 나이에 해당하는 궁으로, 다음과 같이 각 궁에 나이를 붙여 찾는다.

나이 붙이는 법(남자)

손궁(巽宮)					이궁(離宮)					곤궁(坤宮)				
7	15	23	31	39	1	8	16	24	32		9	17	25	33
47	55	63	71	79	40	48	56	64	72	41	49	57	65	73
진궁(震宮)										태궁(兌宮)				
6	14	22	30	38						2	10	18	26	34
46	54	62	70	78						42	50	58	66	74
간궁(艮宮)					감궁(坎宮)					건궁(乾宮)				
5	13	21	29	37	4	12	20	28	36	3	11	19	27	35
45	53	61	69	77	44	52	60	68	76	43	51	59	67	75

나이 붙이는 법(여자)

손궁(巽宮)					이궁(離宮)					곤궁(坤宮)				
6	13	21	29	37	5	12	20	28	36	4	11	19	27	35
45	53	61	69	77	44	52	60	68	76	43	51	59	67	75
진궁(震宮)										태궁(兌宮)				
7	14	22	30	38						3	10	18	26	34
46	54	62	70	78						42	50	58	66	74
간궁(艮宮)					감궁(坎宮)					건궁(乾宮)				
	15	23	31	39	1	8	16	24	32	2	9	17	25	33
47	55	63	71	79	40	48	56	64	72	41	49	57	65	73

남자는 이궁에서부터 1세를 붙여 팔방을 순행한다. 단, 2세는 곤궁을 건너뛰어(이후에는 건너뛰지 않음) 태궁에 2세를 붙이고, 건궁에 3세, 감궁에 4세, 간궁에 5세, 진궁에 6세, 손궁에 7세를 붙여 나간다. 다시 이궁에 이르면 8세가 되고, 곤궁이 9세, 태궁이 10세가 된다. 이와 같이 계속 순행하여 본인의 나이에 닿는 곳이 본궁이다.

여자는 감궁에서부터 1세를 붙여 팔방을 역행하는데, 건궁에 2세를 붙이고, 태궁에 3세, 곤궁에 4세, 이궁에 5세, 손궁에 6세, 진궁에 7세를 붙인다. 단 8세는 간궁을 건너뛰어(이후에는 건너뛰지 않음) 감궁에 붙이고, 이후 다시 건궁에 9세, 태궁에 10세로 역행하여 본인의 나이에 닿는 곳이 본궁이다.

본궁을 찾으면 다음의 표를 참조하여 생기팔신을 붙여 나간다.

생기팔신 붙이는 법

본궁 / 생기팔신	생기	천의	절체	유혼	화해	복덕	절명	귀혼
건(☰)·戌亥	태(☱)	진(☳)	곤(☷)	감(☵)	손(☴)	간(☶)	이(☲)	건(☰)
태(☱)·酉	건(☰)	이(☲)	간(☶)	손(☴)	감(☵)	곤(☷)	진(☳)	태(☱)
이(☲)·午	진(☳)	태(☱)	감(☵)	곤(☷)	간(☶)	손(☴)	건(☰)	이(☲)
진(☳)·卯	이(☲)	건(☰)	손(☴)	간(☶)	곤(☷)	감(☵)	태(☱)	진(☳)
손(☴)·辰巳	감(☵)	곤(☷)	진(☳)	태(☱)	건(☰)	이(☲)	간(☶)	손(☴)
감(☵)·子	손(☴)	간(☶)	이(☲)	건(☰)	태(☱)	진(☳)	곤(☷)	감(☵)
간(☶)·丑寅	곤(☷)	감(☵)	태(☱)	진(☳)	이(☲)	건(☰)	손(☴)	간(☶)
곤(☷)·未申	간(☶)	손(☴)	건(☰)	이(☲)	진(☳)	태(☱)	감(☵)	곤(☷)

예를 들어 남자 43세인 경우, 이궁에서부터 각 궁에 순행하여 나이를 붙여 나가면 43세가 건궁에 닿는다. 즉 건궁이 본궁이 된다. 그리고 위 표와 같이 생기팔신을 붙이면 태에 생기, 진에 천의, 곤에 절체, 감에 유혼, 손에 화해, 간에 복덕, 이에 절명, 건에 귀혼이 닿는다.

　이와 같은 방법으로 생기팔신을 붙여 정리한 것이 다음의 생기복덕일 표이다.

생기복덕일

남녀연령 \ 구분	여자								남자							
		7	6	5	4	3	2	1	7	6	5	4	3	2		1
	15	14	13	12	11	10	9	8	15	14	13	12	11	10	9	8
	23	22	21	20	19	18	17	16	23	22	21	20	19	18	17	16
	31	30	29	28	27	26	25	24	31	30	29	28	27	26	25	24
	39	38	37	36	35	34	33	32	39	38	37	36	35	34	33	32
	47	46	45	44	43	42	41	40	47	46	45	44	43	42	41	40
	55	54	53	52	51	50	49	48	55	54	53	52	51	50	49	48
	63	62	61	60	59	58	57	56	63	62	61	60	59	58	57	56
	71	70	69	68	67	66	65	64	71	70	69	68	67	66	65	64
구분	79	78	77	76	75	74	73	72	79	78	77	76	75	74	73	72
생기	未·申	午	子	卯	丑·寅	戌·亥	酉	辰·巳	子	午	未·申	辰·巳	酉	戌·亥	丑·寅	卯
천의	子	戌·亥	未·申	酉	辰·巳	午	卯	丑·寅	未·申	戌·亥	子	丑·寅	卯	午	辰·巳	酉
절체	酉	辰·巳	卯	子	戌·亥	丑·寅	未·申	午	卯	辰·巳	酉	午	未·申	丑·寅	戌·亥	子
유혼	卯	丑·寅	酉	未·申	午	辰·巳	子	戌·亥	酉	丑·寅	卯	戌·亥	子	辰·巳	午	未·申

	여자								남자							
화해	午	未·申	戌·亥	丑·寅	卯	子	辰·巳	酉	戌·亥	未·申	午	酉	辰·巳	子	卯	丑·寅
복덕	戌·亥	子	午	辰·巳	酉	未·申	丑·寅	卯	午	子	戌·亥	卯	丑·寅	未·申	酉	辰·巳
절명	辰·巳	酉	丑·寅	戌·亥	子	卯	午	未·申	丑·寅	酉	辰·巳	未·申	午	卯	子	戌·亥
귀혼	丑·寅	卯	辰·巳	午	未·申	酉	戌·亥	子	辰·巳	卯	丑·寅	子	戌·亥	酉	未·申	午

위의 생기복덕일 표를 보면 남녀의 나이에 따라 좋은 날과 나쁜 날을 쉽게 알 수 있다. 예를 들어 43세 남자에게 좋은 날은 생기일인 유(酉)일, 천의일인 묘(卯)일, 복덕일인 축(丑)·인(寅)일이다.

2. 황흑도길흉정국

황흑도길흉정국(黃黑道吉凶定局)은 혼인, 이사, 건물 짓는 일, 장례 등을 판단할 때 사용한다. 적용 기준이 달[月]일 경우에는 황도일·흑도일이 되고, 적용 기준이 날[日]일 경우에는 황도시·흑도시가 된다. 황도(黃道)는 모든 흉신을 제화(制化)하는 대길신(大吉神)이므로 좋은 것으로 보고, 흑도는 나쁜 날로 보므로 피하는 것이 좋다.

택일을 할 때는 다른 길일을 고를 여유가 없을 경우 황도일만 사용해도 된다. 그러나 가능하면 생기·천의·복덕일을 겸하는 날을 고르는 것이 가장 좋다.

구분 \ 월일	寅·申	卯·酉	辰·戌	巳·亥	午·子	未·丑
청룡황도(靑龍黃道)	子	寅	辰	午	申	戌
명당황도(明堂黃道)	丑	卯	巳	未	酉	亥
천형흑도(天刑黑道)	寅	辰	午	申	戌	子
주작흑도(朱雀黑道)	卯	巳	未	酉	亥	丑
금궤황도(金匱黃道)	辰	午	申	戌	子	寅
대덕황도(大德黃道)	巳	未	酉	亥	丑	卯
백호흑도(白虎黑道)	午	申	戌	子	寅	辰
옥당황도(玉堂黃道)	未	酉	亥	丑	卯	巳
천뢰흑도(天牢黑道)	申	戌	子	寅	辰	午
현무흑도(玄武黑道)	酉	亥	丑	卯	巳	未

구분 \ 월일	寅·申	卯·酉	辰·戌	巳·亥	午·子	未·丑
사명황도(司命黃道)	戌	子	寅	辰	午	申
구진흑도(句陳黑道)	亥	丑	卯	巳	未	酉

위 표에서 예를 들어 인(寅)·신(申)월의 좋은 날을 찾아보면 청룡황도일인 자(子)일과 명당황도일인 축(丑)일, 금궤황도일인 진(辰)일, 대덕황도일인 사(巳)일, 옥당황도일인 미(未)일, 사명황도일인 술(戌)일 등이다. 그리고 청룡황도일에 해당하는 자(子)일에는 갑자(甲子), 병자(丙子), 무자(戊子), 경자(庚子), 임자(壬子)일 등이 있다. 여기서 모든 달은 절기력을 기준으로 한다.

마찬가지로 날을 기준으로 하여 인(寅)·신(申)일의 좋은 시를 찾아보면 청룡황도시인 자(子)시와 명당황도시인 축(丑)시, 금궤황도시인 진(辰)시, 대덕황도시인 사(巳)시, 옥당황도시인 미(未)시, 사명황도시인 술(戌)시 등이다.

3. 이십팔수정국

이십팔수(二十八宿)란 황도 주변에 위치한 28개의 별자리를 말하는 것으로, 다른 이름으로 성수(星宿)라고도 한다. 동쪽에는 각(角)·항(亢)·저(氐)·방(房)·심(心)·미(尾)·기(箕), 북쪽에는 두(斗)·우(牛)·여(女)·허(虛)·위(危)·실(室)·벽(壁), 서쪽에는 규(奎)·누(婁)·위(胃)·묘(昴)·필(畢)·자(觜)·삼(參), 남쪽에는 정(井)·귀(鬼)·유(柳)·성(星)·장(張)·익(翼)·진(軫)이 있다.

택일할 때는 각 별자리마다 좋은 일이 있고 나쁜 일이 있으므로 가려서 사용해야 한다. 단, 칠살일(七殺日)은 흉신일(凶神日)이라 국가적으로 출군(出軍)을 꺼리고, 일반적으로는 관직이나 배 타고 나가는 일이나 결혼이나 집 짓는 일 등에 모두 꺼린다. 따라서 이 날은 길흉에 관계없이 피하는 것이 좋다. 칠살일(七殺日)에 관해서는 다음과 같은 시구(詩句)가 전해온다.

각항규루귀우성(角亢奎婁鬼牛星) 각·항·규·루·귀·우성은
출군편시불회병(出軍便是不回兵) 출군하면 군사들이 돌아오지 못하고,
행선정파조침익(行船定破遭沈溺) 배를 타고 나가면 파선되어 배가 잠기고,
위관미만역조형(爲官未滿亦遭形) 벼슬에 위임하면 임기 전에 큰일을 당하고,
혼인기조봉차일(婚姻起造逢此日) 결혼과 집 짓는 일에 이날을 쓰면,
불과주년견곡성(不過周年見哭聲) 일 년도 안 되어 곡소리가 나고,
세인약지피칠살(世人若知避七殺) 사람들이 만일 칠살을 피할 줄 알면,
상공농사진풍락(商工農士盡豐樂) 장사·공업·농업·벼슬에 등영한다.

이십팔수	구분	적요
각(角)	칠살일	기조(起造) · 혼인(婚姻)에 길. 수분(修墳) · 장매(葬埋)에 흉하고, 삭일(朔日)에 들면 대흉.
항(亢)	칠살일	장방조작(長房造作)은 혼인(婚姻)후 공방(空房)수, 장사(葬事)를 범하면 중상(重喪)이 있다. 망일(望日)에 들면 대흉.
저(氐)	칠살일	기조(起造) · 혼인(婚姻)에 길. 수분(修墳) · 장매(葬埋)에 흉.
방(房)		만사형통(萬事亨通). 장매(葬埋)에만 흉.
심(心)		諸事皆凶(제사개흉)으로 모두 흉.
미(尾)		개문(開門) · 기조(起造) · 방수(放水) · 장매(葬埋) · 혼인(婚姻) 등 만사형통.
기(箕)		개문(開門) · 기조(起造) · 방수(放水) · 수분(修墳) · 장매(葬埋) 등 만사대길.
두(斗)		만사대길(萬事大吉). 기조(起造) · 장매(葬埋)에 더 길.
우(牛)	칠살일	신살(神殺)에 해당되어 모두 흉.
여(女)		모두 흉.
허(虛)		만사대길(萬事大吉). 장매(葬埋)에만 흉.
위(危)		개문(開門) · 기조(起造) · 방수(放水) · 장매(葬埋) 등 모두 흉.
실(室)		개문(開門) · 기조(起造) · 방수(放水) 등 모두 길.
벽(壁)		개문(開門) · 방수(放水) · 장매(葬埋) · 조작(造作) · 혼인(婚姻) 등 모두 길.
규(奎)	칠살일	조작(造作)에만 길. 개문(開門) · 방수(放水) · 장매(葬埋) 모두 흉.
루(婁)	칠살일	개문(開門) · 방수(放水) · 장매(葬埋) · 조작(造作) · 혼인(婚姻)에 길. 회일(晦日)은 흉.
위(胃)		기조(起造) · 장매(葬埋) · 혼인(婚姻) 등 모두 길.
묘(昴)		조작(造作)에만 길. 개문(開門) · 방수(放水) · 장매(葬埋) · 혼인(婚姻) 등에 흉.
필(畢)		개문(開門) · 기조(起造) · 방수(放水) · 장매(葬埋) · 혼인(婚姻) 등 모두 길.
자(觜)		장매(葬埋)에만 길. 제사(諸事)에 흉.
삼(參)		조작(造作)에만 길. 개문(開門) · 방수(放水) · 장매(葬埋) · 혼인(婚姻) 등에 흉.
정(井)		개문(開門) · 기조(起造) · 방수(放水) 등에 길. 장매(葬埋)에만 흉.
귀(鬼)	칠살일	장매(葬埋)에만 길. 개문(開門) · 기조(起造) · 방수(放水) · 혼인(婚姻) 등에 흉.
류(柳)		개문(開門) · 방수(放水) · 장매(葬埋) · 조작(造作) 등 모두 흉.
성(星)	칠살일	신방조작(新房造作)에만 길. 흉성(凶星)을 만나면 생리사별(生離死別).
장(張)		기조(起造) · 동병(動兵) · 상관(上官) · 장매(葬埋) · 출행(出行) · 혼인(婚姻) 등 모두 길.
익(翼)		장매(葬埋)에만 길. 개문(開門) · 방수(放水) · 조작(造作) 등에 흉.
진(軫)		수관의(修官衣) · 장매(葬埋) · 조주(造舟) · 조작(造作) · 출동(出動) 등 모두 길.

4. 건제십이신

건제십이신(建除十二神)은 길흉을 맡은 열두 신(神)으로 택일에 사용하는 신살(神殺)을 말한다. 십이직(十二直)이라고도 하며, 각각의 길흉이 다르므로 택일할 때 참조하여 사용한다.

건(建)	길	관대(冠帶) · 구인(求人) · 귀인접견(貴人接見) · 상장(上章) · 입학(入學) · 청소(淸掃) · 출행(出行)
	흉	동토(動土) · 수조(修造) · 참초(斬草) · 파토(破土) · 혼인(婚姻)
제(除)	길	상장(上章) · 안택(安宅) · 요병(療病) · 입권(立券) · 접목(接木) · 제사(祭祀) · 종화(種禾) · 출행(出行)
	흉	구관(求官) · 이사(移徙) · 출재(出財)
만(滿)	길	납노(納奴) · 소사(掃舍) · 재의(裁衣) · 접목(接木) · 제사(祭祀)
	흉	구복(求福) · 동토(動土) · 이사(移徙) · 입주(立柱)
평(平)	길	제사(祭祀) · 축장(築墻) · 취토(取土) · 치도(治途) · 평기(平基)
	흉	개거(開渠) · 재종(栽種) · 참초(斬草) · 파토(破土)
정(定)	길	구복(求福) · 구사(求嗣) · 납축(納畜) · 수조(修造) · 안대(安?) · 장매(葬埋) · 재의(裁衣) · 제사(祭祀) · 혼인(婚姻)
	흉	소송(訴訟) · 재종(栽種) · 출행(出行)
집(執)	길	상장(上章) · 수조(修造) · 입권(立券) · 장매(葬埋) · 제사(祭祀) · 혼인(婚姻)
	흉	이사(移徙) · 입택(入宅) · 출행(出行)
파(破)	길	괴원(壞垣) · 수술(手術) · 치병(治病) · 파옥(破屋)
	흉	가취(嫁娶) · 동토(動土) · 안장(安葬) · 이사(移徙) · 진입구(進入口) · 참초(斬草) · 출행(出行) · 파토(破土) · 흥공(興工)
위(危)	길	상장(上章) · 수조(修造) · 입권(立券) · 제사(祭祀) · 혼인(婚姻)
	흉	수렵(狩獵) · 입수(入水) · 포어렵(捕魚獵) · 행선(行船)
성(成)	길	구재(求財) · 상표(上表) · 수조(修造) · 안택(安宅) · 이사(移徙) · 접화목(接花木) · 제사(祭祀) · 혼인(婚姻) · 환가(還家)
	흉	소송(訴訟)에만 흉(凶)
수(收)	길	납채(納彩) · 납축(納畜) · 수렵(狩獵) · 식목(植木) · 입학(入學) · 접화(接花) · 제사(祭祀) · 파종(播種) · 혼인(婚姻)
	흉	영폄(永窆) · 조기(造基) · 참초(斬草) · 출행(出行) · 파토(破土)
개(開)	길	개당(開塘) · 수조(修造) · 안대(安碓) · 안택(安宅) · 입권(立券) · 재종(栽種) · 제사(祭祀) · 천정(天井) · 출행(出行) · 혼인(婚姻)
	흉	동토(動土) · 매장(埋葬)
폐(閉)	길	입권(立券) · 작측(作厠) · 장매(葬埋) · 접화(接花) · 제사(祭祀)
	흉	동토(動土) · 수조(修造) · 원회(遠回) · 이사(移徙) · 출행(出行) · 환가(還家)

5. 삼갑순

생갑(生甲), 사갑(死甲), 병갑(病甲)을 삼갑순(三甲旬)이라 한다. 건축, 이사, 입택(入宅), 매장, 결혼 등의 택일 기준으로 삼는다. 양택 행사에는 생갑순이 가장 길하고, 병갑순은 불리하며, 사갑순은 질병이나 사망 등의 액(厄)이 있어 쓰지 않는다. 반대로 음택 행사에는 사갑순이 가장 길하고, 병갑순은 보통이며, 생갑순은 쓰지 않는다.

년 \ 구분	삼갑	갑순	순중일
子·午·卯·酉	생갑	갑자순	甲子·乙丑·丙寅·丁卯·戊辰·己巳·庚午·辛未·壬申·癸酉
		갑오순	甲午·乙未·丙申·丁酉·戊戌·己亥·庚子·辛丑·壬寅·癸卯
	사갑	갑술순	甲戌·乙亥·丙子·丁丑·戊寅·己卯·庚辰·辛巳·壬午·癸未
		갑진순	甲辰·乙巳·丙午·丁未·戊申·己酉·庚戌·辛亥·壬子·癸丑
	병갑	갑신순	甲申·乙酉·丙戌·丁亥·戊子·己丑·庚寅·辛卯·壬辰·癸巳
		갑인순	甲寅·乙卯·丙辰·丁巳·戊午·己未·庚申·辛酉·壬戌·癸亥
辰·戌·丑·未	생갑	갑술순	甲戌·乙亥·丙子·丁丑·戊寅·己卯·庚辰·辛巳·壬午·癸未
		갑진순	甲辰·乙巳·丙午·丁未·戊申·己酉·庚戌·辛亥·壬子·癸丑
	사갑	갑신순	甲申·乙酉·丙戌·丁亥·戊子·己丑·庚寅·辛卯·壬辰·癸巳
		갑인순	甲寅·乙卯·丙辰·丁巳·戊午·己未·庚申·辛酉·壬戌·癸亥
	병갑	갑자순	甲子·乙丑·丙寅·丁卯·戊辰·己巳·庚午·辛未·壬申·癸酉
		갑오순	甲午·乙未·丙申·丁酉·戊戌·己亥·庚子·辛丑·壬寅·癸卯
寅·申·巳·亥	생갑	갑신순	甲申·乙酉·丙戌·丁亥·戊子·己丑·庚寅·辛卯·壬辰·癸巳
		갑인순	甲寅·乙卯·丙辰·丁巳·戊午·己未·庚申·辛酉·壬戌·癸亥
	사갑	갑자순	甲子·乙丑·丙寅·丁卯·戊辰·己巳·庚午·辛未·壬申·癸酉
		갑오순	甲午·乙未·丙申·丁酉·戊戌·己亥·庚子·辛丑·壬寅·癸卯
	병갑	갑술순	甲戌·乙亥·丙子·丁丑·戊寅·己卯·庚辰·辛巳·壬午·癸未
		갑진순	甲辰·乙巳·丙午·丁未·戊申·己酉·庚戌·辛亥·壬子·癸丑

예를 들어 2010년은 경인년(庚寅年)이고, 인(寅)년은 생갑순이 갑신순과 갑인순이다. 따라서 갑신순에 해당하는 갑신일(甲申日)부터 계사일(癸巳日)까지의 열흘간, 갑인순에 해당하는 갑인일(甲寅日)부터 계해일(癸亥日)까지의 열흘간이 생갑순이다. 그리고 사갑순은 갑자순과 갑오순으로 갑자일(甲子日)부터 계유일(癸酉日)까지의 열흘간, 갑오일(甲午日)부터 계묘일(癸卯日)까지의 열흘간이 되고, 병갑순은 갑술순과 갑진순으로 갑술일(甲戌日)부터 계미일(癸未日)까지의 열흘간, 갑진일(甲辰日)부터 계축일(癸丑日)까지의 열흘간이 된다.

6. 백기일

모든 일에 좋지 않은 날이 백기일(百忌日)로 일상생활에서 무슨 일을 할 때 가능하면 피하는 것이 좋다. 십간과 십이지마다 꺼리는 일이 정해져 있는데 다음과 같다.

1 십간

- 甲일 : 갑불개창(甲不開倉). 갑일에는 창고를 열지 않는다.
- 乙일 : 을불재식(乙不栽植). 을일에는 나무를 심지 않는다.
- 丙일 : 병불수조(丙不修竈). 병일에는 부엌을 수리하지 않는다.
- 丁일 : 정불삭발(丁不削髮). 정일에는 머리를 깎지 않는다.
- 戊일 : 무불수전(戊不受田). 무일에는 토지를 사지 않는다.
- 己일 : 기불파권(己不破券). 기일에는 문서를 파손하지 않는다.
- 庚일 : 경불경락(庚不經絡). 경일에는 침을 맞거나 뜸을 뜨지 않는다.
- 辛일 : 신불합장(辛不合醬). 신일에는 간장이나 된장을 담그지 않는다.
- 壬일 : 임불결수(壬不決水). 임일에는 물을 가두지 않는다. 즉 제방을 쌓지 않는다.
- 癸일 : 계불송사(癸不訟事). 계일에는 소송을 제기하지 않는다.

2 십이지

- 子일 : 자불문복(子不問卜). 자일에는 점을 치지 않는다.
- 丑일 : 축불관대(丑不冠帶). 축일에는 의관을 만들어 있지 않는다.
- 寅일 : 인불제사(寅不祭祀). 인일에는 날을 받아 제사 지내는 일을 하지 않는다.
- 卯일 : 묘불천정(卯不穿井). 묘일에는 우물을 파지 않는다.
- 辰일 : 진불곡읍(辰不哭泣). 진일에는 울음소리를 내지 않는다.
- 巳일 : 사불원행(巳不遠行). 사일에는 여행을 하지 않는다.
- 午일 : 오불점개(午不苫蓋). 오일에는 지붕을 덮지 않는다.
- 未일 : 미불복약(未不服藥). 미일에는 약을 먹지 않는다.
- 申일 : 신불안상(申不安牀). 신일에는 침실 또는 침대를 설치하지 않는다.
- 酉일 : 유불회객(酉不會客). 유일에는 손님 초대를 하거나 모임을 갖지 않는다.
- 戌일 : 술불걸구(戌不乞狗). 술일에는 개고기를 먹거나 개를 들이지 않는다.
- 亥일 : 해불가취(亥不嫁娶). 해일에는 결혼을 하지 않는다.

7. 복단일

복단일(伏斷日)은 엎어지고 끊어진다는 뜻이며, 십악대패일(十惡大敗日)과 같아 안 좋은 작용을 한다. 화장실 짓는 일, 구덩이를 메우거나 샘을 막는 일, 벌집을 거두는 일, 궤짝을 만들거나 부수는 일에는 길하지만 그 밖에는 모두 흉하다. 따라서 택일할 때는 이 날을 피하는 것이 좋다.

복단일												
일	子	丑	寅	卯	辰	巳	午	未	申	酉	戌	亥
이십팔수	허 (虛)	두 (斗)	실 (室)	여 (女)	기 (箕)	방 (房)	각 (角)	장 (張)	귀 (鬼)	자 (觜)	위 (胃)	벽 (壁)

위 표를 보면 자(子)일에는 이십팔수인 허수(虛宿)와 만나면 복단일이 된다는 것을 알 수 있다. 이 것을 요일별로 알기 쉽게 정리하면 다음과 같다.

날	子·巳일	未일	寅·酉일	辰·亥일	丑·午일	申일	卯·戌일
요일	일	월	화	수	목	금	토

위 표에서 보면 예를 들어 자(子)일이나 사(巳)일이 일요일이면 복단일에 해당한다.

8. 만년도

건물을 증·개축하거나 묘(墓)를 이장할 때 건물이나 무덤의 좌(坐)가 그 해의 운에 흉신이 닿는지 알아보는 방법이다. 만년도(萬年圖) 또는 이십사좌운법(二十四坐運法)이라고 한다. 장매(葬埋)에는 꺼리나 기조에는 꺼리지 않는 것이 있고, 기조에는 꺼리나 장매에는 꺼리지 않는 것이 있는 등 각기 다르므로 택일할 때는 다음에 설명하는 해당 운의 길흉 내용을 참조하여 판단한다.

- 대리(大利) : 길신이다.
- 소리(小利) : 길신이다.
- 연극(年克) : 좌운(坐運)이 태세납음(太歲納音)의 극을 받는 것을 말한다.
- 세파(歲破) : 연지(年支)와 상충이 되는 날이나 향(向) 또는 좌(坐)를 말한다.
- 삼살(三殺) : 겁살(劫殺), 재살(災殺), 세살(歲殺)을 말한다. 향이나 좌를 금한다.
- 부천(浮天) : 세간흉신이며 부천공망(浮天空亡)을 말한다.

- 구퇴(灸退) : 세지흉신이며 황천구퇴(皇天灸退)를 말한다.

- 좌살(坐殺) : 세지흉신이며 좌를 꺼린다.

- 향살(向殺) : 세지흉신이며 향을 꺼린다.

- 천관(天官) : 세지흉신이며 천관부(天官符)를 말한다.

- 지관(地官) : 세지흉신이며 지관부(地官符)를 말한다.

- 음부(陰府) : 정음부(正陰府)를 말한다. 건축에는 꺼리나 매장에는 괜찮다.

- 방음(傍陰) : 방음부(傍陰府)를 말한다. 매장에는 꺼리나 건축에는 괜찮다.

만년도 · 갑자순

좌＼년	甲子	乙丑	丙寅	丁卯	戊辰	己巳	庚午	辛未	壬申	癸酉
壬	부천·향살	소리	좌살	연극·방음	향살	대리	좌살	대리	향살·방음	대리
子	연극	구퇴	삼살·음부	소리	연극	구퇴	삼살·세파	음부·연극	지관	구퇴
癸	연극·향살	부천	향살·방음	대리	연극·향살	대리	좌살	연극·방음	향살	대리
丑	연극	방음	삼살	소리	연극	대리	삼살·방음	연극·세파	소리	지관
艮	음부	연극	연극	대리	대리	연극·음부	대리	대리	대리	소리
寅	연극	삼살	소리	천관·방음	연극	삼살	대리	연극·천관	방음·세파	삼살
甲	연극	좌살·방음	대리	향살	연극	좌살	방음	연극·향살	부천	좌살
卯	구퇴	삼살·연극	연극	소리	구퇴·음부	연극·삼살	소리	소리	구퇴	삼살·세파·음부
乙	대리	좌살	대리	연극·향살	방음	좌살	대리	향살	대리	좌살·부천·방음
辰	연극·지관	삼살	방음	소리	연극	삼살	소리	연극·방음	소리	삼살
巽	연극·음부	대리	대리	대리	연극	음부	대리	연극	소리	대리
巳	삼살	연극·방음·지관	연극·천관	대리	삼살	연극	방음·천관	대리	삼살	대리
丙	삼살·방음	대리	향살	연극	좌살	방음	향살	부천	좌살	대리
午	삼살·세파	소리	지관	구퇴·연극·음부	삼살	소리	대리	구퇴	삼살·음부	소리
丁	좌살	방음	향살	대리	좌살	대리	연극·방음 향살·부천	대리	좌살	연극
未	삼살·연극	세파	소리	지관	삼살·연극·방음	소리	대리	연극	삼살	방음
坤	연극	대리	음부	대리	연극·부천	대리	대리	연극·음부	대리	소리
申	연극	천관	방음·세파	삼살	연극·지관	천관	소리	연극·삼살·방음	대리	천관
庚	연극	향살	대리	좌살·부천	연극·방음	향살	소리	연극·좌살	대리	향살·방음
酉	소리	음부	구퇴	삼살·세파	소리	지관	구퇴·연극·음부	삼살	소리(동지후불리)	연극

좌＼년	甲子	乙丑	丙寅	丁卯	戊辰	己巳	庚午	辛未	壬申	癸酉
辛	연극·방음	향살	부천	좌살	연극	향살·방음	대리	연극·좌살	대리	향살
戌	연극	소리	대리	삼살·방음	연극·세파	소리	지관	연극·삼살	방음	대리
乾	소리	음부	대리	소리	대리	부천	연극·음부	소리	대리	연극
亥	천관	대리	삼살	소리	방음·천관	세파	연극·삼살	천관	천관	연극·방음

만년도 · 갑술순

좌＼년	甲戌	乙亥	丙子	丁丑	戊寅	己卯	庚辰	辛巳	壬午	癸未
壬	좌살·부천	소리	향살	방음	연극·좌살	대리	향살	연극	좌살·방음	대리
子	삼살	연극	음부	구퇴·연극	삼살	소리	소리	구퇴·음부	삼살·세파	연극
癸	세파	부천·연극	향살·방음	연극	좌살	대리	향살	방음	좌살	연극
丑	삼살	연극·방음	소리	연극	삼살	소리	방음	소리	삼살	연극·세파
艮	음부	소리	대리	대리	대리	음부	연극	대리	대리	소리
寅	지관	천관·연극	소리	삼살·연극·방음	소리	천관	대리	삼살	방음	천관·연극
甲	대리	향살·연극·방음	대리	좌살·연극	대리	향살	방음	좌살	부천	향살·연극
卯	소리	지관	구퇴	삼살	음부	대리	연극·구퇴	삼살	소리	음부
乙	대리	향살	방음	좌살	연극	향살	대리	좌살·연극·방음	대리	향살·부천
辰	세파	연극	방음·지관	삼살·연극	대리	대리	소리	삼살·방음	소리	연극
巽	음부	연극	대리	연극	대리	음부	대리	대리	소리	연극
巳	천관	방음·세파	삼살	지관	천관	대리	연극	삼살·대리·방음	천관	대리
丙	방음·향살	대리	좌살	대리	향살·연극	방음	좌살	연극·부천	향살	대리
午	소리	구퇴	삼살·세파	음부	지관·연극	구퇴	삼살	연극	음부	구퇴
丁	연극·향살	방음	좌살·연극	대리	향살	대리(동지후불리)	부천·방음·좌살	대리	향살·연극	대리
未	소리	연극	삼살	연극·세파	방음	지관	삼살	대리	대리	방음·연극
坤	대리	연극	음부	연극	부천	대리	대리	음부	대리	연극
申	소리	삼살·연극	방음	천관·연극	세파	삼살	지관	방음·천관	대리	삼살·연극
庚	대리	좌살·연극	대리	연극·향살·부천	방음	좌살	대리	향살	소리	좌살·방음·연극
酉	구퇴·연극	삼살·음부	연극	대리	구퇴	삼살·세파	음부	지관	연극·구퇴	삼살
辛	방음	좌살·연극	부천	향살·연극	소리	좌살·방음	대리	향살	대리	좌살·연극
戌	소리	삼살·연극	대리	연극·방음	대리	삼살	세파	소리	방음·지관	삼살·연극
乾	연극	음부	연극	소리	대리	부천	음부	소리	연극	대리
亥	삼살·연극	대리	연극·천관	소리	삼살·방음	소리(동지후불리)	천관	세파	삼살·연극	방음·지관

만년도 · 갑신순

좌＼년	甲申	乙酉	丙戌	丁亥	戊子	己丑	庚寅	辛卯	壬辰	癸巳
壬	향살·부천·연극	대리	좌살	방음	향살	대리	좌살·연극	대리	향살·방음	대리
子	지관	구퇴	삼살·음부·연극	대리	소리	구퇴	삼살	음부	연극	구퇴
癸	향살	부천	좌살·방음·연극	대리	향살	대리	좌살	방음	향살·연극	대리
丑	소리	방음·지관	삼살·연극	대리	대리	대리	삼살·방음	소리	연극	소리
艮	음부	소리	대리	연극	대리	음부	대리	대리	대리	연극
寅	세파	삼살	지관·연극	방음·천관	소리	삼살	대리	천관	방음·연극	삼살
甲	대리	좌살·방음	연극	향살	대리	좌살	방음	향살	부천·연극	좌살
卯	소리	지관	구퇴	삼살	음부	대리	연극·구퇴	삼살	소리	음부
乙	대리	향살	방음	좌살	연극	향살	대리	좌살·연극·방음	대리	향살·부천
辰	대리	삼살	세파·방음·연극	소리	지관	삼살	소리	방음	연극	삼살
巽	음부	대리	연극	대리	대리	음부	대리	대리	연극	대리
巳	삼살	방음	천관	연극·세파	삼살	지관	방음·천관	대리	삼살	연극
丙	좌살·방음·연극	대리	향살	대리	좌살	방음	향살·연극	부천	좌살	대리
午	삼살·연극	소리	소리	구퇴·음부	삼살·세파	소리	연극·지관	구퇴	삼살·음부	대리
丁	좌살	방음	향살	대리	좌살	연극	향살·방음·부천	대리(동지후불리)	좌살	대리
未	삼살	소리	연극	소리	삼살·방음	세파	소리	지관	삼살·연극	방음
坤	대리	대리	음부·연극	대리	부천	대리	대리	음부	연극	음부
申	대리	천관	방음·연극	삼살	소리	천관	세파	삼살·방음	지관·연극	천관
庚	대리	향살	연극	좌살·부천	방음	향살	대리	좌살	연극	향살·방음
酉	소리	음부	구퇴	삼살	소리(동지후불리)	연극	구퇴·음부	삼살·세파	소리	지관
辛	방음	향살	부천·연극	좌살	대리	향살·방음	소리	좌살	연극	향살
戌	소리	대리	연극	삼살·방음	대리	.소리	대리	삼살	방음·세파·연극	소리
乾	대리	음부	대리	소리	소리(동지후불리)	부천·연극	음부	소리(동지후불리)	천관	방음·세파
亥	천관	대리(동지후불리)	삼살	소리	방음·천관	연극	삼살	소리(동지후불리)	천관	방음·세파

만년도 · 갑오순

좌＼년	甲午	乙未	丙申	丁酉	戊戌	己亥	庚子	辛丑	壬寅	癸卯
壬	좌살·부천	소리	향살	연극·방음	좌살	대리	향살	대리	좌살·방음	대리
子	삼살·세파·연극	소리	음부·지관	구퇴	삼살·연극	소리	대리	연극·구퇴·음부	삼살	소리
癸	좌살·연극	부천	향살·방음	대리	좌살·연극	대리	향살	방음·연극	좌살	대리
丑	삼살·연극	방음·세파	소리	지관	삼살·연극	대리	방음	연극	삼살	소리
艮	음부	연극	연극	대리	대리	음부·연극	대리	대리	대리	소리
寅	연극	천관	세파	삼살·방음	지관·연극	천관	대리	삼살·연극	방음	천관
甲	연극	향살·방음	대리	좌살	연극	향살	방음	좌살·연극	부천	향살
卯	소리	연극	구퇴·연극	삼살·세파	음부	지관·연극	구퇴	삼살	소리	음부
乙	대리	향살	방음	좌살·연극	대리	향살	대리	좌살·방음	대리	향살·부천
辰	연극	소리	방음	삼살	연극·세파	소리	지관	삼살·방음·연극	소리	대리
巽	음부·연극	대리	대리	대리	연극	음부	대리	연극	소리	대리
巳	천관	방음·연극	삼살·연극	대리	천관	연극·세파	삼살·방음	지관	천관	대리
丙	향살·방음	대리	좌살	연극	향살	방음	좌살	부천	향살	대리
午	소리	구퇴	삼살	음부·연극	소리	구퇴	삼살·세파	소리	음부·지관	구퇴
丁	향살	방음	좌살	소리	향살	대리	좌살·부천 방음·연극	대리	향살	연극
未	연극	소리	삼살	소리	연극·방음	소리	삼살	연극·세파	소리	방음·지관
坤	연극	대리	방음	대리	연극·부천	대리	소리	연극·음부	대리	소리
申	연극	삼살	방음	천관	연극	삼살	소리	방음·천관·연극	세파	삼살
庚	연극	좌살	대리	향살·부천	방음·연극	좌살	대리	향살·연극	대리	좌살·방음
酉	구퇴	삼살·음부	소리	소리	구퇴	삼살	음부·연극	대리	구퇴	삼살·세파·연극
辛	방음·연극	좌살	부천	향살	연극	좌살·방음	대리	향살·연극	소리	좌살
戌	지관·연극	삼살	대리	방음	연극	삼살	대리	연극	방음	삼살
乾	소리	음부	대리	소리	대리	부천	음부·연극	소리	대리	연극
亥	삼살	지관	천관	소리	삼살·방음	대리	천관·연극	대리	삼살	방음·연극

만년도 · 갑진순

좌\년	甲辰	乙巳	丙午	丁未	戊申	己酉	庚戌	辛亥	壬子	癸丑
壬	향살·부천	대리	좌살	방음	향살·연극	대리	좌살	연극	향살·방음	대리
子	소리	구퇴·연극	삼살·세파·음부	연극	지관	구퇴	삼살	음부	소리	연극·구퇴
癸	향살	부천·연극	좌살·방음	연극	향살	대리	좌살	방음	향살	연극
丑	소리	방음·연극	삼살	연극·세파	소리	지관	삼살·방음	소리	대리	연극
艮	음부	소리	대리	대리	대리	음부	연극	대리	대리	소리
寅	대리	삼살·연극	소리	방음·연극·천관	세파	삼살	지관	천관	방음	삼살·연극
甲	대리	좌살·연극·방음	대리	향살·연극	대리	좌살	방음	향살	부천	좌살·연극
卯	구퇴	삼살	소리	소리	구퇴·음부	삼살·세파	연극	지관	구퇴	삼살·음부
乙	대리	좌살	방음	향살	연극	좌살	대리	향살·연극·방음	대리	좌살·부천
辰	대리	삼살·연극	방음	연극	대리	삼살	세파	방음	지관	삼살·연극
巽	음부	연극	대리	연극	대리	음부	대리	대리	소리	연극
巳	삼살	방음	천관	대리	삼살	대리	방음·천관·연극	세파	삼살	지관
丙	좌살·방음	대리	향살	대리	좌살·연극	방음	향살	연극·부천	좌살	대리
午	삼살	대리	소리	구퇴·음부	삼살·연극	소리	대리	구퇴·연극	삼살·세파·음부	소리
丁	좌살·연극	방음	향살·연극	대리	좌살	소리 (동지후불리)	향살·방음·부천	대리	좌살·연극	대리
未	삼살	연극	대리	연극	삼살·방음	소리	소리	소리	삼살	방음·세파·연극
坤	대리	연극	음부	연극	부천	대리	대리	음부	소리	연극
申	지관	천관·연극	방음	삼살·연극	소리	천관	소리	삼살·방음	대리	천관·연극
庚	대리	향살·연극	소리	좌살·연극·부천	방음	향살	대리	좌살	대리	향살·방음·연극
酉	연극	음부·지관	구퇴·연극	삼살	소리	소리 (동지후불리)	구퇴·음부	삼살	연극	소리
辛	방음	향살·연극	부천	좌살·연극	대리	향살·방음	대리	좌살	대리	향살·연극
戌	세파	연극	지관	삼살·연극·방음	대리	소리	대리	삼살	방음	연극
乾	연극	음부	연극	대리	대리	부천	음부	소리	연극	소리
亥	천관·연극	세파	삼살·연극	지관	천관·방음	대리 (동지후불리)	삼살	대리	천관·연극	방음

좌＼년	甲寅	乙卯	丙辰	丁巳	戊午	己未	庚申	辛酉	壬戌	癸亥
壬	좌살·연극·부천	소리	향살	방음	좌살	대리	향살·연극	대리	좌살·방음	대리
子	삼살	소리	음부·연극	구퇴	삼살·세파	소리	지관	구퇴·음부	삼살·연극	소리
癸	좌살	부천	향살·방음·연극	대리	좌살	대리	향살	방음	좌살·연극	대리
丑	삼살	방음	연극	대리	삼살	세파	방음	지관	삼살·연극	소리
艮	음부	소리	대리	연극	대리	음부	대리	대리	대리	연극
寅	대리	천관	연극	삼살·방음	소리	천관	세파	삼살	방음·지관·연극	천관
甲	대리	향살·방음	연극	좌살	대리	향살	방음	좌살	부천·연극	향살
卯	소리	대리	구퇴	삼살·연극	음부	대리	구퇴	삼살·세파	소리	음부·지관·연극
乙	연극	향살	방음	좌살	대리	향살	연극	좌살·방음	대리	향살·부천
辰	대리	소리	방음·연극	삼살	대리	소리	소리	삼살·방음	연극·세파	소리
巽	음부	대리	연극	대리	대리	음부	대리	대리	연극	소리
巳	천관	방음	삼살	연극	천관	대리	삼살·방음	대리	천관	연극·세파
丙	향살·방음·연극	대리	좌살	대리	향살	방음	좌살·연극	부천	향살	대리
午	지관·연극	구퇴	삼살	음부	소리	구퇴	삼살·연극	소리	음부	구퇴
丁	향살	방음	좌살	대리	향살	연극	좌살·방음·부천	소리 (동지후불리)	향살	대리
未	소리	지관	삼살·연극	소리	방음	소리	삼살	소리	연극	방음
坤	대리	대리	음부·연극	대리	부천	대리	대리	음부	연극	소리
申	세파	삼살	방음·연극·지관	천관	소리	삼살	소리	방음·천관	연극	삼살
庚	대리	좌살	연극	향살·부천	방음	좌살	대리	향살	연극	좌살·방음
酉	구퇴	삼살·세파·음부	소리	지관	구퇴	삼살·연극	음부	소리 (동지후불리)	구퇴	삼살
辛	방음	좌살	부천·연극	향살	불리	좌살·방음	대리	향살	연극	좌살
戌	소리	삼살	연극·세파	방음	지관	삼살	대리	소리	연극·방음	삼살
乾	대리	음부	대리	소리	소리 (동지후불리)	연극·부천	음부	소리 (동지후불리)	소리	대리
亥	삼살	소리 (동지후불리)	천관	세파	삼살·방음	연극·지관	천관	대리 (동지후불리)	삼살	방음

9. 삼원백

삼원백(三元白)은 일백(一白)·이흑(二黑)·삼벽(三碧)·사록(四綠)·오황(五黃)·육백(六白)·칠적(七赤)·팔백(八白)·구자(九紫) 등 9개의 별을 말한다. 구성(九星)·삼원자백(三元紫白)·삼원자백구성(三元紫白九星)이라고도 하며 양택과 음택에 쓰인다. 중궁에 위치한 구성부터 구궁에 차례로 배치하여 길흉을 판단한다. 이 때 일백·육백·팔백은 길하고, 구자는 보통이며, 나머지는 흉하다. 연월일시에서는 자백(紫白 : 일백·육백·팔백·구자)을 만나면 길하다.

구성 기본도

사록 (손)	구자 (이)	이흑 (곤)
삼벽 (진)	오황 (중)	칠적 (태)
팔백 (간)	일백 (감)	육백 (건)

1 구궁의 순역 분포

중궁에 어떤 구성이 오느냐에 따라 구성의 배치가 달라지지만, 구궁을 순행하느냐 역행하느냐에 따라서도 구성의 배치가 달라진다. 구궁을 순행할 것인지 역행할 것인지는 순국분포에 해당하는지, 역국분포에 해당하는지를 확인하여 판단한다.

❶ 순국분포

구성을 구궁에 배치할 때 구궁을 순행하여 배치하는 것으로, 연백(年白)·월백(月白)·일백양둔(日白陽遁)·시백양둔(時白陽遁)이 순국분포(順局分布)에 해당한다. 중궁에 위치한 구성에 따라 다음과 같이 분포도가 달라진다.

삼벽입중(三壁入中)

일백입중(一白入中)		
구자	오황	칠적
팔백	일백	삼벽
사록	육백	이흑

이흑입중(二黑入中)		
일백	육백	팔백
구자	이흑	사록
오황	칠적	삼벽

삼벽입중(三壁入中)		
이흑	칠적	구자
일백	삼벽	오황
육백	팔백	사록

사록입중(四祿入中)		
삼벽	팔백	일백
이흑	사록	육백
칠적	구자	오황

오황입중(五黃入中)		
사록	구자	이흑
삼벽	오황	칠적
팔백	일백	육백

육백입중(六白入中)		
오황	일백	삼벽
사록	육백	팔백
구자	이흑	칠적

칠적입중(七赤入中)		
육백	이흑	사록
오황	칠적	구자
일백	삼벽	팔백

팔백입중(八白入中)		
칠적	삼벽	오황
육백	팔백	일백
이흑	사록	구자

구자입중(九紫入中)		
팔백	사록	육백
칠적	구자	이흑
삼벽	오황	일백

양둔과 음둔

양둔(陽遁)이란 동지(冬至) 후를 말한다. 따라서 양둔상원은 동지를 전후로 가장 가까운 갑자일(甲子日)을 말하고, 양둔중원은 양둔상원 60일 후에 오는 갑자일, 양둔하원은 양둔중원 60일 후에 오는 갑자일부터이다. 양둔은 순국분포(順局分布)에 해당한다. 음둔(陰遁)은 하지(夏至) 후를 말한다. 따라서 음둔상원은 하지를 전후로 가장 가까운 갑자일(甲子日)을 말하고, 음둔중원은 음둔상원 60일 후에 오는 갑자일, 음둔하원은 음둔중원 60일 후에 오는 갑자일부터이다. 음둔은 역국분포(逆局分布)에 해당한다.

❷ 역국분포

구성을 구궁에 배치할 때 순국분포와 반대로 구궁을 역행하여 배치하는 것으로, 일백음둔(日白陰遁) · 시백음둔(時白陰遁)이 역국분포(逆局分布)에 해당한다. 중궁에 위치한 구성에 따라 다음과 같이 분포도가 달라진다.

일백입중(一白入中)		
이흑	육백	사록
삼벽	일백	팔백
칠적	오황	구자

이흑입중(二黑入中)		
삼벽	칠적	오황
사록	이흑	구자
팔백	육백	일백

삼벽입중(三壁入中)		
사록	팔백	육백
오황	삼벽	일백
구자	칠적	이흑

사록입중(四祿入中)		
오황	구자	칠적
육백	사록	이흑
일백	팔백	삼벽

오황입중(五黃入中)		
육백	일백	팔백
칠적	오황	삼벽
이흑	구자	사록

육백입중(六白入中)		
칠적	이흑	구자
팔백	육백	사록
삼벽	일백	오황

칠적입중(七赤入中)		
팔백	삼벽	일백
구자	칠적	오황
사록	이흑	육백

팔백입중(八白入中)		
구자	사록	이흑
일백	팔백	육백
오황	삼벽	칠적

구자입중(九紫入中)		
일백	오황	삼벽
이흑	구자	칠적
육백	사록	팔백

② 연백정국

태세(太歲=연주)로 자백구성(紫白九星)의 위치를 정하는 방법이다. 먼저 구궁을 역행으로 짚어 나가 태세가 닿는 구성을 찾아야 하는데, 이 때 갑자(甲子)를 붙여 역행하는 방법은 다음과 같다. 그리고 연백정국(年白定局)은 순국분포에 해당하므로 이렇게 찾은 구성을 중궁에 넣고 나머지 구성을 순행하여 배치한다.

- 연백상원(年白上元) : 일백에 갑자를 붙여 역행한다.
- 연백중원(年白中元) : 사록에 갑자를 붙여 역행한다.
- 연백하원(年白下元) : 칠적에 갑자를 붙여 역행한다.

연백상원

사록 庚午 · 己卯 · 戊子 丁酉 · 丙午 · 乙卯	구자 乙丑 · 甲戌 · 癸未 壬辰 · 辛丑 · 庚戌 己未	이흑 壬申 · 辛巳 · 庚寅 己亥 · 戊申 · 丁巳
삼벽 辛未 · 庚辰 · 己丑 戊戌 · 丁未 · 丙辰	오황 己巳 · 戊寅 · 丁亥 丙申 · 乙巳 · 甲寅 癸亥	칠적 丁卯 · 丙子 · 乙酉 甲午 · 癸卯 · 壬子 辛酉
팔백 丙寅 · 乙亥 · 甲申 癸巳 · 壬寅 · 辛亥 庚申	일백 甲子 · 癸酉 · 壬午 辛卯 · 庚子 · 己酉 戊午	육백 戊辰 · 丁丑 · 丙戌 乙未 · 甲辰 · 癸丑 壬戌

연백중원

사록	구자	이흑
甲子·癸酉·壬午 辛卯·庚子·己酉 戊午	戊辰·丁丑·丙戌 乙未·甲辰·癸丑 壬戌	丙寅·乙亥·甲申 癸巳·壬寅·辛亥 庚申
삼벽	**오황**	**칠적**
乙丑·甲戌·癸未 壬辰·辛丑·庚戌 己未	壬申·辛巳·庚寅 己亥·戊申·丁巳	庚午·己卯·戊子 丁酉·丙午·乙卯
팔백	**일백**	**육백**
己巳·戊寅·丁亥 丙申·乙巳·甲寅 癸亥	丁卯·丙子·乙酉 甲午·癸卯·壬子 辛酉	辛未·庚辰·己丑 戊戌·丁未·丙辰

연백하원

사록	구자	이흑
丁卯·丙子·乙酉 甲午·癸卯·壬子 辛酉	辛未·庚辰·己丑 戊戌·丁未·丙辰	己巳·戊寅·丁亥 丙申·乙巳·甲寅 癸亥
삼벽	**오황**	**칠적**
戊辰·丁丑·丙戌 乙未·甲辰·癸丑 壬戌	丙寅·乙亥·甲申 癸巳·壬寅·辛亥 庚申	甲子·癸酉·壬午 辛卯·庚子·己酉 戊午
팔백	**일백**	**육백**
壬申·辛巳·庚寅 己亥·戊申·丁巳	庚午·己卯·戊子 丁酉·丙午·乙卯	乙丑·甲戌·癸未 壬辰·辛丑·庚戌 己未

삼원 또는 삼원갑

구궁의 순역 분포에서 알아야 할 것이 삼원인데, 다른 말로 삼원갑이라고도 부른다. 삼원갑이란 상원갑자(上元甲子)·중원갑자(中元甲子)·하원갑자(下元甲子)를 말하며, 상원·중원·하원이라고도 한다. 갑자(甲子)에서 계해(癸亥)까지 한 번 순환하는 것을 일원(一元)이라고 하고, 세 번 순환하면 삼원(三元)이라고 한다. 삼원은 해[年]로는 180년, 달[月]로는 180개월, 날[日]로는 180일, 시간[時]으로는 180시간이 된다.

- 상원 : 서기 1864년 갑자(甲子)년부터 1923년 계해(癸亥)년까지
- 중원 : 서기 1924년 갑자(甲子)년부터 1983년 계해(癸亥)년까지
- 하원 : 서기 1984년 갑자(甲子)년부터 2043년 계해(癸亥)년까지

예1 **1921년 신유년(辛酉年)**

신유년의 좌(坐) 또는 방위(方位)의 길흉을 알아보기 위해 먼저 삼원갑을 살펴보면 신유년은 상원갑(上元甲)에 속한다. 따라서 일백에서부터 갑자(甲子)를 붙여 역행하여 구자에 을축(乙丑), 팔백에 병인(丙寅), 칠적에 정묘(丁卯)의 순서로 짚어 나가면 칠적에 신유(辛酉)가 닿는다.

칠적을 중궁에 넣어 구성을 다시 순국(p.39 순국분포 칠적입중 참조)으로 배치하면 팔백이 건궁(乾宮), 구자가 태궁(兌宮), 일백이 간궁(艮宮), 이흑이 이궁(離宮), 삼벽이 감궁(坎宮), 사록이 곤궁(坤宮), 오황이 진궁(震宮), 육백이 손궁(巽宮)에 닿는다.

연월일시에 자백(紫白 : 일백·육백·팔백·구자)을 만나면 길하다고 하였는데, 신유년은 일백이 축(丑)·간(艮)·인(寅), 육백이 진(辰)·손(巽)·사(巳), 팔백이 술(戌)·건(乾)·해(亥), 구자가 경(庚)·유(酉)·신(辛)에 해당되므로 이 좌나 방위를 쓰면 길하다.

1921년 신유년 연백정국

손 (辰·巽·巳) 육백	이 (丙·午·丁) 이흑	곤 (未·坤·申) 사록
진 (甲·卯·乙) 오황	중궁 칠적	태 (庚·酉·辛) 구자
간 (丑·艮·寅) 일백	감 (壬·子·癸) 삼벽	건 (戌·乾·亥) 팔백

예2 **1956년 병신년(丙申年)**

병신년의 좌(坐) 또는 방위(方位)의 길흉을 알아보기 위해 먼저 삼원갑을 살펴보면 병신년은 중원갑(中元甲)에 속한다. 따라서 사록에서부터 갑자(甲子)를 넣어 역행하면 삼벽에 을축(乙丑), 이흑에 병인(丙寅), 일백에 정묘(丁卯)의 순서로 나아가 팔백에 병신(丙申)이 닿는다.

팔백을 중궁에 넣어 구성을 다시 순국(p.39 순국분포 팔백입중 참조)으로 배치하면 건궁(乾宮)에 구자, 태궁(兌宮)에 일백, 간궁(艮宮)에 이흑, 이궁(離宮)에 삼벽, 감궁(坎宮)에 사록, 곤궁(坤宮)에 오황, 진궁(震宮)에 육백, 손궁(巽宮)에 칠적이 배치된다.

연월일시에 자백을 만나면 길하다고 하였는데, 병신년은 일백이 경(庚)·유(酉)·신(辛), 육백이 갑(甲)·묘(卯)·을(乙), 팔백이 중궁, 구자가 술(戌)·건(乾)·해(亥)에 해당되므로 이 좌나 방위를 쓰면 길하다.

1956년 병신년 연백정국

손 (辰·巽·巳) 칠적	이 (丙·午·丁) 삼벽	곤 (未·坤·申) 오황
진 (甲·卯·乙) 육백	중궁 팔백	태 (庚·酉·辛) 일백
간 (丑·艮·寅) 이흑	감 (壬·子·癸) 사록	건 (戌·乾·亥) 구자

예3 2010년 경인년(庚寅年)

경인년의 좌(坐) 또는 방위(方位)의 길흉을 알아보기 위해 먼저 삼원갑을 살펴보면 경인년은 하원갑(下元甲)에 속한다. 따라서 칠적에서부터 갑자(甲子)를 넣어 역행하면 육백이 을축(乙丑), 오황이 병인(丙寅), 사록이 정묘(丁卯)의 순서로 나아가 경인(庚寅)이 팔백에 닿는다.

팔백을 중궁에 넣어 구성을 다시 순국(p.39 순국분포 팔백입중 참조)으로 배치하면 건궁(乾宮)에 구자, 태궁(兌宮)에 일백, 간궁(艮宮)에 이흑, 이궁(離宮)에 삼벽, 감궁(坎宮)에 사록, 곤궁(坤宮)에 오황, 진궁(震宮)에 육백, 손궁(巽宮)에 칠적이 닿는다.

연월일시에 자백을 만나면 길하다고 하였는데, 경인년은 일백이 경(庚)·유(酉)·신(辛), 육백이 갑(甲)·묘(卯)·을(乙), 팔백이 중궁, 구자가 술(戌)·건(乾)·해(亥)에 해당되므로 이 좌나 방위를 쓰면 길하다.

2010년 경인년 연백정국

손 (辰·巽·巳) 칠적	이 (丙·午·丁) 삼벽	곤 (未·坤·申) 오황
진 (甲·卯·乙) 육백	중궁 팔백	태 (庚·酉·辛) 일백
간 (丑·艮·寅) 이흑	감 (壬·子·癸) 사록	건 (戌·乾·亥) 구자

③ 월백정국

월지(月支)로 자백구성(紫白九星)의 위치를 정하는 방법이다. 먼저 다음과 같은 방법으로 역행하여 짚어 나가 월지에 해당하는 구성을 찾는다. 그리고 월백정국(月白定局)은 순국분포에 해당하므로 이렇게 찾은 구성을 중궁에 넣고 나머지 구성을 순행하여 배치한다.

- 월백상원(月白上元) : 자(子) · 오(午) · 묘(卯) · 유(酉)년에 해당한다. 1월을 팔백에 붙여 역행한다.
- 월백중원(月白中元) : 진(辰) · 술(戌) · 축(丑) · 미(未)년에 해당한다. 1월을 오황에 붙여 역행한다.
- 월백하원(月白下元) : 인(寅) · 신(申) · 사(巳) · 해(亥)년에 해당한다. 1월을 이흑에 붙여 역행한다.

월백상원

사록 5월	구자 9월	이흑 7월
삼벽 6월	오황 4월	칠적 2월 · 11월
팔백 정월 · 10월	일백 8월	육백 3월 · 12월

월백중원

사록 2월 · 11월	구자 6월	이흑 4월
삼벽 3월 · 12월	오황 정월 · 10월	칠적 8월
팔백 7월	일백 5월	육백 9월

사록 8월	구자 3월 · 12월	이흑 정월 · 10월
삼벽 9월	오황 7월	칠적 5월
팔백 4월	일백 2월 · 11월	육백 6월

예1 **병자년(丙子年) 4월**

병자년은 상원(上元)인 자(子) · 오(午) · 묘(卯) · 유(酉)년에 속한다. 4월의 길흉을 알아보려면 팔백에서부터 정월을 넣어 역행하는데, 칠적에 2월, 육백에 3월, 오황에 4월이 닿는다.

오황을 중궁에 넣어 구성을 다시 순국(p.39 순국분포 오황입중 참조)으로 배치하면 육백이 건궁, 칠적이 태궁, 팔백이 간궁, 구자가 이궁, 일백이 감궁, 이흑이 곤궁, 삼벽이 진궁, 사록이 손궁에 닿는다.

연월일시에 자백을 만나면 길하다고 하였는데, 4월은 일백이 임(壬) · 자(子) · 계(癸), 육백이 술(戌) · 건(乾) · 해(亥), 팔백이 축(丑) · 간(艮) · 인(寅), 구자가 병(丙) · 오(午) · 정(丁)에 해당되므로 이 좌나 방위를 쓰면 길하다.

병자년 4월 월백정국

손 (辰 · 巽 · 巳) 사록	이 (丙 · 午 · 丁) 구자	곤 (未 · 坤 · 申) 이흑
진 (甲 · 卯 · 乙) 삼벽	중 오황	태 (庚 · 酉 · 辛) 칠적
간 (丑 · 艮 · 寅) 팔백	감 (壬 · 子 · 癸) 일백	건 (戌 · 乾 · 亥) 육백

예2 **무술년(戊戌年) 7월**

무술년은 중원(中元)인 진(辰)·술(戌)·축(丑)·미(未)년에 속한다. 7월의 길흉을 알아보기 위해 오황에서부터 정월을 넣어 역행하면, 사록에 2월, 삼벽에 3월, 이흑에 4월, 일백에 5월, 구자에 6월, 팔백에 7월이 닿는다.

팔백을 중궁에 넣어 구성을 다시 순국(p.39 순국분포 팔백입중 참조)으로 배치하면 구자가 건궁, 일백이 태궁, 이흑이 간궁, 삼벽이 이궁, 사록이 감궁, 오황이 곤궁, 육백이 진궁, 칠적이 손궁에 닿는다.

연월일시에 자백을 만나면 길하다고 하였는데, 7월은 일백이 경(庚)·유(酉)·신(辛), 육백이 갑(甲)·묘(卯)·을(乙), 팔백이 중궁, 구자가 술(戌)·건(乾)·해(亥)에 해당되므로 이 좌나 방위를 쓰면 길하다.

무술년 7월 월백정국

손 (辰·巽·巳) 칠적	이 (丙·午·丁) 삼벽	곤 (未·坤·申) 오황
진 (甲·卯·乙) 육백	중 팔백	태 (庚·酉·辛) 일백
간 (丑·艮·寅) 이흑	감 (壬·子·癸) 사록	건 (戌·乾·亥) 구자

예3 **경인년(庚寅年) 12월**

경인년은 하원(下元)인 인(寅)·신(申)·사(巳)·해(亥)년에 속한다. 12월의 길흉을 알아보기 위해 이흑에서부터 정월을 넣어 역행하면 일백에 2월, 구자에 3월, 팔백에 4월, 칠적에 5월, 육백에 6월, 오황에 7월, 사록에 8월, 삼벽에 9월, 다시 이흑에 10월, 일백에 11월, 구자에 12월이 닿는다.

구자를 중궁에 넣어 구성을 다시 순국(p.39 순국분포 구자입중 참조)으로 배치하면 일백이 건궁, 이흑이 태궁, 삼벽이 간궁, 사록이 이궁, 오황이 감궁, 육백이 곤궁, 칠적이 진궁, 팔백이 손궁에 닿는다.

연월일시에 자백을 만나면 길하다고 하였는데, 12월은 일백이 술(戌)·건(乾)·해(亥), 육백이 미(未)·곤(坤)·신(申), 팔백이 진(辰)·손(巽)·사(巳), 구자가 중궁에 해당되므로 이 좌나 방위를 쓰면 길하다.

경인년 12월 월백정국

손 (辰·巽·巳) 팔백	이 (丙·午·丁) 사록	곤 (未·坤·申) 육백
진 (甲·卯·乙) 칠적	중궁 구자	태 (庚·酉·辛) 이흑
간 (丑·艮·寅) 삼벽	감 (壬·子·癸) 오황	건 (戌·乾·亥) 일백

④ 일백정국

❶ 일백양둔(日白陽遁)

날[日=일진]로 자백구성(紫白九星)의 위치를 정하는 법이다. 먼저 구궁을 차례로 순행하여 짚어 나가 날에 해당하는 구성을 찾는데, 갑자(甲子)를 붙여 순행하는 방법은 다음과 같다. 그리고 일백양둔(日白陽遁) 즉 날이 양둔(동지 후)이면 순국분포에 해당하므로 이렇게 찾은 구성을 중궁에 넣고 나머지 구성을 순행하여 배치한다.

- 양둔상원(陽遁上元) : 일백에 갑자를 붙여 순행한다.
- 양둔중원(陽遁中元) : 칠적에 갑자를 붙여 순행한다.
- 양둔하원(陽遁下元) : 사록에 갑자를 붙여 순행한다.

일백양둔 상원

사록 丁卯·丙子·乙酉 甲午·癸卯·壬子 辛酉	구자 壬申·辛巳·庚寅 己亥·戊申·丁巳	이흑 乙丑·甲戌·癸未 壬辰·辛丑·庚戌 己未
삼벽 丙寅·乙亥·甲申 癸巳·壬寅·辛亥 庚申	오황 戊辰·丁丑·丙戌 乙未·甲辰·癸丑 壬戌	칠적 庚午·己卯·戊子 丁酉·丙午·乙卯
팔백 辛未·庚辰·己丑 戊戌·丁未·丙辰	일백 甲子·癸酉·壬午 辛卯·庚子·己酉 戊午	육백 己巳·戊寅·丁亥 丙申·乙巳·甲寅 癸亥

일백양둔 중원

사록	구자	이흑
庚午 · 己卯 · 戊子 丁酉 · 丙午 · 乙卯	丙寅 · 乙亥 · 甲申 癸巳 · 壬寅 · 辛亥 庚申	戊辰 · 丁丑 · 丙戌 乙未 · 甲辰 · 癸丑 壬戌
삼벽 己巳 · 戊寅 · 丁亥 丙申 · 乙巳 · 甲寅 癸亥	**오황** 辛未 · 庚辰 · 己丑 戊戌 · 丁未 · 丙辰	**칠적** 甲子 · 癸酉 · 壬午 辛卯 · 庚子 · 己酉 戊午
팔백 乙丑 · 甲戌 · 癸未 壬辰 · 辛丑 · 庚戌 己未	**일백** 丁卯 · 丙子 · 乙酉 甲午 · 癸卯 · 壬子 辛酉	**육백** 壬申 · 辛巳 · 庚寅 己亥 · 戊申 · 丁巳

일백양둔 하원

사록	구자	이흑
甲子 · 癸酉 · 壬午 辛卯 · 庚子 · 乙酉 戊午	己巳 · 戊寅 · 丁亥 丙申 · 乙巳 · 甲寅 癸亥	辛未 · 庚辰 · 己丑 戊戌 · 丁未 · 丙辰
삼벽 壬申 · 辛巳 · 庚寅 己亥 · 戊申 · 丁巳	**오황** 乙丑 · 甲戌 · 癸未 壬辰 · 辛丑 · 庚戌 己未	**칠적** 丁卯 · 丙子 · 己酉 甲午 · 癸卯 · 壬子 辛酉
팔백 戊辰 · 丁丑 · 丙戌 乙未 · 甲辰 · 癸丑 壬戌	**일백** 庚午 · 己卯 · 戊子 丁酉 · 丙午 · 乙卯	**육백** 丙寅 · 乙亥 · 甲申 癸巳 · 壬寅 · 辛亥 庚申

예1 일백양둔 상원

양둔상원인 병인일(丙寅日)의 길흉을 알아보기 위해 일백에서부터 갑자(甲子)를 넣어 순행하면 이흑에 을축(乙丑), 삼벽에 병인(丙寅)이 닿는다.

삼벽을 다시 중궁에 넣어 순국으로(p39. 순국분포 삼벽입중 참조) 배치하면 사록이 건궁, 오황이 태궁, 육백이 간궁, 칠적이 이궁, 팔백이 감궁, 구자가 곤궁, 일백이 진궁, 이흑이 손궁에 닿는다.

연월일시에 자백을 만나면 길하다고 하였는데, 양둔상원인 병인일은 일백이 갑(甲)·묘(卯)·을(乙), 육백이 축(丑)·간(艮)·인(寅), 팔백이 임(壬)·자(子)·계(癸), 구자가 미(未)·곤(坤)·신(申)에 해당되므로 이 좌나 방위를 쓰면 길하다.

일백양둔 상원

손 (辰·巽·巳) 이흑	이 (丙·午·丁) 칠적	곤 (未·坤·申) 구자
진 (甲·卯·乙) 일백	중궁 삼벽	태 (庚·酉·辛) 오황
간 (丑·艮·寅) 육백	감 (壬·子·癸) 팔백	건 (戌·乾·亥) 사록

예2 **일백양둔 중원**

양둔중원인 정축일(丁丑日)의 길흉을 알아보기 위해 칠적에서부터 갑자(甲子)를 넣어 팔백에 을축(乙丑), 구자에 병인(丙寅), 일백에 정묘(丁卯)의 순서로 순행하면 이흑에 정축(丁丑)이 닿는다.

이흑을 중궁에 넣고 구성을 다시 순국으로(p.39 순국분포 이흑입중 참조) 배치하면 삼벽이 건궁, 사록이 태궁, 오황이 간궁, 육백이 이궁, 칠적이 감궁, 팔백이 곤궁, 구자가 진궁, 일백이 손궁에 닿는다.

연월일시에 자백을 만나면 길하다고 하였는데, 양둔중원인 정축일은 일백이 진(辰)·손(巽)·사(巳), 육백이 병(丙)·오(午)·정(丁), 팔백이 미(未)·곤(坤)·신(申), 구자가 갑(甲)·묘(卯)·을(乙)에 해당되므로 이 좌나 방위를 쓰면 길하다.

일백양둔 중원

손 (辰·巽·巳) 일백	이 (丙·午·丁) 육백	곤 (未·坤·申) 팔백
진 (甲·卯·乙) 구자	중궁 이흑	태 (庚·酉·辛) 사록
간 (丑·艮·寅) 오황	감 (壬·子·癸) 칠적	건 (戌·乾·亥) 삼벽

예3 **일백양둔 하원**

양둔하원인 병술일(丙戌日)의 길흉을 알아보기 위해 사록에서부터 갑자(甲子)를 넣어 오황에 을축(乙丑), 육백에 병인(丙寅), 칠적에 정묘(丁卯)의 순서로 순행하면 팔백에 병술(丙戌)이 닿는다.

팔백을 중궁에 넣고 구성을 다시 순국으로(p.39 순국분포 팔백입중) 배치하면 구자가 건궁, 일백이 태궁, 이흑이 간궁, 삼벽이 이궁, 사록이 감궁, 오황이 곤궁, 육백이 진궁, 칠적이 손궁에 닿는다.

연월일시에 자백을 만나면 길하다고 하였는데, 양둔하원인 병술일은 일백이 경(庚)·유(酉)·신(辛), 육백이 갑(甲)·묘(卯)·을(乙), 팔백이 중궁, 구자가 술(戌)·건(乾)·해(亥)에 해당되므로 이 좌나 방위를 쓰면 길하다.

일백양둔 하원

손 (辰·巽·巳) 칠적	이 (丙·午·丁) 삼벽	곤 (未·坤·申) 오황
진 (甲·卯·乙) 육백	중궁 팔백	태 (庚·酉·辛) 일백
간 (丑·艮·寅) 이흑	감 (壬·子·癸) 사록	건 (戌·乾·亥) 구자

❷ 일백음둔(日白陰遁)

날[日=일진]으로 자백구성(紫白九星)의 위치를 정하는 방법이다. 먼저 다음과 같은 방법으로 갑자를 붙여 구궁을 역행으로 짚어 나가 날에 해당하는 구성을 찾는다. 다음으로 일백음둔(日白陰遁)은 역국분포에 해당하므로 이렇게 찾은 구성을 중궁에 넣고 나머지 구성을 역행하여 배치한다.

- 음둔상원(陰遁上元): 구자에 갑자를 붙여 역행한다.
- 음둔중원(陰遁中元): 삼벽에 갑자를 붙여 역행한다.
- 음둔하원(陰遁下元): 육백에 갑자를 붙여 역행한다.

일백음둔 상원

사록	구자	이흑
己巳·戊寅·丁亥 丙申·乙巳·甲寅 癸亥	甲子·癸酉·壬午 辛卯·庚子·乙酉 戊午	辛未·庚辰·己丑 戊戌·丁未·丙辰
삼벽	**오황**	**칠적**
庚午·己卯·戊子 丁酉·丙午·乙卯	戊辰·丁丑·丙戌 乙未·甲辰·癸丑 壬戌	丙寅·乙亥·甲申 癸巳·壬寅·辛亥 庚申
팔백	**일백**	**육백**
乙丑·甲戌·癸未 壬辰·辛丑·庚戌 己未	壬申·辛巳·庚寅 己亥·戊申·丁巳	丁卯·丙子·乙酉 甲午·癸卯·壬子 辛酉

일백음둔 중원

사록	구자	이흑
壬申·辛巳·庚寅 己亥·戊申·丁巳	丁卯·丙子·乙酉 甲午·癸卯·壬子 辛酉	乙丑·甲戌·癸未 壬辰·辛丑·庚戌 己未
삼벽	**오황**	**칠적**
甲子·癸酉·壬午 辛卯·庚子·乙酉 戊午	辛未·庚辰·己丑 戊戌·丁未·丙辰	己巳·戊寅·丁亥 丙申·乙巳·甲寅 癸亥
팔백	**일백**	**육백**
戊辰·丁丑·丙戌 乙未·甲辰·癸丑 壬戌	丙寅·乙亥·甲申 癸巳·壬寅·辛亥 庚申	庚午·己卯·戊子 丁酉·丙午·乙卯

일백음둔 하원

사록	구자	이흑
丙寅·乙亥·甲申 癸巳·壬寅·辛亥 庚申	庚午·己卯·戊子 丁酉·丙午·乙卯	戊辰·丁丑·丙戌 乙未·甲辰·癸丑 壬戌
삼벽	**오황**	**칠적**
丁卯·丙子·乙酉 甲午·癸卯·壬子 辛酉	乙丑·甲戌·癸未 壬辰·辛丑·庚戌 己未	壬申·辛巳·庚寅 己亥·戊申·丁巳
팔백	**일백**	**육백**
辛未·庚辰·己丑 戊戌·丁未·丙辰	己巳·戊寅·丁亥 丙申·乙巳·甲寅 癸亥	甲子·癸酉·壬午 辛卯·庚子·乙酉 戊午

일백음둔 상원

음둔상원 계유일(癸酉日)의 길흉을 알아보기 위해서 구자에서부터 갑자(甲子)를 넣어 팔백에 을축(乙丑), 칠적에 병인(丙寅), 육백에 정묘(丁卯)의 순서로 역행하면 구자에 계유(癸酉)가 닿는다.

　구자를 중궁에 넣어 구성을 다시 역국으로(p.40 역국분포 구자입중 참조) 배치하면 일백이 손궁, 이흑이 진궁, 삼벽이 곤궁, 사록이 감궁, 오황이 이궁, 육백이 간궁, 칠적이 태궁, 팔백이 건궁에 닿는다.

　연월일시에 자백을 만나면 길하다고 하였는데, 음둔상원 계유일은 일백이 진(辰)·손(巽)·사(巳), 육백이 축(丑)·간(艮)·인(寅), 팔백이 술(戌)·건(乾)·해(亥), 구자가 중궁에 해당되므로 이 좌나 방위를 쓰면 길하다.

일백음둔 상원

손 (辰·巽·巳) 일백	이 (丙·午·丁) 오황	곤 (未·坤·申) 삼벽
진 (甲·卯·乙) 이흑	중궁 구자	태 (庚·酉·辛) 칠적
간 (丑·艮·寅) 육백	감 (壬·子·癸) 사록	건 (戌·乾·亥) 팔백

일백음둔 중원

음둔중원 을미일(乙未日)의 길흉을 알아보기 위해서 삼벽에서부터 갑자(甲子)를 넣어 이흑에 을축(乙丑), 일백에 병인(丙寅), 구자에 정묘(丁卯)의 순서로 역행하면 팔백에 을미(乙未)가 닿는다.

　팔백을 중궁에 넣어 구성을 다시 역국으로(p.40 역국분포 팔백입중 참조) 배치하면 구자가 손궁, 일백이 진궁, 이흑이 곤궁, 삼벽이 감궁, 사록이 이궁, 오황이 간궁, 육백이 태궁, 칠적이 건궁에 닿는다.

　연월일시에 자백을 만나면 길하다고 하였는데, 음둔중원 을미일은 일백이 갑(甲)·묘(卯)·을(乙), 육백이 경(庚)·유(酉)·신(辛), 팔백이 중궁, 구자가 진(辰)·손(巽)·사(巳)에 해당되므로 이 좌나 방위를 쓰면 길하다.

일백음둔 중원

손 (辰·巽·巳) 구자	이 (丙·午·丁) 사록	곤 (未·坤·申) 이흑
진 (甲·卯·乙) 일백	중궁 팔백	태 (庚·酉·辛) 육백
간 (丑·艮·寅) 오황	감 (壬·子·癸) 삼벽	건 (戌·乾·亥) 칠적

예3 **일백음둔 하원**

음둔하원 계미일(癸未日)의 길흉을 알아보기 위해서 육백에서부터 갑자(甲子)를 넣어 오황에 을축(乙丑), 사록에 병인(丙寅), 삼벽에 정묘(丁卯)의 순서로 역행하면 오황에 계미일이 닿는다.

오황을 중궁에 넣어 구성을 다시 역국으로(p.40 역국분포 오황입중 참조) 배치하면 육백이 손궁, 칠적이 진궁, 팔백이 곤궁, 구자가 감궁, 일백이 이궁, 이흑이 간궁, 삼벽이 태궁, 사록이 건궁에 닿는다.

연월일시에 자백을 만나면 길하다고 하였는데, 음둔하원 계미일은 일백이 병(丙)·오(午)·정(丁), 육백이 진(辰)·손(巽)·사(巳), 팔백이 미(未)·곤(坤)·신(申), 구자가 임(壬)·자(子)·계(癸)에 해당되므로 이 좌나 방위를 쓰면 길하다.

일백음둔 하원

손 (辰·巽·巳) 육백	이 (丙·午·丁) 일백	곤 (未·坤·申) 팔백
진 (甲·卯·乙) 칠적	중궁 오황	태 (庚·酉·辛) 삼벽
간 (丑·艮·寅) 이흑	감 (壬·子·癸) 구자	건 (戌·乾·亥) 사록

5 시백정국

시(時)로 자백구성(紫白九星)의 위치를 정하는 방법이다. 먼저 날[日]이 동지 후이면 양둔, 하지 후이면 음둔으로 구분한다. 그리고 다음 표에서 그 날의 일진을 찾아 상원일·중원일·하원일 중 어디에 해당하는지 확인하여 순국분포할 것인지 역국분포할 것인지를 정한다.

일진과 삼원의 구분					
삼원	**일진**				
상원일	甲子	乙丑	丙寅	丁卯	戊辰
	己卯	庚辰	辛巳	壬午	癸未
	甲午	乙未	丙申	丁酉	戊戌
	己酉	庚戌	辛亥	壬子	癸丑
중원일	甲申	乙酉	丙戌	丁亥	戊子
	己巳	庚午	辛未	壬申	癸酉
	甲寅	乙卯	丙辰	丁巳	戊午
	己亥	庚子	辛丑	壬寅	癸卯
하원일	甲戌	乙亥	丙子	丁丑	戊寅
	己丑	戊寅	辛卯	壬辰	癸巳
	甲辰	乙巳	丙午	丁未	戊申
	己未	庚申	辛酉	壬戌	癸亥

❶ 시백양둔(時白陽遁)

날[日]이 동지 후로 시백양둔(時白陽遁)이면 순국분포한다. 따라서 일진이 삼원 중 어디에 해당하는지에 따라 다음과 같이 갑자를 붙여 구궁을 차례로 순행하여 짚어 나간다. 구궁안의 간지는 시(時)의 간지이다.

- 양둔상원일(陽遁上元日) : 일백에 갑자시를 붙여 순행한다.
- 양둔중원일(陽遁中元日) : 칠적에 갑자시를 붙여 순행한다.
- 양둔하원일(陽遁下元日) : 사록에 갑자시를 붙여 순행한다.

시백양둔 상원

사록	구자	이흑
丁卯·丙子·乙酉 甲午·癸卯·壬子 辛酉	壬申·辛巳·庚寅 己亥·戊申·丁巳	乙丑·甲戌·癸未 壬辰·辛丑·庚戌 己未
삼벽	**오황**	**칠적**
丙寅·乙亥·甲申 癸巳·壬寅·辛亥 庚申	戊辰·丁丑·丙戌 乙未·甲辰·癸丑 壬戌	庚午·己卯·戊子 丁酉·丙午·乙卯
팔백	**일백**	**육백**
辛未·庚辰·己丑 戊戌·丁未·丙辰	甲子·癸酉·壬午 辛卯·庚子·己酉 戊午	己巳·戊寅·丁亥 丙申·乙巳·甲寅 癸亥

시백양둔 중원

사록	구자	이흑
庚午·己卯·戊子 丁酉·丙午·乙卯	丙寅·乙亥·甲申 癸巳·壬寅·辛亥 庚申	戊辰·丁丑·丙戌 乙未·甲辰·癸丑 壬戌
삼벽	**오황**	**칠적**
己巳·戊寅·丁亥 丙申·乙巳·甲寅 癸亥	辛未·庚辰·己丑 戊戌·丁未·丙辰	甲子·癸酉·壬午 辛卯·庚子·己酉 戊午
팔백	**일백**	**육백**
乙丑·甲戌·癸未 壬辰·辛丑·庚戌 己未	丁卯·丙子·乙酉 甲午·癸卯·壬子 辛酉	壬申·辛巳·庚寅 己亥·戊申·丁巳

시백양둔 하원

사록	구자	이흑
甲子·癸酉·壬午 辛卯·庚子·己酉 戊午	己巳·戊寅·丁亥 丙申·乙巳·甲寅 癸亥	辛未·庚辰·己丑 戊戌·丁未·丙辰
삼벽	**오황**	**칠적**
壬申·辛巳·庚寅 己亥·戊申·丁巳	乙丑·甲戌·癸未 壬辰·辛丑·庚戌 己未	丁卯·丙子·乙酉 甲午·癸卯·壬子 辛酉
팔백	**일백**	**육백**
戊辰·丁丑·丙戌 乙未·甲辰·癸丑 壬戌	庚午·己卯·戊子 丁酉·丙午·乙卯	丙寅·乙亥·甲申 癸巳·壬寅·辛亥 庚申

시백양둔 상원

동지 후에 있는 경진일(庚辰日) 진시(辰時 : 07:30~09:30)의 길흉을 알아보자. 동지 후의 경진일은 양둔상원일이고, 시건법(時健法)으로 찾아보면 경진일은 진시가 경진시(庚辰時)이다.(p.18참조)

　양둔상원일이므로 일백에서부터 갑자(甲子)를 넣어 이흑에 을축(乙丑), 삼벽에 병인(丙寅)의 순서로 순행하면 팔백에 경진(庚辰)이 닿는다.

　팔백을 중궁에 넣어 구성을 다시 순국으로(p.39 순국분포 팔백입중 참조) 배치하면 건궁에 구자, 태궁에 일백, 간궁에 이흑, 이궁에 삼벽, 감궁에 사록, 곤궁에 오황, 진궁에 육백, 손궁에 칠적이 닿는다.

　연월일시에 자백을 만나면 길하다고 하였는데, 경진일 진시에는 일백이 경(庚)·유(酉)·신(辛), 육백이 갑(甲)·묘(卯)·을(乙), 팔백이 중궁, 구자가 술(戌)·건(乾)·해(亥)에 해당되므로 이 좌나 방위를 쓰면 길하다.

시백양둔 상원

손 (辰·巽·巳) 칠적	이 (丙·午·丁) 삼벽	곤 (未·坤·申) 오황
진 (甲·卯·乙) 육백	중궁 팔백	태 (庚·酉·辛) 일백
간 (丑·艮·寅) 이흑	감 (壬·子·癸) 사록	건 (戌·乾·亥) 구자

시백양둔 중원

동지 후에 있는 정해일(丁亥日) 오시(午時 : 11:30~13:30)의 길흉을 알아보자. 동지 후의 정해일은 양둔중원일이고, 시건법으로 찾아보면 정해일은 오시가 병오시(丙午時)이다.

　양둔중원일이므로 칠적에서부터 갑자(甲子)를 넣어 팔백에 을축(乙丑), 구자에 병인(丙寅), 일백에 정묘(丁卯)의 순서로 순행하면 사록에 병오(丙午)가 닿는다.

　사록을 중궁에 넣어 구성을 다시 순국으로(p.39 순국분포 사록입중 참조) 배치하면 건궁에 오황, 태궁에 육백, 간궁에 칠적, 이궁에 팔백, 감궁에 구자, 곤궁에 일백, 진궁에 이흑, 손궁에 삼벽이 닿는다.

　연월일시에 자백을 만나면 길하다고 하였는데, 정해일 오시에는 일백이 미(未)·곤(坤)·신(申), 육백이 경(庚)·유(酉)·신(辛), 팔백이 병(丙)·오(午)·정(丁), 구자가 임(壬)·자(子)·계(癸)에 해당되므로 이 좌나 방위를 쓰면 길하다.

시백양둔 중원

손 (辰·巽·巳) 삼벽	이 (丙·午·丁) 팔백	곤 (未·坤·申) 일백
진 (甲·卯·乙) 이흑	중궁 사록	태 (庚·酉·辛) 육백
간 (丑·艮·寅) 칠적	감 (壬·子·癸) 구자	건 (戌·乾·亥) 오황

예3 **시백양둔 하원**

동지 후에 있는 을사일(乙巳日) 유시(酉時 : 17:30～19:30)의 길흉을 알아보자. 동지 후의 을사일은 양둔하원일이고, 시건법으로 찾아보면 을사일은 유시가 을유시(乙酉時)이다.

양둔하원일이므로 사록에서부터 갑자시(甲子時)를 넣어 오황에 을축(乙丑), 육백에 병인(丙寅), 칠적에 정묘(丁卯)의 순서로 순행하면 칠적에 을유(乙酉)가 닿는다.

칠적을 중궁에 넣어 구성을 다시 순국으로(p.39 순국분포 칠적입중 참조) 배치하면 건궁에 팔백, 태궁에 구자, 간궁에 일백, 이궁에 이흑, 감궁에 삼벽, 곤궁에 사록, 진궁에 오황, 손궁에 육백이 닿는다.

연월일시에 자백을 만나면 길하다고 하였는데, 을사일 유시에는 일백이 축(丑)·간(艮)·인(寅), 육백이 진(辰)·손(巽)·사(巳), 팔백이 술(戌)·건(乾)·해(亥), 구자가 경(庚)·유(酉)·신(辛)에 해당되므로 이 좌나 방위를 쓰면 길하다.

시백양둔 하원

손 (辰·巽·巳) 육백	이 (丙·午·丁) 이흑	곤 (未·坤·申) 사록
진 (甲·卯·乙) 오황	중궁 칠적	태 (庚·酉·辛) 구자
간 (丑·艮·寅) 일백	감 (壬·子·癸) 삼벽	건 (戌·乾·亥) 팔백

❷ 시백음둔(時白陰遁)

날[日]이 하지 후로 시백음둔(時白陰遁)이면 역국분포한다. 따라서 일진이 삼원 중 어디에 해당하는 지에 따라 다음과 같이 갑자를 붙여 구궁을 차례로 역행하여 짚어 나간다. 구궁안의 간지는 시(時)의 간지이다.

- 음둔상원일(陰遁上元日) : 구자에 갑자시를 붙여 역행한다.
- 음둔중원일(陰遁中元日) : 삼벽에 갑자시를 붙여 역행한다.
- 음둔하원일(陰遁下元日) : 육백에 갑자시를 붙여 역행한다.

시백음둔 상원

사록 己巳 · 戊寅 · 丁亥 丙申 · 乙巳 · 甲寅 癸亥	구자 甲子 · 癸酉 · 壬午 辛卯 · 庚子 · 己酉 戊午	이흑 辛未 · 庚辰 · 己丑 戊戌 · 丁未 · 丙辰
삼벽 庚午 · 己卯 · 戊子 丁酉 · 丙午 · 乙卯	오황 戊辰 · 丁丑 · 丙戌 乙未 · 甲辰 · 癸丑 壬戌	칠적 丙寅 · 乙亥 · 甲申 癸巳 · 壬寅 · 辛亥 庚申
팔백 乙丑 · 甲戌 · 癸未 壬辰 · 辛丑 · 庚戌 己未	일백 壬申 · 辛巳 · 庚寅 己亥 · 戊申 · 丁巳	육백 丁卯 · 丙子 · 乙酉 甲午 · 癸卯 · 壬子 辛酉

시백음둔 중원

사록 壬申 · 辛巳 · 庚寅 己亥 · 戊申 · 丁巳	구자 丁卯 · 丙子 · 乙酉 甲午 · 癸卯 · 壬子 辛酉	이흑 乙丑 · 甲戌 · 癸未 壬辰 · 辛丑 · 庚戌 己未
삼벽 甲子 · 癸酉 · 壬午 辛卯 · 庚子 · 己酉 戊午	오황 辛未 · 庚辰 · 己丑 戊戌 · 丁未 · 丙辰	칠적 己巳 · 戊寅 · 丁亥 丙申 · 乙巳 · 甲寅 癸亥
팔백 戊辰 · 丁丑 · 丙戌 乙未 · 甲辰 · 癸丑 壬戌	일백 丙寅 · 乙亥 · 甲申 癸巳 · 壬寅 · 辛亥 庚申	육백 庚午 · 己卯 · 戊子 丁酉 · 丙午 · 乙卯

시백음둔 하원

사록 丙寅 · 乙亥 · 甲申 癸巳 · 壬寅 · 辛亥 庚申	구자 庚午 · 己卯 · 戊子 丁酉 · 丙午 · 乙卯	이흑 戊辰 · 丁丑 · 丙戌 乙未 · 甲辰 · 癸丑 壬戌
삼벽 丁卯 · 丙子 · 乙酉 甲午 · 癸卯 · 壬子 辛酉	오황 乙丑 · 甲戌 · 癸未 壬辰 · 辛丑 · 庚戌 己未	칠적 壬申 · 辛巳 · 庚寅 己亥 · 戊申 · 丁巳
팔백 辛未 · 庚辰 · 己丑 戊戌 · 丁未 · 丙辰	일백 己巳 · 戊寅 · 丁亥 丙申 · 乙巳 · 甲寅 癸亥	육백 甲子 · 癸酉 · 壬午 辛卯 · 庚子 · 己酉 戊午

예1 **시백음둔 상원**

하지 후에 있는 경술일(庚戌日) 축시(丑時 : 01:30~03:30)의 길흉을 알아보자. 하지 후의 경술일은 음둔상원일이고, 시건법으로 찾아보면 경술일은 축시가 정축시(丁丑時)이다.

음둔상원일이므로 구자에 갑자(甲子)를 붙여 팔백에 을축(乙丑), 칠적에 병인(丙寅), 육백에 정묘(丁卯)의 순서로 역행하면 오황에 정축(丁丑)이 닿는다.

오황을 중궁에 넣어 구성을 다시 역국으로(p40. 역국분포 오황입중 참조) 배치하면 손궁에 육백, 진궁에 칠적, 곤궁에 팔백, 감궁에 구자, 이궁에 일백, 간궁에 이흑, 태궁에 삼벽, 건궁에 사록이 닿는다.

연월일시에 자백을 만나면 길하다고 하였는데, 경술일 축시에는 일백이 병(丙) · 오(午) · 정(丁), 육백이 진(辰) · 손(巽) · 사(巳), 팔백이 미(未) · 곤(坤) · 신(申), 구자가 임(壬) · 자(子) · 계(癸)에 해당되므로 이 좌나 방위를 쓰면 길하다.

시백음둔 상원

손 (辰 · 巽 · 巳) 육백	이 (丙 · 午 · 丁) 일백	곤 (未 · 坤 · 申) 팔백
진 (甲 · 卯 · 乙) 칠적	중궁 오황	태 (庚 · 酉 · 辛) 삼벽
간 (丑 · 艮 · 寅) 이흑	감 (壬 · 子 · 癸) 구자	건 (戌 · 乾 · 亥) 사록

예2 **시백음둔 중원**

하지 후에 있는 임신일(壬申日) 해시(亥時 : 21:30~23:30)의 길흉을 알아보자. 하지 후의 임신일은 음둔중원일이고, 시건법으로 찾아보면 임신일은 해시가 신해시(辛亥時)이다.

음둔중원일이므로 삼벽에 갑자를 붙여 이흑에 을축(乙丑), 일백에 병인(丙寅), 구자에 정묘(丁卯)로 역행하면 일백에 신해(辛亥)가 닿는다.

　일백을 중궁에 넣어 구성을 다시 역국으로(p39. 역국분포 일백입중 참조) 배치하면 손궁)에 이흑, 진궁에 삼벽, 곤궁에 사록, 감궁에 오황, 이궁에 육백, 간궁에 칠적, 태궁에 팔백, 건궁에 구자가 닿는다.

　연월일시에 자백을 만나면 길하다고 하였는데, 임신일 해시에는 일백이 중궁이고, 육백 병(丙)·오(午)·정(丁), 팔백이 경(庚)·유(酉)·신(辛), 구자가 술(戌)·건(乾)·해(亥)에 해당하므로 이 좌나 방위를 쓰면 길하다.

시백음둔 중원

손 (辰·巽·巳) 이흑	이 (丙·午·丁) 육백	곤 (未·坤·申) 사록
진 (甲·卯·乙) 삼벽	중궁 일백	태 (庚·酉·辛) 팔백
간 (丑·艮·寅) 칠적	감 (壬·子·癸) 오황	건 (戌·乾·亥) 구자

예3 **시백음둔 하원**

하지 후에 있는 갑술일(甲戌日) 인시(寅時 : 03:30~05:30)의 길흉을 알아보자. 하지 후의 갑술일은 음둔하원일이고, 시건법으로 찾아보면 갑술일은 인시가 병인시(丙寅時)이다.

음둔하원일이므로 육백에 갑자(甲子)를 붙여 역행하면 오황에 을축(乙丑), 사록에 병인(丙寅)이 닿는다.

　사록을 중궁에 넣어 구성을 다시 역국으로(p.40 역국분포 사록입중 참조) 배치하면 손궁에 오황, 진궁에 육백, 곤궁에 칠적, 감궁에 팔백, 이궁에 구자, 간궁에 일백, 태궁에 이흑, 건궁에 삼벽이 닿는다.

　연월일시에 자백을 만나면 길하다고 하였는데, 갑술일 인시에는 일백이 축(丑)·간(艮)·인(寅),

육백이 갑(甲)·묘(卯)·을(乙), 팔백이 임(壬)·자(子)·계(癸), 구자가 병(丙)·오(午)·정(丁)에 해당되므로 이 좌나 방위를 쓰면 길하다.

시백음둔 하원

손 (辰·巽·巳) 오황	이 (丙·午·丁) 구자	곤 (未·坤·申) 칠적
진 (甲·卯·乙) 육백	중궁 사록	태 (庚·酉·辛) 이흑
간 (丑·艮·寅) 일백	감 (壬·子·癸) 팔백	건 (戌·乾·亥) 삼벽

04 길신과 흉신 · 凶神

1. 길신

길신(吉神)은 좋은 작용을 하는 기운을 이르는 말로 택일의 기준이 된다.

1 세간길신

세간길신(歲干吉神)은 한 해의 천간을 기준으로 판단한다.

세간길신 ＼ 연간	甲	乙	丙	丁	戊	己	庚	辛	壬	癸
세덕	甲	庚	丙	壬	戊	甲	庚	丙	壬	戊
세덕합	己	乙	辛	丁	癸	己	乙	辛	丁	癸
천복귀인	酉	申	子	亥	卯	寅	午	巳	午	巳
문창귀인	巳	午	申	酉	申	酉	亥	子	寅	卯
문곡귀인	巳·亥	子·午	寅·申	卯·酉	寅·申	卯·酉	巳·亥	辰·戌	寅·申	卯·酉
천관귀인	未	辰	巳	寅	卯	酉	亥	申	戌	午
태극귀인	子	午	卯	酉	巳	午	寅	亥	巳	申

- 세덕(歲德) : 하늘과 땅, 즉 음양(陰陽)이 합하여 백가지 복이 들어 아주 좋다.
- 세덕합(歲德合) : 조장(造葬)에 아주 좋다.
- 천복귀인(天福貴人) : 높은 벼슬에 올라 집안을 일으키고, 훗날 웃음꽃이 핀다.
- 문창귀인(文昌貴人) : 살아서는 부귀하고, 죽어서는 문장을 남긴다.
- 문곡귀인(文曲貴人) : 글 솜씨가 뛰어나 오래도록 풍류를 즐긴다.
- 천관귀인(天官貴人) : 문무(文武)와 아름다움을 겸비하고 부(富)와 귀(貴)를 갖춘다.
- 태극귀인(太極貴人) : 높은 벼슬에 이르러 복록(福祿)이 가득하다.

2 세지길신

세지길신(歲支吉神)은 한 해의 지지를 기준으로 판단한다.

세지길신＼연지	子	丑	寅	卯	辰	巳	午	未	申	酉	戌	亥
세천덕	巽	庚	丁	坤	壬	辛	乾	甲	癸	艮	丙	乙
천덕합	申	乙	壬	巳	丁	丙	寅	己	戊	亥	辛	庚
세월덕	壬	庚	丙	甲	壬	庚	丙	甲	壬	庚	丙	甲
월덕합	丁	乙	辛	己	丁	乙	辛	己	丁	乙	辛	己
역마	寅	亥	申	巳	寅	亥	申	巳	寅	亥	申	巳
천창	酉	戌	亥	子	丑	寅	卯	辰	巳	午	未	申
지창	辰·戌	寅·申	子·午	巳·亥	卯·酉	寅·申	卯·酉	丑·未	子·午	辰·戌	卯·酉	寅·申
수천	申	辰	子	亥	申	乙	坤	卯	丙	卯	辰	亥
수전	丙·壬	丑·未	子·午	巳·亥	甲·庚	丁·癸	艮·坤	卯·酉	丙·壬	卯·酉	辰·戌	巳·亥

- 세천덕(歲天德) : 음양(陰陽)이 서로 통하여 하늘과 땅의 화합을 부른다.
- 천덕합(天德合) : 오행(五行)이 서로 합하니 모든 복(福)이 생긴다.
- 세월덕(歲月德) : 오행(五行)이 조화를 이루어 모든 복이 생긴다.
- 월덕합(月德合) : 조장(造葬)에 대길하다.
- 역마(驛馬) : 조장(造葬) 및 모든 일에 길(吉)하다.
- 천창(天倉) : 창고(倉庫)를 짓거나 수리하고 장막을 짓는데 길(吉)하다.
- 지창(地倉) : 창고(倉庫)를 짓거나 수리하고 장막을 짓는데 길(吉)하다.
- 수천(守天) : 과거에 급제(及第)하고, 모든 살(殺)을 제압한다.
- 수전(守殿) : 재물이 발전하고, 여자가 귀(貴)하여 어린아이의 살(殺)을 제압한다.

③ 월가길신

월가길신(月家吉神)은 달을 기준으로 좋은 의미의 날을 고르는 방법이다. 이 때 달은 절기를 기준으로 한다.

월가길신＼월	1	2	3	4	5	6	7	8	9	10	11	12
천덕	丁	申	壬	辛	亥	甲	癸	寅	丙	乙	巳	庚
월덕	丙	甲	壬	庚	丙	甲	壬	庚	丙	甲	壬	庚
천덕합	壬	巳	丁	丙	寅	己	戊	亥	辛	庚	申	乙
월덕합	辛	己	丁	乙	辛	己	丁	乙	辛	己	丁	乙
월공	壬	庚	丙	甲	壬	庚	丙	甲	壬	庚	丙	甲
월은	丙	丁	庚	己	戊	辛	壬	癸	庚	乙	甲	辛
월재	九	三	四	二	七	六	九	三	四	二	七	六
생기	戌	亥	子	丑	寅	卯	辰	巳	午	未	申	酉
천의	丑	寅	卯	辰	巳	午	未	申	酉	戌	亥	子

월가길신 \ 월	1	2	3	4	5	6	7	8	9	10	11	12
왕일	寅	寅	寅	巳	巳	巳	申	申	申	亥	亥	亥
상일	巳	巳	巳	申	申	申	亥	亥	亥	寅	寅	寅
해신	申	申	戌	戌	子	子	寅	寅	辰	辰	午	午
오부	亥	寅	巳	申	亥	寅	巳	申	亥	寅	巳	申
옥제사일	丁巳	甲子	乙丑	丙寅	辛卯	壬辰	丁亥	甲午	乙未	丙申	辛酉	壬戌
황은대사	戌	丑	寅	巳	酉	卯	子	午	亥	辰	申	未
천 사 신	戌	丑	辰	未	戌	丑	辰	未	戌	丑	辰	未
요 안 일	寅	申	卯	酉	辰	戌	巳	亥	午	子	未	丑
만통사길	午	亥	申	丑	戌	卯	子	巳	寅	未	辰	酉
회가재성	午	子	寅	戌	子	寅	辰	子	寅	子	寅	辰

- 천덕(天德) : 조장(造葬)과 상관(上官: 벼슬을 구하는 일) 등 모든 일에 길하다.
- 월덕(月德) : 이 방향으로 수작(修作: 건물을 고치는 일)을 하면 온갖 복이 생긴다.
- 천덕합(天德合) : 천덕의 경우와 같다.
- 월덕합(月德合) : 월덕의 경우와 같다.
- 월공(月空) : 상장(上章: 논문 등을 제출하는 일), 수작(修作), 취토(取土)에 길하다.
- 월은(月恩) : 하늘이 도와준다.
- 월재(月財) : 이사(移徙), 조장(造葬)을 하면 횡재수가 생긴다.
- 생기(生氣) : 천희(天喜: 기쁜 일이 생긴다는 뜻)라고도 한다.
- 천의(天醫) : 치료를 목적으로 침(針)이나 약(藥)을 구하는데 좋다.
- 왕일(旺日) : 상량(上樑: 기둥을 세우고 들보를 얹은 다음 마룻대를 올리는 일), 하관(下棺)에 좋다.
- 상일(相日) : 왕일의 경우와 같다.
- 해신(解神) : 모든 살(殺)을 제살하고, 백가지 일에 대길하다.
- 오부(五富) : 조장(造葬)과 창고(倉庫) 짓는 일에 길하다.
- 옥제사일(玉帝赦日):하고자 하는 일을 이룰 수 있다.
- 황은대사(皇恩大赦) : 재앙이 소멸되고, 근심이 없어진다.
- 천사신(天赦神) : 모든 죄를 용서한다.
- 요안일(要安日) : 복이 생긴다.
- 만통사길(萬通四吉) : 전화위복(轉禍爲福)이다.
- 회가재성(回駕宰星) : 하늘의 높은 별이 도와주어 길하다.

④ 사대길일

천은(天恩)·대명(大明)·천사(天赦)·모창(母倉)일을 합쳐서 사대길일(四大吉日)이라고 한다. 모든 일에 대길하다.

- 천은상길일(天恩上吉日) : 매사(每事)에 대길이다.

  甲子·乙丑·丙寅·丁卯·戊辰·己卯·庚辰·辛巳·壬午·癸未·己酉·庚戌·辛亥·壬子·癸丑일

- 대명상길일(大明上吉日) : 매사대통(每事大通)이다.

  辛未·壬申·癸酉·丁丑·己卯·壬午·甲申·丁亥·壬辰·乙未·壬寅·甲辰·乙巳·丙午·己酉·庚戌·辛亥일.

- 천사상길일(天赦上吉日) : 재앙과 죄가 소멸되는 날이다.

계절	천사상길일
봄(1·2·3월)	戊寅일
여름(4·5·6월)	甲午일
가을(7·8·9월)	戊申일
겨울(10·11·12월)	甲子일

- 모창상길일(母倉上吉日) : 신축이나 이사 등에 좋은 날이다.

계절	모창상길일
봄(1·2·3월)	亥·子일
여름(4·5·6월)	寅·卯일
가을(7·8·9월)	辰·戌·丑·未일
겨울(10·11·12월)	申·酉일
토왕용사(土旺用事) 후 巳·午일	

⑤ 투수일 · 천농일 · 지아일

- 투수일(偸修日) : 안장(安葬)과 조작(造作)에 길하다.

  壬子·癸丑·丙辰·丁巳·戊午·己未·庚申·辛酉일

- 천농일(天聾日) : 백사(百事)에 길하다.

  丙寅·戊辰·丙子·丙申·庚子·壬子·丙辰일

- 지아일(地啞日) : 백사(百事)에 길하다.

  乙丑·丁卯·乙卯·辛巳·乙未·己亥·辛丑·辛亥·癸丑·辛酉일

⑥ 공망일

공망일(空亡日)은 신(神)들이 하늘로 올라가 방해를 받지 않아 백사(百事)에 길한 날이다.

- 오공일(五空日) : 모든 신이 상천하여 땅이 비어 있어서 해가 없는 날이다.

  戊戌일 - 午時, 己亥 · 庚子 · 辛丑일

- 천지개공일(天地皆空日) : 하늘과 땅이 모두 비어 있어서 무슨 일을 하거나 탈이 없다.

  戊戌 · 己亥 · 庚子 · 庚申일

- 천상천하대공망일(天上天下大空亡日) : 악한 기운이 없는 날로 굿이나 제사 이외의 모든 일에 탈이 없다.

  甲戌 · 甲申 · 甲午 · 乙丑 · 乙亥 · 乙酉 · 壬辰 · 壬寅 · 壬子 · 癸未 · 癸巳 · 癸卯일

2. 흉신

흉신(凶神)은 나쁜 작용을 하는 기운을 이르는 말로 택일을 할 때는 흉신에 해당하는 날을 되도록 피해야 한다.

1 세간흉신

세간길신과 마찬가지로 한 해의 천간을 기준으로 판단한다. 세간흉신(歲干凶神)은 음택에 주로 사용된다.

세간흉신＼연간	甲	乙	丙	丁	戊	己	庚	辛	壬	癸
산가곤룡	乾	庚	丁	巽	甲	乾	庚	丁	巽	甲
산가관부	亥	酉	未	巳	卯	亥	酉	未	巳	卯
좌산관부	戌	申	午	辰	寅	戌	申	午	辰	寅
나천대퇴	坎	震	艮	艮	坤	坤	巽	巽	兌	兌
부천공망	壬	癸	辛	庚	坤	乾	丁	丙	甲	乙
산가혈인	六·七	一·四	二·八	三	九	六·七	一·四	二·八	三	九
장군전	卯	辰	午	未	午	未	酉	戌	子	丑

- 산가곤룡(山家困龍) : 조장(造葬)에 아주 흉하다.
- 산가관부(山家官符) : 조장(造葬)을 하면 질병(疾病)과 시비(是非)가 따른다.
- 좌산관부(坐山官符) : 관재(官災)와 시비(是非) 등으로 사람이 다치거나 죽음에 이른다.
- 나천대퇴(羅天大退) : 살인(殺人)이 일어나거나 재물(財物)을 탕진한다.
- 부천공망(浮天空亡) : 건물이나 묘를 이 방향으로 쓰면 관재(官災)수를 부른다.
- 산가혈인(山家血刃) : 양택(陽宅)에서 범하면 재물을 탕진하고 피를 본다.
- 장군전(將軍箭) : 살인(殺人)을 부른다.

② 세지흉신

세지길신과 마찬가지로 한 해의 지지를 기준으로 판단한다. 세지흉신(歲支凶神)은 해당하는 해의 방위의 길흉을 판단하는 데 주로 사용된다.

세지흉신＼연지	子	丑	寅	卯	辰	巳	午	未	申	酉	戌	亥
좌산나후	六	八	三	九	七	二	二	八	一	一	四	六
순산나후	乙	壬	艮	甲	巽	丙	丁	坤	辛	乾	癸	庚
황천구퇴	卯	子	酉	午	卯	子	酉	午	卯	子	酉	午
나천대퇴	四	七	一	一	一	一	六	六	二	二	九	九
구천주작	卯	戌	巳	子	未	寅	酉	辰	亥	午	丑	申
타겁혈인	二	八	六	二	九	四	二	八	六	二	九	四
태음살	亥	子	丑	寅	卯	辰	巳	午	未	申	酉	戌
겁살	巳	寅	亥	申	巳	寅	亥	申	巳	寅	亥	申
재살	午	卯	子	酉	午	卯	子	酉	午	卯	子	酉
세살	未	辰	丑	戌	未	辰	丑	戌	未	辰	丑	戌
좌살	丙·丁	甲·乙	壬·癸	庚·辛	丙·丁	甲·乙	壬·癸	庚·辛	丙·丁	甲·乙	壬·癸	庚·辛
향살	壬·癸	庚·辛	丙·丁	甲·乙	壬·癸	庚·辛	丙·丁	甲·乙	壬·癸	庚·辛	丙·丁	甲·乙
천관부	亥	申	巳	寅	亥	申	巳	寅	亥	申	巳	寅
지관부	辰	巳	午	未	申	酉	戌	亥	子	丑	寅	卯
유재	乾·戌	未·申	子·丑	子·丑	子·丑	乾·戌	乾·戌	乾·戌	子·丑	未·申	未·申	未·申
대장군	酉	酉	子	子	子	卯	卯	卯	午	午	午	酉
태세	子	丑	寅	卯	辰	巳	午	未	申	酉	戌	亥
대모	午	未	申	酉	戌	亥	子	丑	寅	卯	辰	巳
소모	巳	午	未	申	酉	戌	亥	子	丑	寅	卯	辰
백호살	申	酉	戌	亥	子	丑	寅	卯	辰	巳	午	未
금신살	巳	酉	丑	巳	酉	丑	巳	酉	丑	巳	酉	丑

- 좌산나후(坐山羅候) : 관재를 초래하고, 남에게 구걸(求乞)을 할 수가 있다.
- 순산나후(巡山羅候) : 조장(造葬)을 꺼리고, 관재(官災)로 인하여 근심이 생긴다.
- 황천구퇴(皇天灸退) : 건물이나 묘를 이 방향을 향(向)하면 모든 것이 흩어져 버린다.
- 나천대퇴(羅天大退) : 재물과 사람이 망하고, 계획한 일이 모두 무너진다.
- 구천주작(九天朱雀) : 입향(立向)과 수작(修作: 수리하거나 짓는 일)을 꺼린다.
- 타겁혈인(打劫血刃) : 작향(作向)이나 동토(動土: 흙을 건드리는 일)를 꺼린다.
- 태음살(太陰殺) : 작향이나 기조(起造)를 꺼린다.
- 겁살(劫殺) : 납음오행(納音五行)으로 제살(制殺)한다. 가령 이날의 납음오행이 수(水)이면 수를 극하는 납음오행이 토(土)인 생년의 사람이 일을 주관하면 된다.

- 재살(災殺) : 겁살의 경우와 같다.
- 세살(歲殺) : 겁살의 경우와 같다.
- 좌살(坐殺) : 조장(造葬)을 꺼린다.
- 향살(向殺) : 좌살의 경우와 같다.
- 천관부(天官符) : 좌살의 경우와 같다.
- 지관부(地官符) : 좌살의 경우와 같다.
- 유재(流財) : 주택과 전답에 손해가 생긴다.
- 대장군(大將軍) : 수조(修造)와 동토를 꺼린다.
- 태세(太歲) : 대장군의 경우와 같다.
- 대모(大耗) : 동토와 재물을 지출하거나 창고의 물건을 내어가는 것을 꺼린다.
- 소모(小耗) : 대모의 경우와 같다.
- 백호살(白虎殺) : 모든 일에 불길하다.
- 금신살(金神殺) : 동토(動土)와 매장(埋葬)을 꺼린다.

③ 월가흉신

월가흉신(月家凶神)은 매달 특정한 날을 나쁘게 보는 것이다. 이 때 달은 절기를 기준으로 한다.

월가흉신＼월	1	2	3	4	5	6	7	8	9	10	11	12
천강	巳	子	未	寅	酉	辰	亥	五	丑	申	卯	戌
하괴	亥	午	丑	申	卯	戌	巳	子	未	寅	酉	辰
지파	亥	子	丑	寅	卯	辰	巳	午	未	申	酉	戌
나망	子	申	巳	辰	戌	亥	丑	申	未	子	巳	申
멸몰	丑	子	亥	戌	酉	申	未	午	巳	辰	卯	寅
천구	子	丑	寅	卯	辰	巳	午	未	申	酉	戌	亥
왕망	寅	巳	申	亥	卯	午	酉	子	辰	未	戌	丑
천적	辰	酉	寅	未	子	巳	戌	卯	申	丑	午	亥
피마	子	酉	午	卯	子	酉	午	卯	子	酉	午	卯
홍사살	酉	巳	丑	酉	巳	丑	酉	巳	丑	酉	巳	丑
온황살	未	戌	辰	寅	午	子	酉	申	巳	亥	丑	卯
토온	辰	巳	午	未	申	酉	戌	亥	子	丑	寅	卯
토기	寅	巳	申	亥	卯	午	酉	子	辰	未	戌	丑
토금	亥	亥	亥	寅	寅	寅	巳	巳	巳	申	申	申
천격	寅	子	戌	申	午	辰	寅	子	戌	申	午	辰
지격	辰	寅	子	戌	申	午	辰	寅	子	戌	申	午
산격	未	巳	卯	丑	亥	酉	未	巳	卯	丑	亥	酉

월가흉신 \ 월	1	2	3	4	5	6	7	8	9	10	11	12
수격	戌	申	午	辰	寅	子	戌	申	午	辰	寅	子
음차	庚戌	辛酉	庚申	丁未	丙午	丁巳	甲辰	己卯	甲寅	癸丑	壬子	癸亥
양착	甲寅	乙卯	甲辰	丁巳	丙午	丁未	庚申	辛酉	庚戌	癸亥	壬子	癸丑
유화	巳	寅	亥	申	巳	寅	亥	申	巳	寅	亥	申
천화	子	卯	午	酉	子	卯	午	酉	子	卯	午	酉
빙소와해	巳	子	丑	申	卯	戌	亥	午	未	寅	酉	辰
수사	戌	辰	亥	巳	子	午	丑	未	寅	申	卯	酉
귀기	丑	寅	子	丑	寅	子	丑	寅	子	丑	寅	子
비염살	戌	巳	午	未	寅	卯	辰	亥	子	丑	申	酉
혈기	丑	未	寅	申	卯	酉	辰	戌	巳	亥	午	子
혈지	丑	寅	卯	辰	巳	午	未	申	酉	戌	亥	子
독화	巳	辰	卯	寅	丑	子	亥	戌	酉	申	未	午
지낭일	庚子 庚午	癸丑 癸未	甲子 甲寅	己卯 己丑	戊辰 戊午	癸未 癸巳	丙寅 丙申	丁卯 丁巳	戊辰 戊子	庚子 庚戌	辛酉 辛未	乙未 乙酉

- 천강(天罡) : 백가지의 일을 꺼리나 황도(黃道)를 겸하면 가능하다. 황도일이나 황도시를 사용하면 된다.
- 하괴(河魁) : 천강의 경우와 같다.
- 지파(地破) : 우물이나 웅덩이 파는 일을 꺼린다.
- 나망(羅網) : 혼인(婚姻)이나 출행(出行), 송사(訟事: 고소·고발)를 꺼린다.
- 멸몰(滅沒) : 혼인(婚姻), 기조(起造), 출행(出行), 부임(赴任: 다른 직책으로 이동하는 것)을 꺼린다.
- 천구(天狗) : 제사(祭祀: 무엇을 목적으로 제를 들이는 일)를 꺼린다.
- 왕망(往亡) : 출행(出行), 이사(移徙), 부임(赴任), 출군(出軍: 전쟁 터)을 꺼린다.
- 천적(天賊) : 이사(移徙)와 출행(出行), 출재(出財)와 창고 열기를 꺼린다.
- 피마(披麻) : 입택(入宅)과 가취(嫁娶: 시집과 장가)를 꺼린다.
- 홍사살(紅紗殺) : 가취(嫁娶)를 꺼린다.
- 온황살(瘟瘟殺) : 병을 치료하거나 이사(移徙), 집수리와 집짓는 일을 꺼린다.
- 토온(土瘟) : 어떤 일을 목적으로 땅을 파거나 우물을 파는 것을 꺼린다.
- 토기(土忌) : 동토(動土)를 꺼린다.
- 토금(土禁) : 땅을 파거나 우물을 파는 것을 꺼린다.
- 천격(天隔) : 출행(出行)과 구관(求官: 벼슬을 구하는 일)을 꺼린다.
- 지격(地隔) : 나무를 심거나 안장(安葬)을 꺼린다.
- 산격(山隔) : 산의 나무를 자르는 일을 금한다.
- 수격(水隔) : 바다에 들어가거나 고기를 잡는 일, 이를 목적으로 배를 타고 나가는 일을 꺼린다.
- 음차(音差) : 가취(嫁娶)와 조장(造葬)을 꺼린다.

- 양착(陽錯) : 음차의 경우와 같다.

- 유화(遊火) : 침을 맞거나 뜸을 뜨는 일, 치료를 목적으로 약 먹는 일을 금한다.

- 천화(天火) : 수리하거나 짓는 일을 삼가고, 지붕을 덮는 일도 금한다.

- 빙소와해(冰消瓦解) : 입택(入宅)과 기조(起造)를 꺼린다.

- 수사(受死) : 상관(上官: 벼슬을 구하는 일), 가취(嫁娶), 이사(移徙)를 꺼린다.

- 귀기(歸忌) : 이사(移徙), 입택(入宅), 결혼(結婚), 원회(遠回: 객지에 있다가 집으로 돌아오는 것)를 꺼린다.

- 비염살(飛廉殺) : 육축(六畜: 집에서 기르는 가축)과 재산(財産)에 손실이 있다.

- 혈기(血忌) : 침을 맞으면 출혈만 있을 뿐이다.

- 혈지(血支) : 침이나 뜸을 떠도 출혈만 있을 뿐이다.

- 독화(獨火) : 기조(起造) 또는 지붕을 올리거나 부엌 짓는 일을 금한다.

- 지낭일(地囊日) : 기조(起造)나 동토(動土), 우물을 파거나 못을 파는 일을 금한다.

④ 사시흉신

사시흉신(四時凶神)은 택일을 하기에 불리한 날이다.

사시흉신 〵 사계	春	夏	秋	冬
정 사 폐	庚辛·申酉	壬癸·子亥	甲乙·寅卯	丙丁·午巳
방 사 폐	庚申·辛酉	壬子·癸亥	甲寅·乙卯	丙午·丁巳
천전지전	癸卯·辛卯	丙午·戊午	辛酉·癸酉	壬子·丙子
천지전살	卯	午	酉	子
천지황무	巳酉丑	申子辰	亥卯未	寅午戌
사시대모	乙未	丙戌	辛丑	壬辰
사 허 패	己酉	甲子	辛卯	庚午
사시소모	壬子	乙卯	戊午	辛酉

- 정사폐(正四廢) : 생분(生墳)과 작조(作造)를 꺼린다.

- 방사폐(傍四廢) : 정사폐의 경우와 같다.

- 천전지전(天轉地轉) : 동토(動土)와 조장(造葬)을 꺼린다.

- 천지전살(天地轉殺) : 못이나 제방(堤防)을 막는 일을 꺼린다.

- 천지황무(天地荒蕪) : 뜻을 이루지 못한다.

- 사시대모(四時大耗) : 동토(動土)와 짓는 것을 꺼린다.

- 사허패(四虛敗) : 이사(移徙)나 입택(入宅), 창고를 수리하는 것을 꺼린다.

- 사시소모(四時小耗) : 동토(動土)와 짓는 것을 꺼린다.

5 십악대패일

특별히 나쁜 날이므로 십악대패일(十惡大敗日)에는 큰일을 벌이지 않고 행동을 조심해야 한다. 십악일(十惡日)이라고도 한다.

년	십악대패일
甲·己년	3월 – 戊戌일, 7월 – 癸亥일, 10월 – 丙申일, 11월 – 丁亥일
乙·庚년	4월 – 壬申일, 9월 – 乙巳일
丙·辛년	3월 – 辛巳일, 9월 – 庚辰일
丁·壬년	해당 없음
戊·癸년	6월 – 丑일

6 사폐일·사유일·사절일·월기일

사폐일(四廢日), 사유일(四維日), 사절일(四絶日)·월기일(月忌日)은 모든 일에 흉하므로 이 날을 피해서 택일한다.

구분	해당 일
사폐일	• 봄(1·2·3월) – 庚申·辛酉일 • 여름(4·5·6월) – 壬子·癸亥일 • 가을(7·8·9월) – 甲子·乙卯일 • 겨울(10·11·12월) – 丙午·丁巳일
사유일	• 춘분·하지·추분·동지 하루 전
사절일	• 입춘·입하·입추·입동 하루 전
월기일	• 음력으로 매월 5일, 14일, 23일

7 대살백호

대살백호에(大殺白虎)에 해당하는 날은 살상(殺傷)·시비(是非)·질병(疾病)이 따르고, 사주에 이 살(殺)이 있으면 부모형제에게 부상과 질병이 따른다. 복을 빌거나, 상관(上官), 입택(入宅), 작조(作造), 결혼(結婚)에 흉하다. 갑자(甲子)를 감궁(坎宮)에 넣어 순행하여 중궁(中宮)에 드는 날이 대살백호이다. 백호대살(白虎大殺)이라고도 한다. 戊辰·丁丑·丙戌·乙未·甲辰·癸丑·壬戌일이 대살백호에 해당한다.

손궁	이궁	곤궁
丁卯·丙子·乙酉 甲午·癸卯·壬子 辛酉	壬申·辛巳·庚寅 己亥·戊申·丁巳	乙丑·甲戌·癸未 壬辰·辛丑·庚戌 己未
진궁	**중궁**	**태궁**
丙寅·乙亥·甲申 癸巳·壬寅·辛亥 庚申	戊辰·丁丑·丙戌 乙未·甲辰·癸丑 壬戌	庚午·己卯·戊子 丁酉·丙午·乙卯
간궁	**감궁**	**건궁**
辛未·庚辰·己丑 戊戌·丁未·丙辰	甲子·癸酉·壬午 辛卯·庚子·己酉 戊午	己巳·戊寅·丁亥 丙申·乙巳·甲寅 癸亥

8 인봉살

인봉살(刃鋒殺)이 있는 날은 신사(神祀 : 천신에게 제사를 지내는 일)·안장(安葬)·출행(出行)·행선(行船)에 흉하다.

계절	인봉살
봄(1·2·3월)	酉일
여름(4·5·6월)	子일
가을(7·8·9월)	卯일
겨울(10·11·12월)	午일

9 역마살

역마살(驛馬殺)이 있는 날은 이사(移徙) 및 출행(出行)에 길(吉)하다. 사주(四柱)에 역마살이 있으면 활동적이고 분주하게 돌아다닌다고 본다.

구분 \ 일	申	巳	寅	亥
생년	寅·午·戌	亥·卯·未	申·子·辰	巳·酉·丑
월	1·5·9	2·6·10	3·7·11	4·8·12

예를 들어 사주 생년(生年, 生日을 기준으로 하기도 한다)이 인(寅)·오(午)·술(戌)년이면 사주 중에 신(申)이 있으면 역마에 해당되고, 또한 1월·5월·9월에는 신일(申日: 壬申·甲申·丙申·戊申·庚申日)이 역마이다.

10 상문 · 조객살

상문(喪門) · 조객(弔客)살이 닿는 방위에는 집을 짓고, 수리하고, 흙을 다루는 일을 하지 않는다. 또한 사주에 이 살(殺)이 있으면 질병과 액(厄)이 있다고 본다.

구분＼연지	子	丑	寅	卯	辰	巳	午	未	申	酉	戌	亥
상문	寅	卯	辰	巳	午	未	申	酉	戌	亥	子	丑
조객	戌	亥	子	丑	寅	卯	辰	巳	午	未	申	酉

예를 들어 자년(甲子·丙子·戊子·庚子·壬子年)에는 인방(寅方)이 상문방(喪門方)이요, 술방(戌方)이 조객방(弔客方)이다. 또한 자년생(子年生) 사주에 인(寅)이 있으면 상문살(喪門殺)이요, 술(戌)이 있으면 조객살(弔客殺)이 된다.

實用學習

합혼개폐법(合婚開閉法)은

결혼하기에 적당한 나이를 고르는 방법이고,

가취월(嫁娶月)과 가취길일(嫁娶吉日)은

결혼하기에 좋은 달과 날을

고르는 방법이다.

이사년운길흉법(移徙年運吉凶法)은

가주의 생년 납음오행으로

이사하는 해의 길흉을 알아보는 방법이다.

실용 학습

2

01 결혼 結婚

1. 약혼

결혼을 약속하는 약혼식이나 사주(四柱)를 신부 집에 보내는 일, 또 채단(采緞)이나 혼서지(婚書紙) 등을 넣은 함을 신부 집으로 보내는 납채(納采)에도 좋은 날이 있다. 이 때 좋은 날을 의일(宜日)이라고 하며, 불길해서 꺼리는 날은 기일(忌日)이라고 한다.

사주와 채단
- 사주 : 결혼이 정해진 뒤 신랑 집에서 신부 집으로 신랑의 생년월일과 태어난 시각을 적어서 보내는 종이를 말한다. 사주단자 또는 사성(四星)이라고도 한다. 신부의 집에서는 이것으로 궁합(宮合)을 보고, 결혼 택일을 하기도 한다. 신랑 집에서는 청혼의 형식으로, 신부 집에서는 결혼을 허락한다는 형식으로 사주를 주고받는다. 사주를 보낼 때는 흰 종이를 7번 또는 5번 접어서 가운데에 신랑의 사주를 적고, 다시 흰 종이에 싸서 봉투에 넣은 후 근봉(謹封 : 삼가 봉한다는 뜻으로 편지 겉봉의 봉한 자리에 쓰는 말)이라고 쓴 띠를 두르며, 봉투 앞면에 사주라고 쓰는데 그 봉투는 봉하지 않는다.
- 채단 : 결혼할 때 신랑집에서 신부집으로 미리 보내는 푸른색과 붉은색 비단. 치마나 저고릿감으로 쓴다.

<u>의일</u>

- 생기복덕일 : 생기법(生氣法)에서 생기 · 복덕 · 천의(生氣 · 福德 · 天醫)일은 대길일에 해당한다(p.22 참조).
- 황도일 : 황도는 모든 흉신을 제화(制化)하는 대길신(大吉神)이다. 다른 길일을 고를 여유가 없을 때는 황도일(黃道日)을 골라서 사용해도 관계없지만, 생기 · 천의 · 복덕일을 겸하면 더 좋다(p.25 참조).
- 천덕(天德) · 월덕(月德) · 천덕합(天德合) · 월덕합(月德合) : 월가길신에 해당하는 날이다(p.63 참조).
- 오합일 : 오합일(五合日)은 일진에 갑(甲) · 인(寅)과 을(乙) · 묘(卯)가 들어 있는 날로 이 날 결혼하면 오복을 누린다고 한다. 일월합(日月合)은 갑인(甲寅) · 을묘(乙卯)일이고, 음양합(陰陽合)은 병인(丙寅) · 정묘(丁卯)일, 인민합(人民合)은 무인(戊寅) · 기묘(己卯)일, 금석합(金石合)은 경인(庚寅) · 신묘(辛卯)일, 강하합(江河合)은 임인(壬寅) · 계묘(癸卯)일이다.
- 송례천복길일 : 기묘(己卯) · 경인(庚寅) · 신묘(辛卯) · 임진(壬辰) · 계사(癸巳) · 기해(己亥) · 경자(庚子) · 신축(辛丑) · 을사(乙巳) · 정사(丁巳) · 경신(庚申)일을 말하는 것으로 결혼 등에 사용한다. 채단 및 예물을 보낼 때도 이 날을 사용하면 매우 좋고, 의일(宜日)을 겸하면 더욱 좋다.

- 남녀본명일 : 택일하는 사람의 생년 간지(干支)와 간지가 같은 날을 남녀본명일(男女本命日)이라 한다 . 예를 들어 갑자생(甲子生)은 갑자일(甲子日), 을축생(乙丑生)은 을축일(乙丑日)이 본명일이다.

- 화해 · 절명일 : 화해(禍害) · 절명(絶命)일은 생기법에서 대흉에 해당하는 날이다(p.22 참조).

- 충일 : 택일하는 사람의 생년 간지(干支)의 지지와 행사하는 날의 지지는 같으나 천간이 충(冲)이 되는 날, 또는 천간은 같으나 지지끼리 충[정충(正冲)]이 되는 날, 그리고 천간지지가 모두 충[동순충(同旬冲)]이 되는 날을 말한다. 예를 들어 갑자생(甲子生)인 경우 지지는 같지만 천간(天干)인 갑(甲)에 충은 경(庚)이라 경자(庚子)가 되고, 천간은 같지만 지지(地支)인 자(子)에 충은 오(午)라 갑오(甲午)이며, 천간지지(天干地支) 모두 충이 되는 것은 경오(庚午)가 된다. 그리하여 갑자생은 경자(庚子) · 갑오(甲午) · 경오일(庚午日)이 충일이 된다.

충일

생년	충일	생년	충일	생년	충일	생년	충일	생년	충일
甲子	庚子·甲午 庚午	丙子	壬子·丙午 壬午	戊子	戊午	庚子	甲子·庚午 甲午	壬子	丙子·壬午 丙午
乙丑	辛丑·乙未 辛未	丁丑	癸丑·丁未 癸未	己丑	己未	辛丑	乙丑·辛未 乙未	癸丑	丁丑·癸未 丁未
丙寅	壬寅·丙寅 壬申	戊寅	戊申	庚寅	甲寅·庚申 甲申	壬寅	丙寅·壬申 丙申	甲寅	庚寅·甲申 庚申
丁卯	癸卯·丁酉 癸酉	己卯	己酉	辛卯	乙卯·辛酉 乙酉	癸卯	丁卯·癸酉 丁酉	乙卯	辛卯·乙酉 辛酉
戊辰	戊戌	庚辰	甲辰·庚戌 甲戌	壬辰	丙辰·壬戌 丙戌	甲辰	庚辰·甲戌 庚戌	丙辰	壬辰·丙戌 壬戌
己巳	己亥	辛巳	乙巳·辛亥 乙亥	癸巳	丁巳·癸亥 丁亥	乙巳	辛巳·乙亥 辛亥	丁巳	癸巳·丁亥 癸亥
庚午	甲午·庚子 甲子	壬午	丙午·壬子 丙子	甲午	庚午·甲子 庚子	丙午	壬午·丙子 壬子	戊午	戊子
辛未	乙未·辛丑 乙丑	癸未	丁未·癸丑 丁丑	乙未	辛未·乙丑 辛丑	丁未	癸未·丁丑 癸丑	己未	己丑
壬申	丙申·壬寅 丙寅	甲申	庚申·甲寅 庚寅	丙申	壬申·丙寅 壬寅	戊申	戊寅	庚申	甲申·庚寅 甲寅
癸酉	丁酉·癸卯 丁卯	乙酉	辛酉·乙卯 辛卯	丁酉	癸酉·丁卯 癸卯	己酉	己卯	辛酉	乙酉·辛卯 乙卯
甲戌	庚戌·甲辰 庚辰	丙戌	壬戌·丙辰 壬辰	戊戌	戊辰	庚戌	甲戌·庚辰 甲辰	壬戌	丙戌·壬辰 丙辰
乙亥	辛亥·乙巳 辛巳	丁亥	癸亥·丁巳 癸巳	己亥	己巳	辛亥	乙亥·辛巳 乙巳	癸亥	丁亥·癸巳 丁巳

- 해(亥)일 : 일지(日支)가 해(亥)인 날을 말한다. 을해(乙亥) · 정해(丁亥) · 기해(己亥) · 신해(辛亥) · 계해(癸亥)일이 여기에 해당한다.

- 복단일(伏斷日) : 엎어지고 끊어진다는 뜻으로 안 좋은 작용을 하는 날이다(p.31 참조).

- 천적 · 홍사 · 수사 · 월파 · 월염 : 천적(天賊) · 홍사(紅紗) · 수사(受死)는 월가흉신에 해당하는 날이다(p.68 참조). 월파(月破) · 월염(月厭)은 천기대요에는 나오지 않지만 월가흉신으로 간주한다.

월가흉신 \ 월	1월	2월	3월	4월	5월	6월	7월	8월	9월	10월	11월	12월
월파	申	酉	戌	亥	子	丑	寅	卯	辰	巳	午	未
월염	戌	酉	申	未	午	巳	辰	卯	寅	丑	子	亥

> **궁합**
> 궁합은 결혼할 남녀의 사주를 오행에 맞추어 보아 부부로서 좋고 나쁨을 알아보는 것이다. 넓은 의미로는 남녀 사이뿐만 아니라 사람과 사람의 만남에서 좋고 나쁨을 따져보는 것을 의미하기도 한다.
> 옛날에는 여성이 남성에게 순종적이고 헌신적이어야 한다는 생각이 강해서 궁합에도 이러한 인식이 깔려 있었다. 여성이 남성을 도와주고 남성이 여성을 극해도 참고 인내해야 하므로 여성이 남성을 생하는 경우 또는 남성이 여성을 극하는 경우를 좋은 궁합이라고 판단하였다. 반대로 여성이 스스로 남성과 동격으로 맞서는 것은 용납되지 않아서 남성과 여성의 납음오행이 같거나 여성이 남성을 극하는 경우, 남성이 여성을 생하는 경우는 나쁜 궁합으로 판단하였다.
> 그러나 현대 사회에서는 여성의 사회 진출이 많아지고 여성의 사회적 지위가 높아짐에 따라 궁합을 판단하는 방법도 자연스럽게 바뀌었다. 남성과 여성의 납음오행이 같거나 여성이 남성을 생하는 경우, 남성이 여성을 생하는 경우에 좋은 궁합이라고 판단하고, 남성이 여성을 극하거나 여성이 남성을 극하는 경우에는 나쁜 궁합이라고 판단하게 된 것이다.

2. 결혼

1 결혼에 좋은 해와 나쁜 해

❶ 합혼개폐법

합혼개폐법(合婚開閉法)은 결혼하기에 적당한 나이를 고르는 방법이다. 대개운(大開運)일 때 결혼하면 부부가 화목하고, 반개운(半開運)일 때 결혼하면 부부가 불화하며, 폐개운(閉開運)일 때 결혼하면 부부가 이별한다고 한다. 합혼개폐법은 여자의 나이를 기준으로 한다.

여자 생년 \ 구분	대개운							반개운							폐개운						
子·午·卯·酉년	14	17	20	23	26	29	32	15	18	21	24	27	30	33	16	19	22	25	28	31	34
寅·申·巳·亥년	15	18	21	24	27	30	33	16	19	22	25	28	31	34	17	20	23	26	29	32	35
辰·戌·丑·未년	16	19	22	25	28	31	34	17	20	23	26	29	32	35	18	21	24	27	30	33	36

위 표를 보면 자(子) · 오(午) · 묘(卯) · 유(酉)년생 여자는 14세 · 17세 · 20세 · 23세 · 26세 · 29세 · 32세가 대개운에 해당하므로 결혼하기에 가장 좋은 해이다.

❷ 혼인흉년법

혼인흉년법(婚姻凶年法)은 결혼식을 올리기에 불길한 해[年]를 찾는 방법이다.

생년	子년		丑년		寅년		卯년		辰년		巳년		午년		未년		申년		酉년		戌년		亥년	
남녀	남	녀	남	녀	남	녀	남	녀	남	녀	남	녀	남	녀	남	녀	남	녀	남	녀	남	녀	남	녀
흉년	未	卯	申	寅	酉	丑	戌	子	亥	亥	子	戌	丑	酉	寅	申	卯	未	辰	午	巳	巳	午	辰

위 표를 보면 자(子)년생 남자는 미(未)년 즉 신미(辛未) · 계미(癸未) · 을미(乙未) · 정미(丁未) · 기미(己未)년인 양띠 해에, 자(子)년생 여자는 묘(卯)년 즉 정묘(丁卯) · 기묘(己卯) · 신묘(辛卯) · 계묘(癸卯) · 을묘(乙卯)년인 토끼띠 해에 결혼하지 않는 것이 좋다.

❸ 고과살

고진(孤辰)과 과숙(寡宿)의 줄임말로 고독을 의미한다. 결혼 택일에서는 여자의 생년 연지를 기준으로 판단한다. 사주에 이 살(殺)이 있으면 육친(六親)의 덕이 없다고 본다.

구분 \ 생년 연지	子	丑	寅	卯	辰	巳	午	未	申	酉	戌	亥
고진	寅	寅	巳	巳	巳	申	申	申	亥	亥	亥	寅
과숙	戌	戌	丑	丑	丑	辰	辰	辰	未	未	未	戌

② 결혼에 좋은 달과 나쁜 달

❶ 가취월

가취월(嫁娶月)은 여자의 띠를 기준으로 결혼하기에 적당한 달을 고르는 방법이다. 대리월(大利月)은 대길(大吉)하고, 방부주(妨夫主) · 방녀신(妨女身) · 방옹고(妨翁姑) · 방녀부모(妨女父母)는 경우에 따라 가려야 하며, 방매씨(妨媒氏)는 무난하므로 사용해도 된다.

구분 \ 여자 생년	子 · 午년	丑 · 未년	寅 · 申년	卯 · 酉년	辰 · 戌년	巳 · 亥년	길흉
대리월	6 · 12	5 · 11	2 · 8	1 · 7	4 · 10	3 · 9	가장 좋은 달
방매씨	1 · 7	4 · 10	3 · 9	6 · 12	5 · 11	2 · 8	무난한 달
방옹고	2 · 8	3 · 9	4 · 10	5 · 11	6 · 12	1 · 7	시부모가 있으면 흉
방녀부모	3 · 9	2 · 8	5 · 11	4 · 10	1 · 7	6 · 12	친정부모가 있으면 흉
방부주	4 · 10	1 · 7	6 · 12	3 · 9	2 · 8	5 · 11	신랑에게 흉
방녀신	5 · 11	6 · 12	1 · 7	2 · 8	3 · 9	4 · 10	신부에게 흉

❷ 살부대기월

살부대기월(殺夫大忌月)은 남편을 사별(死別)한다고 하여 결혼을 꺼리는 달로, 여자가 태어난 해를 기준으로 한다. 천기대요에는 없는 내용이지만 참고로 하는 경우가 많다.

여자 생년	子년	丑년	寅년	卯년	辰년	巳년	午년	未년	申년	酉년	戌년	亥년
살부대기월	1·2	4	7	12	4	5	8·12	6·7	6·7	8	12	7·8

위 표를 보면 자(子)년생 여자는 1·2월을 피해서 결혼하는 것이 좋다. 그런데 오(午)년생 즉 경오(庚午)·임오(壬午)·갑오(甲午)·병오(丙午)·무오(戊午)년생의 경우에는 12월이 가취월에서는 대리월에 속하여 가장 좋지만 살부대기월이다. 또 진(辰)년생 즉 무진(戊辰)·경진(庚辰)·임진(壬辰)·갑진(甲辰)·병진(丙辰)년생의 경우에도 4월이 가취월에서는 대리월에 속하지만 살부대기월이다. 축(丑)년생 을축(乙丑)·정축(丁丑)·기축(己丑)·신축(辛丑)·계축(癸丑)년생 역시 4월이 가취월에서는 방매씨에 속하여 괜찮지만 살부대기월이며, 해(亥)년생 즉 을해(乙亥)·정해(丁亥)·기해(己亥)·신해(辛亥)·계해(癸亥)년생의 경우에도 8월이 가취월에서는 방매씨에 속하여 괜찮지만 살부대기월이다. 이렇게 서로 어긋나는 달은 피하는 것이 좋다.

③ 결혼에 좋은 날과 나쁜 날

❶ 가취길일

결혼에 적당한 나이와 달을 고르고 나면 구체적인 날짜를 고르게 되는데, 결혼을 하기에 좋은 날을 가취길일(嫁娶吉日)이라고 한다.

- 생기·복덕·천의일 : 생기법(生氣法)에서 생기·복덕·천의일은 대길일에 해당한다. 신랑과 신부의 생기·복덕·천의일 중 공통되는 날을 선택한다(p.22 참조).
- 황도일 : 황도는 모든 흉신을 제화(制化)하는 대길신(大吉神)이다. 다른 길일을 고를 여유가 없을 때는 황도일(黃道日)을 골라서 사용해도 관계없지만, 생기·복덕·천의일을 겸하면 더 좋다(p.25 참조).
- 오합일 : 오합일(五合日)은 일진에 갑(甲)·인(寅)과 을(乙)·묘(卯)가 들어 있는 날로 이 날 결혼하면 오복을 누린다고 한다. 일월합(日月合)은 갑인(甲寅)·을묘(乙卯)일이고, 음양합(陰陽合)은 병인(丙寅)·정묘(丁卯)일, 인민합(人民合)은 무인(戊寅)·기묘(己卯)일, 금석합(金石合)은 경인(庚寅)·신묘(辛卯)일, 강하합(江河合)은 임인(壬寅)·계묘(癸卯)일이다.
- 생갑순(生甲旬) : 약택 행사에는 생갑순(生甲旬)이 길하다(p.29 참조).
- 음양부장길일 : 음양부장길일(陰陽不將吉日)이 황도일과 천덕(天德)·월덕(月德)을 겸하면 최상이다.

월	음양부장길일
1월	丙寅·丁卯·丙子·丁丑·戊寅·己卯·戊子·己丑·庚寅·辛卯·庚子·辛丑일
2월	乙丑·丙寅·丙子·丁丑·戊寅·丙戌·戊子·己丑·庚寅·戊戌·庚子·庚戌일
3월	甲子·乙丑·甲戌·丙子·丁丑·乙酉·丙戌·戊子·己丑·丁酉·戊戌·己酉일
4월	甲子·甲戌·丙子·甲申·乙酉·丙戌·戊子·丙申·丁酉·戊戌·戊申·己酉일
5월	癸酉·甲戌·甲申·乙酉·丙戌·丙申·乙未·癸未·戊戌·戊申일
6월	壬申·癸酉·甲戌·癸未·甲申·乙酉·甲午·乙未·壬午·壬戌일
7월	壬申·癸酉·壬午·癸未·甲申·乙酉·癸巳·甲午·乙未·乙巳일
8월	辛未·壬申·辛巳·壬午·癸未·甲申·壬辰·癸巳·甲午·甲辰일
9월	庚午·辛未·辛巳·壬午·癸未·辛卯·壬辰·癸巳·庚辰·癸卯일
10월	庚午·庚辰·辛巳·壬午·辛卯·庚寅·壬辰·癸巳·壬寅·癸卯일
11월	丁卯·己巳·丁丑戊·寅·庚辰·己卯·戊子·己丑·庚寅·辛卯·庚子·辛丑·丙辰일
12월	丙寅·丁卯·戊辰·丙子·丁丑·戊寅·庚辰·己卯·戊子·己丑·庚寅·辛卯·庚子·辛丑·丙辰일

- 십전대길일 : 음양부장길일을 선택할 수 없을 때 십전대길일(十全大吉日)을 선택한다. 을축(乙丑)·정묘(丁卯)·병자(丙子)·정축(丁丑)·신묘(辛卯)·계묘(癸卯)·을사(乙巳)·임자(壬子)·계축(癸丑)·기축(己丑)일이 십전대길일이며, 계사(癸巳)·임오(壬午)·을미(乙未)·병진(丙辰)·신유(辛酉)·경인(庚寅)일은 십전대길일에 속하지 않으나 차선으로 선택할 수 있는 길일이다.

- 사대길일 : 사대길일(四大吉日)은 모든 일에 길한 날이다(p.65 참조).

- 사계길일 : 각각의 계절에는 길한 날이 있다.

  봄·가을 - 丙子·丁丑·壬午·壬子·癸丑일

  여름·가을·겨울 - 癸巳·癸卯·乙巳일

  봄·여름·가을 - 乙丑·己丑·乙未일

  가을·겨울 - 辛卯·乙巳일

  여름·겨울 - 丁卯·乙卯일

- 천월덕합일 : 천덕합일과 월덕합일은 월가길신이다(p.63 참조).

❷ 혼인총기일

결혼하기에 좋지 않은 날을 혼인총기일(婚姻總忌日)이라 하여 피한다.

- 남녀본명일 : 남녀본명일(男女本命日)은 택일하는 당사자의 생년과 간지가 같은 날을 말한다. 예를 들어 갑자생(甲子生)은 갑자일, 을축생(乙丑生)은 을축일이 본명일이다.

- 충일 : 택일하는 사람의 생년 지지(地支)와 행사하는 날의 지지는 같지만 천간이 충(冲)이 되거나, 또는 천간은 같으나 지지(地支)끼리 충[정충(正冲)]이 되는 날, 그리고 천간지지가 모두 충[동순충(同旬冲)]이 되는 날을 말한다(p.77 참조).

- 화해·절명일 : 화해(禍害)·절명(絕命)일은 생기법에서 대흉에 해당하는 날이다(p.22 참조).

- 해일 : 일지(日支)가 해(亥)인 날을 말한다. 을해(乙亥)·정해(丁亥)·기해(己亥)·신해(辛亥)·계해(癸亥)일이 해당된다.

- 월기일 : 월기일(月忌日)은 음력으로 매월 5일, 14일, 23일을 말한다.
- 월가흉신 : 월염(月厭) · 홍사살(紅紗殺) · 피마살(披麻殺) · 천적(天賊) · 수사(受死) · 월파(月破) · 귀기(歸忌) 등이 좋지 않다(p.68 참조).
- 십악대패일 : 모든 일에 흉한 날을 십악대패일(十惡大敗日)이라 한다(p.71 참조).
- 복단일 : 복단일(伏斷日)은 십악대패일과 같은 작용을 하는 날이다(p.31 참조).
- 사월팔일 : 사월초파일을 가리킨다.
- 동지(冬至)
- 하지(夏至)
- 단오(端午) : 음력 5월 5일
- 혼인주당 : 혼인주당(婚姻周堂)에 해당하는 사람이 결혼식에 참여하면 안 좋은 영향을 받는다. 다음 그림에서 고(姑)는 시어머니, 당(堂)과 제(第)는 집, 옹(翁)은 시아버지, 부(夫)는 신랑, 조(竈)와 주(廚)는 부엌을 의미하며, 제 · 당 · 주 · 조에 닿는 날이 결혼에 길한 날이다. 결혼식 달이 큰달(음력이 30일까지 있는 달)일 경우에는 부(夫)에서부터 1일을 시작하여 고→당→옹 등의 순서로 팔방을 순행하여 결혼식 날까지 짚어 나간다. 그러나 작은달(음력이 28일이나 29일까지 있는 달)에는 부(婦)에서부터 1일을 시작하여 조→제→옹 등의 순서로 팔방을 역행하여 결혼식 날까지 짚어서 닿는 곳이 주당이다.

  부일(夫日)과 부일(婦日)은 주당이 닿으므로 이 날은 결혼을 피하고, 옹일(翁日)과 고일(姑日)은 시아버지와 시어머니가 신랑 신부가 입장한 뒤에 결혼식에 참석하면 영향이 없다. 만약 집에서 결혼식을 할 경우에는 시아버지와 시어머니가 대례시(大禮時 : 결혼식이 진행 중인 시간)에만 불참하면 된다.

혼인주당도

주(廚)	큰달 부(夫) 1일 →	고(姑)
작은달 부(婦) 1일 ↓		당(堂)
조(竈)	제(第)	옹(翁)

④ 결혼에 좋은 시간

결혼하기에 좋은 시간을 정하는 방법을 대례시정법(大禮時定法)이라 한다.

- 황도시 : 날[日]을 기준으로 황도시(黃道時)를 찾을 수 있다(p.25 참조).
- 일록시 : 일록시(日祿時)는 음택(陰宅)과 양택(陽宅) 및 사주 등에 쓰인다. 해[年]로는 방위를 보고, 날[일진]로는 시 (時)를 본다.

일진	甲	乙	丙	丁	戊	己	庚	辛	壬	癸
일록	寅	卯	巳	午	巳	午	申	酉	亥	子

갑(甲)일 즉 갑자(甲子)·갑술(甲戌)·갑신(甲申)·갑오(甲午)·갑진(甲辰)·갑인(甲寅)일에는 인시(寅時 03시30분 ~05시30분)가 일록시이고, 갑(甲)년 즉 갑자(甲子)·갑술(甲戌)·갑신(甲申)·갑오(甲午)·갑진(甲辰)·갑인(甲寅) 년에는 인방[寅方 : 북동쪽과 간방(艮方)]이 일록방이다.

- 천덕 · 월덕시

구분 \ 일진	子일	丑일	寅일	卯일	辰일	巳일	午일	未일	申일	酉일	戌일	亥일
천덕시	巳	庚	丁	申	壬	辛	亥	甲	癸	寅	丙	乙
월덕시	壬	庚	丙	甲	壬	庚	丙	甲	壬	庚	丙	甲

자(子)일 즉 갑자(甲子)·병자(丙子)·무자(戊子)·경자(庚子)·임자(壬子)일에는 사(巳)시가 천덕시(天德時)이고, 임시 (壬時 : 천간에 壬이 들어가는 시간)가 월덕시(月德時)이다.

- 천을귀인시(天乙貴人時) : 해[年]로는 방위를 보고, 날[日辰]로 시간을 보며, 사주로는 신살을 본다.

연 · 일	甲 · 戊 · 庚	乙 · 己	丙 · 丁	辛	壬 · 癸
귀인시(方 · 星)	丑 · 未	子 · 申	亥 · 酉	午 · 寅	巳 · 卯

- 귀인등천문시 : 귀인등천문시(貴人登天門時)는 각각의 날에 두 개가 있는데, 각 시(時)의 초시(初時)를 사용한다. 즉 각 시(時)는 초시와 정시(正時)로 나뉘는데, 예를 들어 자(子)시에서 초시 즉 자초(子初)는 오후 11시 30분이고, 정시 즉 자정(子正)은 12시 30분이다. 따라서 자시의 경우에 초시란 오후 11시 30분부터 12시 30분 사이를 말한다.

절기 \ 일	甲일	乙일	丙일	丁일	戊일	己일	庚일	辛일	壬일	癸일
우수 후	酉 · 卯	戌 · 寅	亥 · 丑	丑 · 亥	卯 · 酉	寅 · 戌	卯 · 寅	辰 · 申	巳 · 未	未 · 巳
춘분 후	申 · 寅	酉 · 丑	戌 · 子	子 · 戌	寅 · 申	丑 · 酉	寅 · 申	卯 · 未	辰 · 午	午 · 辰
곡우 후	未 · 丑	申 · 子	酉 · 亥	亥 · 酉	丑 · 未	子 · 申	丑 · 未	寅 · 午	卯 · 巳	巳 · 卯
소만 후	午 · 子	未 · 亥	申 · 戌	戌 · 申	子 · 午	亥 · 未	子 · 午	巳 · 丑	寅 · 辰	辰 · 寅
하지 후	巳 · 亥	午 · 戌	未 · 酉	酉 · 未	巳 · 亥	戌 · 午	巳 · 亥	子 · 辰	丑 · 卯	卯 · 丑
대서 후	辰 · 戌	巳 · 酉	午 · 申	午 · 申	戌 · 辰	酉 · 巳	戌 · 辰	亥 · 卯	子 · 寅	寅 · 子
처서 후	卯 · 酉	辰 · 申	巳 · 未	巳 · 未	酉 · 卯	申 · 辰	酉 · 卯	戌 · 寅	亥 · 丑	丑 · 亥
추분 후	寅 · 申	卯 · 未	辰 · 午	辰 · 午	申 · 寅	未 · 卯	申 · 寅	酉 · 丑	戌 · 子	子 · 戌
상강 후	丑 · 未	寅 · 午	卯 · 巳	卯 · 巳	丑 · 未	午 · 寅	未 · 丑	申 · 子	酉 · 亥	亥 · 酉
소설 후	子 · 午	丑 · 巳	寅 · 辰	寅 · 辰	午 · 子	巳 · 丑	午 · 子	未 · 寅	申 · 戌	戌 · 申

절기＼일	甲일	乙일	丙일	丁일	戊일	己일	庚일	辛일	壬일	癸일
동지 후	亥·巳	子·辰	丑·卯	丑·卯	巳·亥	辰·子	巳·亥	午·戌	未·酉	酉·未
대한 후	辰·戌	亥·卯	子·寅	子·寅	辰·戌	卯·亥	辰·戌	巳·酉	午·申	申·午

3. 신행

신부가 정식으로 시댁에 들어가는 것을 신행(新行)이라고 한다. 우례일(于禮日) 또는 우귀일(于歸日)이라고도 한다. 신행일을 보는 일반적인 방법이 신행주당(新行周堂)인데, 이는 다른 말로 우례주당(于禮周堂)이라고도 한다. 방법은 다음 그림의 당(堂)·상(床)·사(死)·수(睡)·문(門)·노(路)·주(廚)·조(竈)를 순행 또는 역행하는 것이다. 이 때 큰달(음력이 30일까지 있는 달)에는 조(竈)에서 1일부터 시작하여 당(堂)→상(床)의 순서로 순행하고, 작은달(음력이 28일이나 29일까지만 있는 달)에는 주(廚)에서 1일부터 시작하여 노(路)→문(門)의 순서로 역행하여 짚어 나간다. 그 결과 문·노·상·당에 닿는 날은 피하고, 사·수·주·조에 닿는 날에 신행한다.

신행주당도

큰달 당(堂) 1일 →	상(床)	사(死)
조(竈)		수(睡)
주(廚)	작은달 노(路) 1일 →	문(門)

그 밖에 신행일로 좋은 날은 다음과 같다.

- 생기(生氣)·복덕(福德)·천의(天醫)일 : (p.22 참조)
- 황도일(黃道日) : (p.25 참조)
- 천덕(天德)·월덕일(月德日) : (p.63 참조)
- 녹일(祿日) : (p.83 참조)
- 귀인일(貴人日) : (p.83 참조)

02 양택 陽宅

1. 기조운

기조(起造)란 건물을 짓는 것으로 성조(成造)라고도 한다. 기조운(起造運)은 건물을 지을 때 나이, 해[年], 좌향 등으로 길흉을 보는 방법이다.

1 사각법

사각(四角)이란 건물을 짓는 사람의 나이가 건(乾)·곤(坤)·간(艮)·손(巽)궁에 닿는 것을 말한다. 사각에 닿으면 기조에 좋지 않으므로 건물을 지어서는 안 된다. 사각법에는 성조사각법(成造四角法)과 금루사각법(金樓四角法)이 있으며, 대체로 성조사각법을 많이 사용하는데 금루사각법을 같이 사용하면 더 좋다. 부득이한 경우에는 둘 중에 한 가지만 사용해도 관계없다.

❶ 성조사각법

성조사각법으로 성조운을 알아보려면 곤궁에서부터 1세를 시작하여 팔방을 순행한다. 단, 5세(5·15·25·35·45·55·65·75·85세)와 50세는 중궁에 넣는다. 즉 2세에 태궁, 3세에 건궁, 4세에 감궁, 5세에 중궁, 6세에 간궁, 7세에 진궁, 8세에 손궁, 9세에 이궁, 10세에 다시 곤궁의 순서로 순행하는데, 5세와 15세를 중궁에 넣는 것만 주의하면 된다.

중궁의 잠사각(蠶四角)이나 간궁의 자기사각(自己四角)에 나이가 닿으면 성조에 매우 좋지 않다. 또 부모사각(父母四角)은 부모가 없으면 관계없으며, 처자사각(妻子四角)은 처나 자식에게 해롭고, 우마사각(牛馬四角)은 축사(畜舍)를 짓기에 좋지 않다. 그러나 나이가 사정방(四正方 : 감·이·진·태)에 닿으면 성조에 매우 좋다.

손					이					곤				
8	17	26	34	43	9	18	27	36	44	1	10	19	28	37
53	62	71	80	89	54	63	72	81	90	46	56	64	73	82
우마사각										처자사각				
진					중궁					태				
7	16	24	33	42	5	15	25	35	45	2	11	20	29	38
52	61	70	79	88	50	55	65	75	85	47	57	66	74	83
					잠사각									
간					감					건				
6	14	23	32	41	4	13	22	31	40	3	12	21	30	39
51	60	69	78	87	49	59	68	77	86	48	58	67	76	84
자기사각										부모사각				

한편 나이를 50세 전과 50세 후로 나누어서 보는 방법도 있다. 나이 붙이는 법은 위 방법과 같으나 부와 모, 처와 아들[子]과 딸[女]이 나뉘어 있으며, 자기 자신의 위치가 다르다.

50세 이전

처사각	흠	모사각
흠	잠사각	흠
자사각	흠	부사각

50세 이후_부모가 없는 경우

여사각	흠	처사각
흠	잠사각	흠
자사각	흠	자사각

❷ 금루사각법

금루사각법(金樓四角法)으로 성조운을 알아보려면 태궁에서부터 1세를 시작하여 2세는 건궁, 3세는 감궁, 4세·5세는 중궁(매 4·5세는 중궁에 넣는다), 6세는 간궁, 7세는 진궁, 8세는 손궁, 9세는 이궁, 10세는 곤궁에 닿는다. 다시 11세는 태궁, 12세는 건궁의 순서로 나이를 팔방에 돌려 배치하면 다음과 같다.

손	이	곤
8 18 28 38 48 58 68 78 88	9 19 29 39 49 59 69 79 89	10 20 30 40 50 60 70 80 90
진	**중궁**	**태**
7 17 27 37 47 57 67 77 87	4 5 14 15 24 25 34 35 44 45 54 55 64 65 74 75 84 85	1 11 21 31 41 51 61 71 81
간	**감**	**건**
6 16 26 36 46 56 66 76 86	3 13 23 33 43 53 63 73 83	2 12 22 32 42 52 62 72 82

나이가 감·이·진·태의 사정(四正)에 닿으면 기조에 좋고, 건·곤·간·손의 사각궁이나 중궁에 닿으면 나쁘다. 따라서 1·3·7·9세는 기조에 길하여 건물을 지어도 되지만, 2·4·5·6·8·10세는 기조에 불길하므로 건물을 짓지 않는다.

② 지운정국

성조하는 해[年]로 좌(坐)나 향(向)을 보거나, 좌 또는 향을 먼저 정한 후에 연운(年運)을 보는 방법을 지운정국(地運定局)이라고 한다.

해	辰·戌·丑·未년	寅·申·巳·亥년	子·午·卯·酉년
좋은 좌향	寅·申·巳·亥 乾·坤·艮·巽	子·午·卯·酉 甲·寅·丙·壬	辰·戌·丑·未 乙·辛·丁·癸

위 표를 보면 진(辰)·술(戌)·축(丑)·미(未)년에는 인(寅)·신(申)·사(巳)·해(亥)·건(乾)·곤(坤)·간(艮)·손(巽)으로 좌나 향을 놓고 성조하면 대길하다.

③ 수조길일

가옥이나 건물 등을 고치거나 새로 지을 때 좋은 날을 수조길일(修造吉日)이라고 한다.

❶ 동토일

동토일(動土日)이란 흙을 다루는 날이다.

• 의일 : 생기일(生氣日), 황도일(黃道日), 천은(天恩), 월가길신의 천덕(天德)·월덕(月德)·월공(月空)일, 건제 12신의 제(除)·정(定)·집(執)·액(厄)·성(成)·개(開)일, 갑자(甲子)·계유(癸酉)·무인(戊寅)·기묘(己卯)·경진(庚辰)·신

사(辛巳) · 갑신(甲申) · 병술(丙戌) · 갑오(甲午) · 병신(丙申) · 기해(己亥) · 경자(庚子) · 갑진(甲辰) · 병오(丙午) · 정미(丁未) · 계축(癸丑) · 무오(戊午) · 경오(庚午) · 신미(辛未) · 병진(丙辰)일

• 기일 : 토황(土皇), 월가흉신의 토온(土瘟) · 토부(土符) · 토기(土忌) · 토흔(土痕) · 토괴(土塊) · 지낭(地囊) · 천적(天賊), 건제 12신의 건(建) · 파(破) · 평(平) · 수(收)일, 토왕용사(土旺用事) 후

❷ 기지일

기지일(基地日)이란 집터를 닦는 날이다.

• 의일 : 갑자(甲子) · 을축(乙丑) · 정묘(丁卯) · 무진(戊辰) · 경오(庚午) · 신미(辛未) · 기묘(己卯) · 신사(辛巳) · 갑신(甲申) · 을미(乙未) · 정유(丁酉) · 기해(己亥) · 병오(丙午) · 정미(丁未) · 임자(壬子) · 계축(癸丑) · 갑인(甲寅) · 을묘(乙卯) · 경신(庚申) · 신유(辛酉)일

• 기일 : 현무흑도(玄武黑道), 월가흉신의 천적(天賊) · 수사(受死) · 천온(天瘟) · 토온(土瘟) · 토기(土忌) · 토부(土符), 정사폐(正四廢), 건제 12신의 건(建) · 파(破) · 수(收)일, 토왕용사(土旺用事) 후

❸ 정초일

정초일(定礎日)이란 주춧돌을 놓는 날이다.

• 의일 : 황도일, 월가길신의 천덕(天德) · 월덕(月德)일, 건제 12신의 정(定) · 성(成)일, 갑자(甲子) · 을축(乙丑) · 병인(丙寅) · 무진(戊辰) · 기사(己巳) · 경오(庚午) · 신미(辛未) · 갑술(甲戌) · 을해(乙亥) · 무인(戊寅) · 기묘(己卯) · 신사(辛巳) · 임오(壬午) · 계미(癸未) · 갑신(甲申) · 정해(丁亥) · 무자(戊子) · 기축(己丑) · 경인(庚寅) · 계사(癸巳) · 을미(乙未) · 정유(丁酉) · 무술(戊戌) · 기해(己亥) · 경자(庚子) · 임인(壬寅) · 계묘(癸卯) · 병오(丙午) · 무신(戊申) · 기유(己酉) · 임자(壬子) · 계축(癸丑) · 갑인(甲寅) · 을묘(乙卯) · 병진(丙辰) · 정사(丁巳) · 기미(己未) · 경신(庚申) · 신유(辛酉)일

• 기일 : 정사폐(正四廢), 천적일(天賊日), 건제 12신의 건(建) · 파(破)일

❹ 수주일

수주일(竪柱日)이란 기둥을 세우는 날이다.

• 의일 : 황도일, 월가길신의 천덕(天德) · 월덕(月德)일, 건제 12신의 성(成) · 개(開)일, 기사(己巳) · 을해(乙亥) · 기묘(己卯) · 갑신(甲申) · 을유(乙酉) · 무자(戊子) · 기축(己丑) · 경인(庚寅) · 을미(乙未) · 기해(己亥) · 신축(辛丑) · 계묘(癸卯) · 을사(乙巳) · 무신(戊申) · 기유(己酉) · 임자(壬子) · 갑인(甲寅) · 기미(己未) · 경신(庚申) · 임술(壬戌) · 병인(丙寅) · 신사(辛巳)일

❺ 상량일

상량일(上梁日)이란 들보를 거는 날이다.

• 의일 : 황도일, 월가길신의 천덕(天德) · 월덕(月德)일, 건제 12신의 성(成) · 개(開)일, 갑자(甲子) · 을축(乙丑) · 정묘(丁卯) · 무진(戊辰) · 기사(己巳) · 경오(庚午) · 신미(辛未) · 임신(壬申) · 갑술(甲戌) · 병자(丙子) · 무인(戊寅) · 무진(庚

辰) · 임오(壬午) · 갑신(甲申) · 병술(丙戌) · 무자(戊子) · 경인(庚寅) · 갑오(甲午) · 병신(丙申) · 정유(丁酉) · 무술(戊戌) · 기해(己亥) · 경자(庚子) · 신축(辛丑) · 임인(壬寅) · 계묘(癸卯) · 을사(乙巳) · 정미(丁未) · 기유(己酉) · 신해(辛亥) · 계축(癸丑) · 을묘(乙卯) · 정사(丁巳) · 기미(己未) · 신유(辛酉) · 계해(癸亥)일

- 기일 : 주작흑도(朱雀黑道) · 천뇌흑도(天牢黑道), 월가흉신의 천강(天罡) · 하괴(河魁) · 독화(獨火) · 천화(天火) · 빙소와해(冰消瓦解) · 수사(受死) · 천적(天賊), 월파(月破), 복단일(伏斷日), 정사폐 · 천지전살(正四廢 · 天地轉殺), 월건(月建)

❻ 개옥일

개옥일(盖屋日)이란 지붕 덮는 날이다.

- 의일 : 정(定) · 성(成) · 개(開)일, 갑자(甲子) · 정묘(丁卯) · 무진(戊辰) · 기사(己巳) · 신미(辛未) · 임신(壬申) · 계유(癸酉) · 병자(丙子) · 정축(丁丑) · 기묘(己卯) · 경진(庚辰) · 계미(癸未) · 갑신(甲申) · 을유(乙酉) · 병술(丙戌) · 무자(戊子) · 경인(庚寅) · 계사(癸巳) · 을미(乙未) · 정유(丁酉) · 기해(己亥) · 신축(辛丑) · 임인(壬寅) · 계묘(癸卯) · 갑진(甲辰) · 을사(乙巳) · 무신(戊申) · 기유(己酉) · 경술(庚戌) · 신해(辛亥) · 계축(癸丑) · 을묘(乙卯) · 병진(丙辰) · 경신(庚申) · 신유(辛酉)일

❼ 파옥 · 훼원일

파옥(破屋) · 훼원일(毀垣日)이란 헌집이나 담장을 헐어내는 날이다.

- 의일 : 건제 12신의 파(破)일

❽ 수조일

수조일(修造日)이란 가옥을 짓고 수리하는 날이다.

- 의일 : 사시상일(四時相日), 생기일(生氣日), 월가길신의 천덕(天德) · 월덕(月德) · 월은(月恩)일, 건제 12신의 정(定)일, 옥당황도일(玉堂黃道日) · 금궤황도일(金匱黃道日)
- 기일 : 대장군방(大將軍方), 태세방(太歲方)

❾ 조문일

조문일(造門日)이란 문을 다는 날이다.

- 의일 : 황도일(黃道日), 생기일(生氣日), 월가길신의 천덕(天德) · 월덕일(月德日), 건제 12신의 만(滿) · 성(成) · 개(開)일, 갑자(甲子) · 을축(乙丑) · 신미(辛未) · 계유(癸酉) · 갑술(甲戌) · 임오(壬午) · 갑신(甲申) · 을유(乙酉) · 무자(戊子) · 기축(己丑) · 신묘(辛卯) · 계사(癸巳) · 을미(乙未) · 기해(己亥) · 경자(庚子) · 임인(壬寅) · 무신(戊申) · 임자(壬子) · 갑인(甲寅) · 병진(丙辰) · 무오(戊午)일
- 기일 : 춘작동문(春作東門) - 봄에는 동쪽에 문을 만들지 않는다.

  하작남문(夏作南門) - 여름에는 남쪽에 문을 만들지 않는다.

  추작서문(秋作西門) - 가을에는 서쪽에 문을 만들지 않는다.

동작북문(冬作北門) - 겨울에는 북쪽에 문을 만들지 않는다.

⑩ 새문일 · 새로일

새문일(塞門日) · 새로일(塞路日)이란 문을 막거나 길을 막는 날이다.

- 의일 : 복단일(伏斷日), 건제 12신의 폐(閉)일
- 기일 : 사폐일(四廢日), 병인(丙寅) · 기사(己巳) · 경오(庚午) · 정사(丁巳)일

⑪ 천정일

천정일(穿井日)이란 우물을 파는 날이다.

- 의일 : 생기일(生氣日), 건제 12신의 성(成) · 개(開)일, 월가길신의 천덕(天德) · 월덕(月德) · 합덕(合德)일, 갑자(甲子) · 을축(乙丑) · 임오(壬午) · 갑신(甲申) · 계사(癸巳) · 무술(戊戌) · 경자(庚子) · 신축(辛丑) · 을사(乙巳) · 신해(辛亥) · 계축(癸丑) · 정사(丁巳) · 신유(辛酉) · 계해(癸亥)일
- 기일 : 인방(寅方)은 장수하고, 묘(卯) · 진(辰) · 사(巳)방은 부귀하지만, 다른 방향은 흉하다.

⑫ 작측일

작측일(作厠日)이란 화장실을 짓는 날이다.

- 의일 : 천농일(天聾日), 지아일(地啞日), 복단일(伏斷日), 경진(庚辰) · 병술(丙戌) · 계사(癸巳) · 임자(壬子) · 기미(己未)일
- 기일 : 음력 1월 29일

2. 이사

1 이사년운길흉법

가주(家主 : 집안 어른)의 생년 납음오행으로 이사하는 해가 좋은지를 알아보는 방법이다. 10세부터 절궁(絶宮)에서 시작하여 해당하는 나이까지 팔방을 순행(順行)하여 길흉을 본다.

손 (辰·巽·巳) 무방	이 (丙·午·丁) 무방	곤 (未·坤·申) 길
진 (甲·卯·乙) 흉	중궁	태 (庚·酉·辛) 길
간 (丑·艮·寅) 길	감 (壬·子·癸) 흉	건 (戌·乾·亥) 흉

곤·태·간궁에 닿으면 이사에 좋은 해이고, 손·이궁은 무방하며, 건·감·진궁에 닿으면 이사에 흉한 해이다.

　예를 들어 2010년 경인년(庚寅年)의 경우 갑인생(甲寅生)은 나이 37세로 납음오행에서 대계수(大溪水)에 속하며, 수(水) 오행은 절궁(絶宮) 표에서 사(巳)에 속하므로 진·손·사(辰·巽·巳)에 해당하는 손궁에 10세를 넣어 37세까지 팔방을 돈다. 그러면 20세에 곤궁, 30세에 건궁이고 37세에는 태궁에 닿는데, 태궁은 이사에 길하므로 경인년에 이사를 해도 좋다.

2 이사방위 구궁법

구궁법으로 이사방위를 판단하는 것을 말한다.

❶ 이사방위신

먼저 구궁에 앉혀진 다음 그림의 이사 방위신을 살펴보고, 각 방위신의 의미를 알아본다.

구궁 방위신 기본도

손 ④ 사증파	이 ⑨ 구퇴식	곤 ② 이안손
진 ③ 삼식신	중궁 ⑤ 오귀	태 ⑦ 칠진귀
간 ⑧ 팔관인	감 ① 일천록	건 ⑥ 육합식

- 일천록(一天祿) : 승진하고 재물을 얻는다.
- 이안손(二眼損) : 질병이 있고 재물의 손실이 있다.
- 삼식신(三食神) : 재물이 쌓이고 대길(大吉)하다.
- 사증파(四甑破) : 액(厄)이 발생하고 재물의 손실이 있어 흉하다.
- 오 귀(五 鬼) : 질병과 재앙 등 집안에 우환이 생긴다.
- 육합식(六合食) : 사업이 발전하고 재물이 늘어난다.
- 칠진귀(七進鬼) : 질병과 우환이 잇달아 발생한다.
- 팔관인(八官印) : 명예가 높아지고 승진하여 대길하다.
- 구퇴식(九退食) : 재산이 줄어들어 흉하다.

예를 들어 천록방(天祿方)으로 이사하면 직장이나 관직에서 승진하고 수입이 늘어 길하다고 보며, 안손방(眼損方)으로 이사하면 눈병 등의 질병이 생기고 재물의 손실이 있을 수 있어 흉하다고 판단한다.

❷ 나이와 방위를 붙이는 법

남자는 진궁에서부터 나이 1세로 시작하여 2세는 손궁, 3세는 중궁, 4세는 건궁, 5세는 태궁, 6세는 간궁, 7세는 이궁, 8세는 감궁, 9세는 곤궁에 닿는다. 다시 10세는 진궁, 11세는 손궁, 12세는 중궁의 순서로 해당되는 나이까지 구궁을 돌아 나이가 닿는 방위신을 찾는다. 그리고 나이가 닿는 방위신을 다시 중궁에 넣어 이사 방위신을 배치하면 된다.

단, 여자는 곤궁에서부터 1세를 시작하여 2세에 진궁, 3세에 손궁, 4세에 중궁의 순서로 구궁을 돌아 나간다. 남녀가 시작하는 1세의 궁(宮)만 다르고 짚어 나가는 순서는 ①감궁→②곤궁→③진궁→④손궁→⑤중궁→⑥건궁→⑦태궁→⑧간궁→⑨이궁으로 같다.

손궁	이궁	곤궁 여자 1세
진궁 남자 1세	중궁	태궁
간궁	감궁	건궁

예를 들어 남자 41세의 경우, 먼저 진궁에서 1세를 시작해 10세에 진궁, 20세에 손궁, 30세에 중궁, 40세에 건궁, 41세에 태궁에 닿는다. 태궁은 칠진귀의 자리이다. 다음으로 칠진귀를 중궁에 넣고, 차례로 팔관인을 건궁, 구퇴식을 태궁, 일천록을 간궁, 이안손을 이궁, 삼식신을 감궁, 사증파를 곤궁, 오귀를 진궁, 육합식을 손궁에 넣으면 아래 그림과 같이 방위신이 배치된다.

남동 ⑥합식	남 ②안손	남서 ④증파
동 ⑤오귀	중궁 ⑦진귀	서 ⑨퇴식
북동 ①천록	북 ③식신	북서 ⑧관인

따라서 41세 남자는 중궁(중앙)이 진귀방(進鬼方), 건궁(북서쪽)이 관인방(官印方), 태궁(서쪽)이 퇴식방(退食方), 간궁(북동쪽)이 천록방(天祿方), 이궁(남쪽)이 안손방(眼損方), 감궁(북쪽)이 식신방(食神方), 곤궁(남서쪽)이 증파방(甑破方), 진궁(동쪽)이 귀방(鬼方), 손궁(남동쪽)이 합식방(合食方)이 된다.

❸ 구궁입중도

일천록

구퇴식	오귀	칠진귀
팔관인	일천록	삼식신
사증파	육합식	이안손

이안손

일천록	육합식	팔관인
구퇴식	이안손	사증파
오귀	칠진귀	삼식신

삼식신

이안손	칠진귀	구퇴식
일천록	삼식신	오귀
육합식	팔관인	사증파

사증파

삼식신	팔관인	일천록
이안손	사증파	육합식
칠진귀	구퇴식	오귀

오귀

사증파	구퇴식	이안손
삼식신	오귀	칠진귀
팔관인	일천록	육합식

육합식

오귀	일천록	삼식신
사증파	육합식	팔관인
구퇴식	이안손	칠진귀

칠진귀

육합식	이안손	사증파
오귀	칠진귀	구퇴식
일천록	삼식신	팔관인

팔관인

칠진귀	삼식신	오귀
육합식	팔관인	일천록
이안손	사증파	구퇴식

구퇴식

팔관인	사증파	육합식
칠진귀	구퇴식	이안손
삼식신	오귀	일천록

❹ 이사방위도

구궁입중도에 맞춰 남녀의 나이를 배치하면 이사방위신을 알 수 있다. 다음은 이사방위신을 한눈에 알 수 있게 정리한 표이다. 남녀의 나이를 알면 방위의 길흉을 쉽게 알 수 있다.

이사방위도

남녀										구분	천록(길)	안손(흉)	식신(길)	증파(흉)	귀(흉)	합식(길)	진귀(흉)	관인(길)	퇴식(흉)
남자나이	1	10	19	28	37	46	55	64	73	82	동	남동	중앙	북서	서	북동	남	북	남서
	2	11	20	29	38	47	56	65	74	83	남서	동	남동	중앙	북서	서	북동	남	북
	3	12	21	30	39	48	57	66	75	84	북	남서	동	남동	중앙	북서	서	북동	남
	4	13	22	31	40	49	58	67	76	85	남	북	남서	동	남동	중앙	북서	서	북동
	5	14	23	32	41	50	59	68	77	86	북동	남	북	남서	동	남동	중앙	북서	서
	6	15	24	33	42	51	60	69	78	87	서	북동	남	북	남서	동	남동	중앙	북서
	7	16	25	34	43	52	61	70	79	88	북서	서	북동	남	북	남서	동	남동	중앙
	8	17	26	35	44	53	62	71	80	89	중앙	북서	서	북동	남	북	남서	동	남동
	9	18	27	36	45	54	63	72	81	90	남동	중앙	북서	서	북동	남	북	남서	동

남녀 여자나이										구분	천록 (길)	안손 (흉)	식신 (길)	증파 (흉)	귀 (흉)	합식 (길)	진귀 (흉)	관인 (길)	퇴식 (흉)
1	10	19	28	37	46	55	64	73	82		남동	중앙	북서	서	북동	남	북	남서	동
2	11	20	29	38	47	56	65	74	83		동	남동	중앙	북서	서	북동	남	북	남서
3	12	21	30	39	48	57	66	75	84		남서	동	남동	중앙	북서	서	북동	남	북
4	13	22	31	40	49	58	67	76	85		북	남서	동	남동	중앙	북서	서	북동	남
5	14	23	32	41	50	59	68	77	86		남	북	남서	동	남동	중앙	북서	서	북동
6	15	24	33	42	51	60	69	78	87		북동	남	북	남서	동	남동	중앙	북서	서
7	16	25	34	43	52	61	70	79	88		서	북동	남	북	남서	동	남동	중앙	북서
8	17	26	35	44	53	62	71	80	89		북서	서	북동	남	북	남서	동	남동	중앙
9	18	27	36	45	54	63	72	81	90		중앙	북서	서	북동	남	북	남서	동	남동

위 표를 보면 예를 들어 1세·10세·19세·28세·37세·46세·55세·64세·73세·82세 남자의 경우에 동쪽·중앙·북동쪽·북쪽 방향은 길하고, 나머지 방향은 흉하다.

③ 이사일

이사를 하기에 좋은 날을 찾는 방법이다. 이사일을 입택일(入宅日)이라고도 한다.

의일

- 역마살 : 역마(驛馬)살이 있는 날은 이사 및 출행에 길하다(p.72 참조).
- 월은·사상 : 월은(月恩)·사상(四相)일은 월가길신에 해당하는 날이다(p.63 참조).
- 기타 : 갑자(甲子)·을축(乙丑)·병인(丙寅)·경오(庚午)·정축(丁丑)·을유(乙酉)·경인(庚寅)·임진(壬辰)·계사(癸巳)·을미(乙未)·임인(壬寅)·계묘(癸卯)·병오(丙午)·경술(庚戌)·계축(癸丑)·을묘(乙卯)·병진(丙辰)·정사(丁巳)·기미(己未)·경신(庚申)일

기일

- 가주본명일 : 가주의 생년 간지와 일진이 같은 것을 가주본명일(家主本命日)이라고 한다. 예를 들어 갑자생(甲子生)이면 갑자일, 을축생(乙丑生)이면 을축일이다.
- 충일 : 이사하는 사람의 생년 천간과 행사하는 날의 천간이 충(沖)이 되거나, 천간은 같으나 지지끼리 충[정충(正沖)]이 되거나, 또는 천간지지가 모두 충[동순충(同旬沖)]이 되는 날이다(p.77 참조).
- 복단일 : 복단일(伏斷日)은 엎어지고 끊어진다는 뜻으로 안 좋은 작용을 하는 날이다(p.31 참조).
- 화해·절명일 : 생기법에서 대흉일에 해당하는 화해(禍害)·절명일(絕命)일(p.22 참조).
- 월가흉신 중 귀기(歸忌)·천적(天賊)·수사(受死)·월염일(月厭日)(p.68 참조).
- 건제 12신 중 건(建)·파(破)·평(平)·수(收)일(p.28 참조)

④ 이사주당

집을 새로 짓거나 이사할 때에도 이사일을 고르는 방법과 함께 이사주당(移徙周堂)을 고려하면 좋다. 이사하는 달이 큰달(음력으로 30일인 달)이면 안(安)에서 1일을 시작해 이(利)→천(天)→해(害)의 순서로 순행하고, 작은달(음력으로 28일 또는 29일인 달)이면 천(天)에서 1일을 시작해 이(利)→안(安)→재(災)의 순서로 역행하여 이사 날짜가 닿는 곳까지 짚어 나간다. 이 때 이사 날짜가 안(安)·이(利)·천(天)·부(富)·사(師)에 닿으면 이사에 길하고, 재(災)·해(害)·살(殺)에 닿으면 주당살(周堂)에 해당되어 흉하므로 이사를 피하는 것이 좋다.

이사주당

큰달 안(安) 1일 →	이(利)	작은달 천(天) ← 1일
재(災)		해(害)
사(師)	부(富)	살(殺)

3. 양택삼요

양택이란 사람들의 생활공간을 말한다. 양택풍수론에서는 사람이 사는 주택이나 건물, 도시 등의 길흉을 판단하는데 그 중에서도 특히 중요시하는 대문과 안방, 부엌을 양택삼요(陽宅三要)라고 한다. 대문과 안방, 부엌은 줄여서 문주조(門主竈)라고도 한다. 그리고 양택삼요의 길흉을 판단하는 양택의 기본 이론이 동사택(東四宅)·서사택(西四宅)이다.

동사택·서사택 이론에서는 가주(家主 : 집안 어른)의 생년(生年)이 닿는 궁(宮)에 따라 동명(東命)과 서명(西命)이 구분되는데, 동명인 사람은 동사택에 문주조 즉 대문과 안방과 부엌이 있어야 길하고, 서명인 사람은 서사택에 대문과 안방과 부엌이 있어야 길(吉)하다고 본다.

- 동사택 : 감(坎)·이(離)·진(震)·손(巽)
- 서사택 : 건(乾)·곤(坤)·간(艮)·태(兌)

손 (동사택) 辰·巽·巳	이 (동사택) 丙·午·丁	곤 (서사택) 未·坤·申
진 (동사택) 甲·卯·乙		태 (서사택) 庚·酉·辛
간 (서사택) 丑·艮·寅	감 (동사택) 壬·子·癸	건 (서사택) 戌·乾·亥

위 표에서 가주의 생년이 구궁법에 의해 감·이·진·손궁에 해당하면 동명(東命=동사택명)이고, 건·곤·간·태궁에 해당하면 서명(西命=서사택명)이다.

동명과 서명을 구분하기 위해서는 먼저 삼원갑에 따라 구궁을 돌아야 하는데, 가주의 생년이 상원갑자(上元甲子)에 속하면 감궁에서부터 갑자를 시작하고, 중원갑자(中元甲子)에 속하면 손궁에서부터 갑자를 시작하며, 하원갑자(下元甲子)에 속하면 태궁에서부터 갑자(甲子)를 시작한다.

이 때 가주가 남자이면 구궁을 역행하고, 여자이면 구궁을 순행하며, 남자의 생년이 중궁에 들면 곤궁(서사택)으로 보고, 여자의 생년이 중궁에 들면 간궁(서사택)으로 본다.

남자_상원갑자명

손	이	곤
庚午·己卯·戊子 丁酉·丙午·乙卯	乙丑·甲戌·癸未 壬辰·辛丑·庚戌 己未	壬申·辛巳·庚寅 己亥·戊申·丁巳
진	**중궁**	**태**
辛未·庚辰·己丑 戊戌·丁未·丙辰	己巳·戊寅·丁亥 丙申·乙巳·甲寅 癸亥	丁卯·丙子·乙酉 甲午·癸卯·壬子 辛酉
간	**감**	**건**
丙寅·乙亥·甲申 癸巳·壬寅·辛亥 庚申	甲子·癸酉·壬午 辛卯·庚子·己酉 戊午	戊辰·丁丑·丙戌 乙未·甲辰·癸丑 壬戌

남자_중원갑자명

손	이	곤
甲子·癸酉·壬午 辛卯·庚子·己酉 戊午	戊辰·丁丑·丙戌 乙未·甲辰·癸丑 壬戌	丙寅·乙亥·甲申 癸巳·壬寅·辛亥 庚申
진	**중궁**	**태**
乙丑·甲戌·癸未 壬辰·辛丑·庚戌 己未	壬申·辛巳·庚寅 己亥·戊申·丁巳	庚午·己卯·戊子 丁酉·丙午·乙卯
간	**감**	**건**
己巳·戊寅·丁亥 丙申·乙巳·甲寅 癸亥	丁卯·丙子·乙酉 甲午·癸卯·壬子 辛酉	辛未·庚辰·己丑 戊戌·丁未·丙辰

남자_하원갑자명

손	이	곤
丁卯·丙子·乙酉 甲午·癸卯·壬子 辛酉	辛未·庚辰·己丑 戊戌·丁未·丙辰	己巳·戊寅·丁亥 丙申·乙巳·甲寅 癸亥
진	**중궁**	**태**
戊辰·丁丑·丙戌 乙未·甲辰·癸丑 壬戌	丙寅·乙亥·甲申 癸巳·壬寅·辛亥 庚申	甲子·癸酉·壬午 辛卯·庚子·己酉 戊午
간	**감**	**건**
壬申·辛巳·庚寅 己亥·戊申·丁巳	庚午·己卯·戊子 丁酉·丙午·乙卯	乙丑·甲戌·癸未 壬辰·辛丑·庚戌 己未

예를 들어 남자 1957년 정유생(丁酉生)인 경우, 1957년은 중원갑자에 해당되므로 손궁에서부터 갑자를 시작하고, 남자이므로 역행한다. 진궁에 을축(乙丑), 곤궁에 병인(丙寅), 감궁에 정묘(丁卯)의 순서로 역행하다 보면 태궁에 정유(丁酉)가 닿는다. 태궁은 서사택에 해당하므로 서명 즉 서사택 명이 된다. 따라서 대문과 안방과 부엌이 서사택궁(西四宅宮)인 건·곤·간·태궁에 위치하면 좋다.

여자_상원갑자명

손 丁卯·丙子·乙酉 甲午·癸卯·壬子 辛酉	이 壬申·辛巳·庚寅 己亥·戊申·丁巳	곤 乙丑·甲戌·癸未 壬辰·辛丑·庚戌 己未
진 丙寅·乙亥·甲申 癸巳·壬寅·辛亥 庚申	중궁 戊辰·丁丑·丙戌 乙未·甲辰·癸丑 壬戌	태 庚午·己卯·戊子 丁酉·丙午·乙卯
간 辛未·庚辰·己丑 戊戌·丁未·丙辰	감 甲子·癸酉·壬午 辛卯·庚子·己酉 戊午	건 己巳·戊寅·丁亥 丙申·乙巳·甲寅 癸亥

여자_중원갑자명

손 甲子·癸酉·壬午 辛卯·庚子·己酉 戊午	이 己巳·戊寅·丁亥 丙申·乙巳·甲寅 癸亥	곤 辛未·庚辰·己丑 戊戌·丁未·丙辰
진 壬申·辛巳·庚寅 己亥·戊申·丁巳	중궁 乙丑·甲戌·癸未 壬辰·辛丑·庚戌 己未	태 丁卯·丙子·乙酉 甲午·癸卯·壬子 辛酉
간 戊辰·丁丑·丙戌 乙未·甲辰·癸丑 壬戌	감 庚午·己卯·戊子 丁酉·丙午·乙卯	건 丙寅·乙亥·甲申 癸巳·壬寅·辛亥 庚申

손 庚午·己卯·戊子 丁酉·丙午·乙卯	이 丙寅·乙亥·甲申 癸巳·壬寅·辛亥 庚申	곤 戊辰·丁丑·丙戌 乙未·甲辰·癸丑 壬戌
진 己巳·戊寅·丁亥 丙申·乙巳·甲寅 癸亥	중궁 辛未·庚辰·己丑 戊戌·丁未·丙辰	태 甲子·癸酉·壬午 辛卯·庚子·己酉 戊午
간 乙丑·甲戌·癸未 壬辰·辛丑·庚戌 己未	감 丁卯·丙子·乙酉 甲午·癸卯·壬子 辛酉	건 壬申·辛巳·庚寅 己亥·戊申·丁巳

예를 들어 여자 1957년 정유생(丁酉生)인 경우, 1957년은 중원갑자에 해당되므로 손궁에서부터 갑자를 시작하는데, 이번에는 여자이므로 순행을 한다. 중궁에 을축(乙丑), 건궁에 병인(丙寅), 태궁에 정묘(丁卯)의 순서로 순행하다 보면 감궁에 정유(丁酉)가 닿는다. 감궁은 동사택에 해당하므로 동명 즉 동사택명이 된다. 따라서 대문과 안방과 부엌이 동사택궁(東四宅宮)인 감·이·진·손궁에 위치하면 좋다.

# 03 음택 陰宅

1. 장례

◀ 중상일 · 복일 · 중일

예전에는 장례(葬禮)를 치를 때 5일장이나 7일장 또는 그보다 길게 장례를 치렀지만, 최근에는 형편에 따라 2일장, 3일장 등으로 치르는 경우가 많다. 장례 날짜를 잡을 때 가장 중요한 것은 중상일(重喪日)·복일(復日)·중일(重日)을 피하는 것으로, 이에 해당되는 날에 장례를 치르면 같은 일이 겹치거나 중복이 된다는 의미가 있다. 대부분 장례는 3일장을 치르는데, 이와 같이 중상일이나 복일 또는 중일에 해당하면 2일장이나 4일장을 치르기도 한다. 하지만 초상(初喪) 7일 동안에는 모든 신살(神殺)에 구애받지 않는다는 이론도 있다.

구분 \ 월지	寅	卯	辰	巳	午	未	申	酉	戌	亥	子	丑
중상일	甲	乙	己	丙	丁	己	庚	辛	己	壬	癸	己
복일	庚	辛	戊	壬	癸	戊	甲	乙	戊	丙	丁	戊
중일	巳·亥	巳·亥	巳·亥	巳·亥	巳·亥	巳·亥	巳·亥	巳·亥	巳·亥	巳·亥	巳·亥	巳·亥

◳ 입관길시

염습(殮襲 : 죽은 사람의 몸을 씻기고 옷을 입혀 염포로 묶는 일)을 마치면 시신을 입관하는데, 다음의 입관길시(入棺吉時)를 따르는 것이 좋다.

일진에 따른 입관길시								
일진		**입관시간**			**일진**		**입관시간**		
子일	甲子	甲子	庚午	甲戌	**午일**	庚午	丁丑時	癸未時	丁亥時
	丙子	庚寅	甲午	×		壬午	癸卯時	丁未時	×
	戊子	甲寅	庚申	×		甲午	丁卯時	癸酉時	×
	庚子	庚辰	甲申	×		丙午	癸巳時	丁酉時	×
	壬子	庚子	甲辰	庚戌		戊午	癸丑時	丁巳時	癸亥時

일진		입관시간			일진		입관시간		
丑일	乙丑	辛巳	乙酉	×	未일	辛未	辛卯時	乙未時	×
	丁丑	辛丑	乙巳	辛亥		癸未	乙卯時	辛酉時	×
	己丑	乙丑	辛未	乙亥		乙未	辛巳時	乙酉時	×
	辛丑	辛卯	乙未	×		丁未	辛丑時	乙巳時	辛亥時
	癸丑	乙卯	辛酉	×		己未	乙丑時	辛未時	乙亥時
寅일	丙寅	癸巳	乙未	×	申일	壬申	癸卯時	甲辰時	×
	戊寅	癸丑	乙卯	癸亥		甲申	甲子時	癸卯時	甲戌時
	庚寅	癸未	乙酉	×		丙申	癸巳時	甲午時	×
	壬寅	癸卯	乙巳	×		戊申	癸丑時	甲寅時	癸亥時
	甲寅	乙丑	癸酉	乙亥		庚申	癸未時	甲申時	×
卯일	丁卯	壬寅	丙午	×	酉일	癸酉	壬子	丁巳	壬戌
	己卯	丙寅	壬申	×		乙酉	丁丑	壬午	丁亥
	辛卯	壬辰	丙申	×		丁酉	壬寅	丁未	×
	癸卯	壬子	丙辰	壬戌		己酉	丁卯	壬申	×
	乙卯	丙子	壬午	丙戌		辛酉	壬辰	丁酉	×
辰일	戊辰	甲寅	丁巳	×	戌일	甲戌	庚午	壬申	×
	庚辰	丁丑	甲申	丁亥		丙戌	庚寅	壬辰	×
	壬辰	甲辰	丁未	×		戊戌	壬子	庚申	壬戌
	甲辰	甲子	丁卯	甲戌		庚戌	庚辰	壬午	×
	丙辰	甲午	丁酉	×		壬戌	庚子	壬寅	庚戌
巳일	己巳	乙丑	庚午	乙亥	亥일	乙亥	辛巳	乙酉	×
	辛巳	庚寅	乙未	×		丁亥	辛丑	乙巳	辛亥
	癸巳	乙卯	庚申	×		己亥	乙丑	辛未	乙亥
	乙巳	庚辰	乙酉	×		辛亥	辛卯	乙未	×
	丁巳	庚子	乙巳	庚戌		癸亥	乙卯	辛酉	×

위 표에서 시간을 볼 때는 우리나라의 실제 시간과 동경135° 표준시와의 오차를 고려해야 한다. 예를 들어 자시(子時)는 밤 11시부터 다음날 새벽 1시까지이다. 그러나 우리나라에서는 우리나라의 중앙에 해당하는 동경127° 30′ 표준시가 아닌 동경135° 표준시를 사용하기 때문에 실제 시각보다 30분 정도 빠르다. 따라서 자시를 밤 11시 30분부터 다음날 새벽 1시 30분까지로 보아야 한다. 다음은 우리나라의 실제 시간을 고려하여 정리한 표이다.

子時	丑時	寅時	卯時	辰時	巳時	午時	未時	申時	酉時	戌時	亥時
23:30	01:30	03:30	05:30	07:30	09:30	11:30	13:30	15:30	17:30	19:30	21:30
01:30	03:30	05:30	07:30	09:30	11:30	13:30	15:30	17:30	19:30	21:30	23:30

③ 제주불복방

제주불복방(祭主不伏方)은 상주(喪主)가 엎드려서 절을 하지 못하는 방향을 말한다. 따라서 이 방위에 빈소를 설치하지 않는다. 연월(年月)을 기준으로 삼살방(三煞方 : 겁살·재살·세살)과 양인방(羊刃方)을 피한다. 그러나 요즘에는 장례식장에서 장례를 치르는 경우가 많기 때문에 마음대로 방위를 정할 수 없으므로 참고만 한다.

삼살방				
연·월	申·子·辰	巳·酉·丑	寅·午·戌	亥·卯·未
방위	巳·午·未	寅·卯·辰	亥·子·丑	申·酉·戌

예를 들어 위 표에서 태세지지(太歲地支)가 신(申)·자(子)·진(辰)년 또는 신(申)·자(子)·진(辰)월이면 사(巳)·오(午)·미(未) 방위에 빈소를 설치하지 않는다.

양인방									
연간	甲	乙	丙	丁	戊	己	庚	辛	壬	癸
양인방	卯	辰	午	未	午	未	酉	戌	子	丑

예를 들어 위 표에서 태세천간(太歲天干)이 갑(甲)년 즉 갑자(甲子)·갑술(甲戌)·갑신(甲申)·갑오(甲午)·갑진(甲辰)·갑인(甲寅)년인 경우에는 묘(卯) 방위에 빈소를 설치하지 않는다.

④ 정상기방

시신을 묘지로 운반하기 전에 영구차 또는 상여를 세워두지 못하는 방위를 정상기방(停喪忌方)이라 한다. 안방을 기준으로 한다. 또한 묘지에서는 광중(壙中)을 기준으로 상여나 영구차 또는 관 등을 두지 않는 방위를 말한다.

연·일	巳·酉·丑	申·子·辰	寅·午·戌	亥·卯·未
방위	간방(艮方=북동쪽)	손방(巽方=남동쪽)	건방(乾方=북서쪽)	곤방(坤方=남서쪽)

예를 들어 위 표에서 사(巳)일이나 년[을사(乙巳)·정사(丁巳)·기사(己巳)·신사(辛巳)·계사(癸巳)], 유(酉)일이나 년[을유(乙酉)·정유(丁酉)·기유(己酉)·신유(辛酉)·계유(癸酉)], 그리고 축(丑)일이나 년[을축(乙丑)·정축(丁丑)·기축(己丑)·신축(辛丑)·계축(癸丑)]에는 간방(艮方) 즉 북동쪽에 상여나 영구차 또는 관 등을 두지 않는다.

5 회두극좌법

회두극좌법(回頭剋坐法)은 생년(生年)에 따라 정해져 있는 머리를 둘 수 없는 방향(坐)을 말한다. 잠잘 때도 회두극좌에 해당하는 방향으로 머리를 두지 않으며, 죽어서 땅에 묻힐 때도 죽은 이의 생년과 봉분(封墳)의 방향이 맞지 않을 경우에는 시신의 방향을 틀어놓는다. 또 부부를 합장해도 될지 안 될지를 판단하는 기준이 되기도 한다. 봉분의 좌향이 부부 모두에게 회두극좌에 해당하지 않아야 합장을 할 수 있다. 이를 어기면 장남이 폐절(廢絶)한다는 등 여러가지 이유로 방법을 쓰기도 한다. 그러나 필자는 사술(邪術)에 가깝다고 보며 참고만 하기를 권한다.

손방(辰·巽·巳) 壬申·辛巳·庚寅 己亥·戊申·丁巳	이방(丙·午·丁) 戊辰·丁丑·丙戌 乙未·甲辰·癸丑 壬戌	곤방(未·坤·申) 庚午·己卯·戊子 丁酉·丙午·乙卯
진방(甲·卯·乙) 辛未·庚辰·己丑 戊戌·丁未·丙辰	중궁 甲子·癸酉·壬午 辛卯·庚子·己酉 戊午	태방(庚·酉·辛) 丙寅·乙亥·甲申 癸巳·壬寅·辛亥 庚申
간방(丑·艮·寅) 丁卯·丙子·乙酉 甲午·癸卯·壬子 辛酉	감방(壬·子·癸) 己巳·戊寅·丁亥 丙申·乙巳·甲寅 癸亥	건방(戌·乾·亥) 乙丑·甲戌·癸未 壬辰·辛丑·庚戌 己未

예를 들어 위 표에서 손궁(巽宮)에 있는 임신(壬申)·신사(辛巳)·경인(庚寅)·기해(己亥)·무신(戊申)·정사생(丁巳)생의 경우에는 이 방향으로 머리를 두지 않는 것이 좋다. 단, 중궁에 있는 갑자(甲子)·계유(癸酉)·임오(壬午)·신묘(辛卯)·경자(庚子)·기유(己酉)·무오(戊午)생은 방향에 구애받지 않는다고 한다.

6 하관길시

하관(下棺)은 광중(壙中 : 시신을 넣기 위하여 파놓은 구덩이)에 시신을 내리는 것으로, 좋은 시간에 맞추어 한다. 좋은 시간으로는 천을귀인시(天乙貴人時, p.83 참조)와 황도시(黃道時, p.25 참조) 등이 있는데 두 가지가 모두 맞으면 좋지만 그렇지 못할 경우에는 황도시를 쓴다.

7 취토

장례를 지낼 때 상주(喪主)를 비롯해 복인(服人)들이 관 위에 흙을 두세 삽씩 뿌리기 위하여 광중을 기준으로 좋은 방향에서 미리 가져다 놓은 흙을 취토(取土)라 한다.

년	子	丑	寅	卯	辰	巳	午	未	申	酉	戌	亥
방위	午	亥	戌·亥	午	寅	辰	子	丑	卯	子	寅	辰

예를 들어 자(子)년 즉 갑자(甲子)·병자(丙子)·무자(戊子)·경자(庚子)·임자(壬子)년에는 오(午) 방위가 길하다. 이 때 1미터 이상 깊은 곳에 있는 양질의 흙을 떠야 한다.

8 하관할 때 피해야 할 충

하관할 때 상주를 비롯해 문상객 모두가 광중을 쳐다보면 이 살(殺)에 닿아 액운(厄運)을 당한다고 한다. 정충(正沖)·동순충(同旬沖)·태세압본명(太歲壓本命)을 모두 사용하는 학자가 있고, 정충과 동순충은 초상(初喪)에 사용하고, 태세압본명은 이장(移葬)할 때만 사용하는 학자도 있다. 작업하는 사람 외에는 관이 땅에 닿을 때까지 약 1~2분 동안 아무도 쳐다보지 않도록 한다.

❶ 정충

장례일과 각자 태어난 해의 천간은 같으나 지지가 충(沖)이 되는 것이다.

일	생년	일	생년	일	생년	일	생년	일	생년	일	생년
甲子	甲午	甲戌	甲辰	甲申	甲寅	甲午	甲子	甲辰	甲戌	甲寅	甲申
乙丑	乙未	乙亥	乙巳	乙酉	乙卯	乙未	乙丑	乙巳	乙亥	乙卯	乙酉
丙寅	丙申	丙子	丙午	丙戌	丙辰	丙申	丙寅	丙午	丙子	丙辰	丙戌
丁卯	丁酉	丁丑	丁未	丁亥	丁巳	丁酉	丁卯	丁未	丁丑	丁巳	丁亥
戊辰	戊戌	戊寅	戊申	戊子	戊午	戊戌	戊辰	戊申	戊寅	戊午	戊子
己巳	己亥	己卯	己酉	己丑	己未	己亥	己巳	己酉	己卯	己未	己丑
庚午	庚子	庚辰	庚戌	庚寅	庚申	庚子	庚午	庚戌	庚辰	庚申	庚寅
辛未	辛丑	辛巳	辛亥	辛卯	辛酉	辛丑	辛未	辛亥	辛巳	辛酉	辛卯
壬申	壬寅	壬午	壬子	壬辰	壬戌	壬寅	壬申	壬子	壬午	壬戌	壬辰
癸酉	癸卯	癸未	癸丑	癸巳	癸亥	癸卯	癸酉	癸丑	癸未	癸亥	癸巳

예를 들어 갑자일(甲子日)에는 갑오생(甲午生) 즉 1954년생이 정충에 해당된다.

❷ 동순충

장례일의 간지와 태어난 해의 간지가 모두 충이 되는 경우이다. 장례일의 천간이 무(戊)·기(己)이면 해당되지 않는다.

장례일	생년	장례일	생년	장례일	생년	장례일	생년	장례일	생년	장례일	생년
甲子	庚午	甲戌	庚辰	甲申	庚寅	甲午	庚子	甲辰	庚戌	甲寅	庚申
乙丑	辛未	乙亥	辛巳	乙酉	辛卯	乙未	辛丑	乙巳	辛亥	乙卯	辛酉
丙寅	壬申	丙子	壬午	丙戌	壬辰	丙申	壬寅	丙午	壬子	丙辰	壬戌
丁卯	癸酉	丁丑	癸未	丁亥	癸巳	丁酉	癸卯	丁未	癸丑	丁巳	癸亥
戊辰	×	戊寅	×	戊子	×	戊戌	×	戊申	×	戊午	×
己巳	×	己卯	×	己丑	×	己亥	×	己酉	×	己未	×
庚午	甲子	庚辰	甲戌	庚寅	甲申	庚子	甲午	庚戌	甲辰	庚申	甲寅
辛未	乙丑	辛巳	乙亥	辛卯	乙酉	辛丑	乙未	辛亥	乙巳	辛酉	乙卯
壬申	丙寅	壬午	丙子	壬辰	丙戌	壬寅	丙申	壬子	丙午	壬戌	丙辰
癸酉	丁卯	癸未	丁丑	癸巳	丁亥	癸卯	丁酉	癸丑	丁未	癸亥	丁巳

❸ 태세압본명

흔히 호충살(呼沖殺)이라고 한다. 이장(移葬)하는 해의 간지를 중궁에 넣고 순행하여 중궁에 닿는 생년(生年)이 해당된다.

예를 들어 2010년은 경인년(庚寅年)이다. 경인(庚寅)을 중궁에 넣고 육십갑자를 순행한다. 다음 표와 같이 경인생(庚寅生, 1·61세), 기해생(己亥生, 52세), 무신생(戊申生, 43세), 정사생(丁巳生, 34세), 병인생(丙寅生, 25·85세), 을해생(乙亥生, 16·76세), 갑신생(甲申生, 7·67세)이 중궁에 위치하여 호충살에 해당된다.

손 戊戌·丁未·丙辰 乙丑·甲戌·癸未	이 甲午·癸卯·壬子 辛酉·庚午·己卯 戊子	곤 丙申·乙巳·甲寅 癸亥·壬申·辛巳
진 丁酉·丙午·乙卯 甲子·癸酉·壬午	중궁 庚寅·己亥·戊申 丁巳·丙寅·乙亥 甲申	태 壬辰·辛丑·庚戌 己未·戊辰·丁丑 丙戌
간 癸巳·壬寅·辛亥 庚申·己巳·戊寅 丁亥	감 乙未·甲辰·癸丑 壬戌·辛未·庚辰 己丑	건 辛卯·庚子·己酉 戊午·丁卯·丙子 乙酉

태세압본명

이장하는 해	생 년	이장하는 해	생 년
甲子년	甲子 · 癸酉 · 壬午 · 辛卯 · 庚子 · 己酉 · 戊午	甲午년	甲午 · 癸卯 · 壬子 · 辛酉 · 庚午 · 己卯 · 戊子
乙丑년	乙丑 · 甲戌 · 癸未 · 壬辰 · 辛丑 · 庚戌 · 己未	乙未년	乙未 · 甲辰 · 癸丑 · 壬戌 · 辛未 · 庚辰 · 己丑
丙寅년	丙寅 · 乙亥 · 甲申 · 癸巳 · 壬寅 · 辛亥 · 庚申	丙申년	丙申 · 乙巳 · 甲寅 · 癸亥 · 壬申 · 辛巳 · 庚寅
丁卯년	丁卯 · 丙子 · 乙酉 · 甲午 · 癸卯 · 壬子 · 辛酉	丁酉년	丁酉 · 丙午 · 乙卯 · 甲子 · 癸酉 · 壬午 · 辛卯
戊辰년	戊辰 · 丁丑 · 丙戌 · 乙未 · 甲辰 · 癸丑 · 壬戌	戊戌년	戊戌 · 丁未 · 丙辰 · 乙丑 · 甲戌 · 癸未 · 壬辰
己巳년	己巳 · 戊寅 · 丁亥 · 丙申 · 乙巳 · 甲寅 · 癸亥	己亥년	己亥 · 戊申 · 丁巳 · 丙寅 · 乙亥 · 甲申 · 癸巳
庚午년	庚午 · 己卯 · 戊子 · 丁酉 · 丙午 · 乙卯 · 甲子	庚子년	庚子 · 己酉 · 戊午 · 丁卯 · 丙子 · 乙酉 · 甲午
辛未년	辛未 · 庚辰 · 己丑 · 戊戌 · 丁未 · 丙辰 · 乙丑	辛丑년	辛丑 · 庚戌 · 己未 · 戊辰 · 丁丑 · 丙戌 · 乙未
壬申년	壬申 · 辛巳 · 庚寅 · 己亥 · 戊申 · 丁巳 · 丙寅	壬寅년	壬寅 · 辛亥 · 庚申 · 己巳 · 戊寅 · 丁亥 · 丙申
癸酉년	癸酉 · 壬午 · 辛卯 · 庚子 · 己酉 · 戊午 · 丁卯	癸卯년	癸卯 · 壬子 · 辛酉 · 庚午 · 己卯 · 戊子 · 丁酉
甲戌년	甲戌 · 癸未 · 壬辰 · 辛丑 · 庚戌 · 己未 · 戊辰	甲辰년	甲辰 · 癸丑 · 壬戌 · 辛未 · 庚辰 · 己丑 · 戊戌
乙亥년	乙亥 · 甲申 · 癸巳 · 壬寅 · 辛亥 · 庚申 · 己巳	乙巳년	乙巳 · 甲寅 · 癸亥 · 壬申 · 辛巳 · 庚寅 · 己亥
丙子년	丙子 · 乙酉 · 甲午 · 癸卯 · 壬子 · 辛酉 · 庚午	丙午년	丙午 · 乙卯 · 甲子 · 癸酉 · 壬午 · 辛卯 · 庚子
丁丑년	丁丑 · 丙戌 · 乙未 · 甲辰 · 癸丑 · 壬戌 · 辛未	丁未년	丁未 · 丙辰 · 乙丑 · 甲戌 · 癸未 · 壬辰 · 辛丑
戊寅년	戊寅 · 丁亥 · 丙申 · 乙巳 · 甲寅 · 癸亥 · 壬申	戊申년	戊申 · 丁巳 · 丙寅 · 乙亥 · 甲申 · 癸巳 · 壬寅
己卯년	己卯 · 戊子 · 丁酉 · 丙午 · 乙卯 · 甲子 · 癸酉	己酉년	己酉 · 戊午 · 丁卯 · 丙子 · 乙酉 · 甲午 · 癸卯
庚辰년	庚辰 · 己丑 · 戊戌 · 丁未 · 丙辰 · 乙丑 · 甲戌	庚戌년	庚戌 · 己未 · 戊辰 · 丁丑 · 丙戌 · 乙未 · 甲辰
辛巳년	辛巳 · 庚寅 · 己丑 · 戊申 · 丁巳 · 丙寅 · 乙亥	辛亥년	辛亥 · 庚申 · 己巳 · 戊寅 · 丁亥 · 丙申 · 乙巳
壬午년	壬午 · 辛卯 · 庚子 · 己酉 · 戊午 · 丁卯 · 丙子	壬子년	壬子 · 辛酉 · 庚午 · 己卯 · 戊子 · 丁酉 · 丙午
癸未년	癸未 · 壬辰 · 辛丑 · 庚戌 · 己未 · 戊辰 · 丁丑	癸丑년	癸丑 · 壬戌 · 辛未 · 庚辰 · 己丑 · 戊戌 · 丁未
甲申년	甲申 · 癸巳 · 壬寅 · 辛亥 · 庚申 · 己巳 · 戊寅	甲寅년	甲寅 · 癸亥 · 壬申 · 辛巳 · 庚寅 · 己亥 · 戊申
乙酉년	乙酉 · 甲午 · 癸卯 · 壬子 · 辛酉 · 庚午 · 己卯	乙卯년	乙卯 · 甲子 · 癸酉 · 壬午 · 辛卯 · 庚子 · 己酉
丙戌년	丙戌 · 乙未 · 甲辰 · 癸丑 · 壬戌 · 辛未 · 庚辰	丙辰년	丙辰 · 乙丑 · 甲戌 · 癸未 · 壬辰 · 辛丑 · 庚戌
丁亥년	丁亥 · 丙申 · 乙巳 · 甲寅 · 癸亥 · 壬申 · 辛巳	丁巳년	丁巳 · 丙寅 · 乙亥 · 甲申 · 癸巳 · 壬寅 · 辛亥
戊子년	戊子 · 丁酉 · 丙午 · 乙卯 · 甲子 · 癸酉 · 壬午	戊午년	戊午 · 丁卯 · 丙子 · 乙酉 · 甲午 · 癸卯 · 壬子
己丑년	己丑 · 戊戌 · 丁未 · 丙辰 · 乙丑 · 甲戌 · 癸未	己未년	己未 · 戊辰 · 丁丑 · 丙戌 · 乙未 · 甲辰 · 癸丑
庚寅년	庚寅 · 己丑 · 戊申 · 丁巳 · 丙寅 · 乙亥 · 甲申	庚申년	庚申 · 己巳 · 戊寅 · 丁亥 · 丙申 · 乙巳 · 甲寅
辛卯년	辛卯 · 庚子 · 己酉 · 戊午 · 丁卯 · 丙子 · 乙酉	辛酉년	辛酉 · 庚午 · 己卯 · 戊子 · 丁酉 · 丙午 · 乙卯
壬辰년	壬辰 · 辛丑 · 庚戌 · 己未 · 戊辰 · 丁丑 · 丙戌	壬戌년	壬戌 · 辛未 · 庚辰 · 己丑 · 戊戌 · 丁未 · 丙辰
癸巳년	癸巳 · 壬寅 · 辛亥 · 庚申 · 己巳 · 戊寅 · 丁亥	癸亥년	癸亥 · 壬申 · 辛巳 · 庚寅 · 己亥 · 戊申 · 丁巳

2. 이장

묘지를 부득이한 사정으로 인해 다른 곳으로 옮기는 것을 이장(移葬)이라고 한다. 다른 말로 천분(遷墳), 천묘(遷墓), 이묘(移墓)라고도 한다.

1 동총운

기존 묘지의 좌(坐)로 이장, 사초(莎草), 합장(合葬), 비석을 세우는 일 등에 어느 해[年]가 좋은지 알아보는 방법을 동총운(動塚運)이라고 한다.

묘지의 좌 \ 연운	대길	보통	흉
壬·子·癸·丑·丙·午·丁·未	辰·戌·丑·未	子·午·卯·酉	寅·申·巳·亥
乙·辰·巽·巳·辛·戌·乾·亥	寅·申·巳·亥	辰·戌·丑·未	子·午·卯·酉
艮·寅·甲·卯·坤·申·庚·酉	子·午·卯·酉	寅·申·巳·亥	辰·戌·丑·未

예를 들어 임(壬)·자(子)·계(癸)·축(丑)·병(丙)·오(午)·정(丁)·미(未)좌의 묘는 진(辰)·술(戌)·축(丑)·미(未)년이 대길이고, 자(子)·오(午)·묘(卯)·유(酉)년이 보통이므로 면례(緬禮 : 봉분을 쓰고 3~4년 후 봉분을 파헤쳐 시신이 무탈한지를 살피는 절차), 이장, 묘지 수리, 사초, 합장 등을 할 수 있다. 그러나 인(寅)·신(申)·사(巳)·해(亥)년은 흉하므로 좋지 않다.

2 합장·쌍분

부부를 하나의 묘(墓)에 같이 묻는 방법을 합장(合葬)이라 하고, 같은 자리에 묘를 각기 따로 쓰는 것은 쌍분(雙墳)이라고 한다. 앞에서 설명한 동총운법으로 알맞은 해[年]를 찾고, 다음으로 삼살방(三煞方)과 세파방(歲破方)을 가린다.

❶ 삼살방

합장하거나 쌍분을 만들 때 꺼리는 방위이다(p.103 참조). 예를 들어 신(申)·자(子)·진(辰)년에는 사좌(巳坐) 즉 사좌해향(巳坐亥向), 병좌(丙坐) 즉 병좌임향(丙坐壬向), 오좌(午坐) 즉 오좌자향(午坐子向), 정좌(丁坐) 즉 정좌계향(丁坐癸向), 미좌(未坐) 즉 미좌축향(未坐丑向)으로 묘를 쓰지 않고, 먼저 간 배우자 묘의 남쪽으로 봉분을 만들지 않는다.

❷ 세파방

해당 연도에 태세(太歲)와 정충(正沖)이 되는 방위이다. 예를 들어 자년(子年) 즉 갑자(甲子)·병자(丙子)·무자(戊子)·경자(庚子)·임자(壬子)년에는 오좌(午坐) 즉 오좌자향(午坐子向)으로 묘를 쓰면 안 되고, 오방(午方 : 기존에 있는 묘의 남쪽)으로 새로 묘를 쓰는 것도 안 된다.

년	子	丑	寅	卯	辰	巳	午	未	申	酉	戌	亥
세파방	午	未	申	酉	戌	亥	子	丑	寅	卯	辰	巳

③ 만년도

건물을 증축이나 개축할 때 또는 묘지를 이장할 때 좌(坐)가 그 해의 세운(歲運)에 흉신이 닿는지 보는 방법이 만년도(萬年圖)이다. 다른 이름으로 이십사좌운법(二十四坐運法)이라고도 한다(p.31 참조).

實戰練習

택일법

택일법

책력을 보며 택일 이론을 이용하여 다양한 사례의 실제 택일을 해본다.

택일(擇日)하는 방법에는 두 가지가 있다.

첫 번째는 양택행사법(陽宅行事法)으로,

양택행사란 살아 있는 사람이 행하는 일을 말한다.

결혼, 이사, 신장개업 등이 양택행사이다.

두 번째는 음택행사법(陰宅行事法)으로,

음택행사란 죽은 사람의 일을 행하는 것이다.

이장(移葬), 사초(莎草), 수분(修墳) 등이 음택행사이다.

실전 연습

3

1. 책력 보는 법

택일(擇日)을 하려면 우선 책력(冊曆)이라는 서적이 있어야 한다. 책력이란 일 년 동안의 월일, 해와 달의 운행, 월식과 일식, 절기, 특별한 기상 변동 따위를 날의 순서에 따라 적은 책으로 민력(民曆) 또는 택일력(擇日曆)이라고도 한다. 해마다 4~5가지의 종류가 출간되고 있으며, 이 책에서는 동학사에서 나온 《경인년(庚寅年: 2010년) 우리민력》을 예로 들어보기로 한다.

	양력	요일	❶ 摘要	❷ 陰曆	干支	❸ 納音	❹ 生剋	❺ 星宿	❻ 建除	❼ 九星	黃道黑道	❽ 三甲	❾ 일출	일중	일몰	❿ 중요 신살
신정	1	金		17	辛亥	金	寶	亢	閉	四綠	朱雀黑道	生甲	07:47	12:35	17:24	大明日, 金剛殺, 重日
	2	土		18	壬子	木	專	氐	建	三碧	金棉黃道	生甲	07:47	12:36	17:25	天地轉殺, 月德
	3	日		19	癸丑	木	伐	房	除	二黑	天德黃道	生甲	07:47	12:36	17:26	全吉日, 六合日, 復日

양력	요일	⓫ 각종 행사 길흉
1	金	장 , 수리, 문서제출, 수술, 입양, 고사, 부임, 입원, 사람들이기에 길함. 여행, 구재, 구직, 결혼, 이사에 흉함.
2	土	여행, 결혼, 고사, 입양, 이사, 서류제출에 길함. 수리, 건축, 동토, 개업, 매매, 재물이동에 흉함.
3	日	개업, 매매, 등기, 문서교환, 입양, 부임, 동토, 건축에 길함. 결혼, 고사, 이사, 입관, 연회, 수리에 흉함.

❶ 양력(陽曆)날짜와 요일(曜日)이 표시되어 있고, 적요란에는 정부가 제정 · 공포한 기념일과 택일을 위한 특정일이 표시되어 있다.

❷ 음력(陰曆)날짜와 그날의 간지(干支), 납음(納音: 납음오행)이 표시되어 있다. 납음오행은 이사(移徙)에서의 방향과 흉살(凶殺) 등을 제살(制殺)하는데 쓰인다.

❸ 생극(生剋)은 간지(干支) 사이의 생극(生剋)관계에 따라 길흉을 구분하는 것이다. 필자는 사용하지 않는 이론이다.

- **의일(義日)** : 지지오행이 천간오행을 생(生)하는 날. 부하, 아랫사람과 일을 도모하기 좋은 날이다.

  (甲子 · 丙寅 · 丁卯 · 己巳 · 辛未 · 壬申 · 癸酉 · 乙亥 · 庚辰 · 辛丑 · 庚戌 · 戊午일)

- **벌일(伐日)** : 지지오행이 천간오행을 극(克)하는 날. 아랫사람과 면담이나 도둑 체포, 직원 채용에 흉한 날이다.

  (庚午 · 丙子 · 戊寅 · 己卯 · 辛巳 · 癸未 · 甲申 · 乙酉 · 丁亥 · 壬辰 · 癸丑 · 壬戌일)

- **전일(專日)** : 천간오행과 지지오행이 같은 날. 친척, 방문, 계약, 지인과의 만남에 좋은 날이다.

  (戊辰 · 己丑 · 戊戌 · 戊午 · 壬子 · 甲寅 · 乙卯 · 丁巳 · 己未 · 庚申 · 辛酉 · 癸亥일)

- **보일(寶日)** : 천간오행이 지지오행을 생(生)하는 날. 윗사람 방문 청탁에 좋은 날이다.

  (丁丑 · 丙戌 · 甲午 · 庚子 · 壬寅 · 癸卯 · 乙巳 · 丁未 · 戊申 · 己酉 · 辛亥 · 丙辰일)

- **제일(制日)** : 천간오행이 지지오행을 극(剋)하는 날. 아랫사람과의 면담, 도둑 체포, 직원 채용에 좋은 날이다.

  (乙丑 · 甲戌 · 壬午 · 戊子 · 庚寅 · 辛卯 · 癸巳 · 乙未 · 丙申 · 丁酉 · 己亥 · 甲辰일)

❹ 성수(星宿)는 이십팔수(二十八宿)를 말한다(p.27 참조).

❺ 건제(建除)는 건제십이신(建除十二神)을 말한다(p.28 참조).

❻ 구성(九星)은 자백구성(紫白九星)을 말한다(p.38 참조).

❼ 황도흑도(黃道黑道)에는 황도일과 흑도일이 표시되어 있다(p.25 참조).

❽ 삼갑(三甲)에는 생갑·사갑·병갑이 표시되어 있다(p.29 참조).

❾ 일출·일중·일몰 시각이 표시되어 있다.

❿ 중요 신살(神殺)에는 그날의 중요 신살이 표시되어 있다.

⓫ 각종 행사 길흉은 그날의 길신(吉神)·흉신(凶神)을 해석하여 놓은 것이다.

동학사《우리민력》뒷면

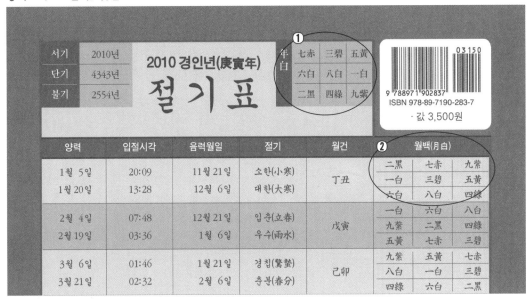

① 연백정국(年白定局), ② 월백정국(月白定局)

2. 택일하는 법

택일하는 법에는 두 가지가 있다. 첫 번째는 양택행사(陽宅行事)법인데 양택행사란 살아있는 사람이 행하는 일을 말한다. 즉 결혼(結婚)·이사(移徙)·동토(動土)·출행(出行)·기조(起造)·신장개업(新裝開業) 등에 좋은 날을 가리기 위해 택일을 하는 방법이다.

두 번째는 음택행사(陰宅行事)법으로, 음택행사란 죽은 사람의 일을 행하는 것을 말한다. 즉 이장(移葬)·사초(莎草: 잔디를 입히는 일)·수분(修墳: 묘지를 보수) 등 묘지에 관한 일을 하기에 좋은 날을 가리기 위해 택일을 하는 방법이다.

또한 택일을 하기 전에 먼저 다음과 같은 방법으로 책력에 표시를 해두면 보다 빨리 원하는 길일을 찾을 수 있다.

1. 삼갑순을 구분하여 표시한다.
생갑일(生甲日)·사갑일(死甲日)·병갑일(病甲日)을 구분하여 표시한다.

2. 생기법에 따라 생기·천의·복덕일을 구분하여 표시한다.
행사 당사자의 연령에 맞는 길일(吉日)을 선택하는 것이다. 행사일(行事日)에 맞는 다른 길일이 나와도 당사자의 생기·천의·복덕과 일치하지 않으면 그날은 선택하지 않는 것을 원칙으로 한다. 음택행사에는 사용하지 않으므로 사갑일·병갑일에는 표시하지 않는다.

3. 황도일을 구분하여 표시한다.
황도는 모든 흉신(凶神)을 제화(制化)하는 길신(吉神)이다. 부득이한 경우에는 이 날만을 가려 써도 관계 없다고도 한다. 양택·음택행사 모두에 사용한다. 그러나 양택행사에서는 생기·천의·복덕일을 겸하는 날을 가장 좋은 날로 여긴다. 일부 책력에는 표시가 되어있지 않아 따로 표시하여야 한다.

4. 구성을 구분하여 표시한다.
양택행사일 때는 삼백(三白 : 일백·육백·팔백)만을 표시하고, 음택행사일 때는 삼백외에도 구자(九紫)를 포함하여 표시한다. 양택·음택행사에 모두 사용한다.

5. 이십팔수를 구분하여 표시한다.
단, 칠살일(七殺日)은 흉신일(凶神日)로 각 별의 길흉을 떠나서 택일에서는 사용하지 않는 흉한 날로 간주하여 가장 먼저 표시한다. 다음으로 흉(凶)한 날을 표시하고 그 다음으로 길한 날을 표시한다.

6. 건제십이신을 구분하여 표시한다.
건제십이신 중에서 날[日辰]에 맞는 항목을 선택하여 표시한다. 예를 들어 결혼식을 올리기 위한 길일(吉日)을 찾을 때는 정(定)·집(執)·위(危)·성(成)·수(收)·개(開)에 해당되는 날에 표시한다. 결혼은 양택행사이므로 생갑일에만 표시한다.

＊ 길한 날은 황색, 흉한 날은 검은색으로 구분하여 표시하면 알아보기 쉽다.

결혼 27세 여자가 2010년 6월에 결혼하기 좋은 날

❶ 삼갑순(三甲旬)을 구분하여 표시한다.

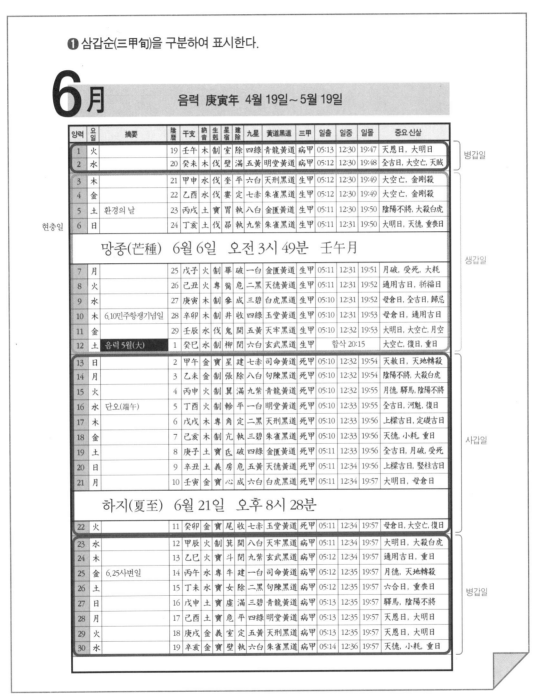

6月 음력 庚寅年 4월 19일~5월 19일

양력	요일	摘要	陰曆	干支	納音	生剋	星宿	建除	九星	黃道黑道	三甲	일출	일중	일몰	중요 신살	
1	火		19	壬午	木	制	室	除	四綠	青龍黃道	病甲	05:13	12:30	19:47	天恩日, 大明日	병갑일
2	水		20	癸未	木	伐	壁	滿	五黃	明堂黃道	病甲	05:12	12:30	19:48	全吉日, 大空亡, 天賊	
3	木		21	甲申	水	伐	奎	平	六白	天刑黑道	生甲	05:12	12:30	19:49	大空亡, 金剛殺	생갑일
4	金		22	乙酉	水	伐	婁	定	七赤	朱雀黑道	生甲	05:12	12:30	19:49	大空亡, 金剛殺	
5	土	환경의 날	23	丙戌	土	寶	胃	執	八白	金匱黃道	生甲	05:11	12:30	19:50	陰陽不將, 大殺白虎	
6	日		24	丁亥	土	伐	昴	執	九紫	朱雀黑道	生甲	05:11	12:31	19:50	大明日, 天德, 重喪日	

현충일

망종(芒種) 6월 6일 오전 3시 49분 壬午月

7	月		25	戊子	火	制	畢	破	一白	金匱黃道	生甲	05:11	12:31	19:51	月破, 受死, 大耗	생갑일
8	火		26	己丑	火	專	觜	危	二黑	天德黃道	生甲	05:11	12:31	19:52	通用吉日, 祈福日	
9	水		27	庚寅	木	制	參	成	三碧	白虎黑道	生甲	05:10	12:31	19:52	母倉日, 全吉日, 歸忌	
10	木	6.10민주항쟁기념일	28	辛卯	木	制	井	收	四綠	玉堂黃道	生甲	05:10	12:31	19:53	母倉日, 通用吉日	
11	金		29	壬辰	水	伐	鬼	開	五黃	天牢黑道	生甲	05:10	12:32	19:53	大明日, 大空亡, 月空	
12	土	음력 5월(大)	1	癸巳	水	制	柳	閉	六白	玄武黑道	生甲	합삭 20:15			大空亡, 復日, 重日	

하지(夏至) 6월 21일 오후 8시 28분

13	日		2	甲午	金	寶	星	建	七赤	司命黃道	死甲	05:10	12:32	19:54	天赦日, 天地轉殺	사갑일
14	月		3	乙未	金	制	張	除	八白	句陳黑道	死甲	05:10	12:32	19:54	陰陽不將, 大殺白虎	
15	火		4	丙申	火	制	翼	滿	九紫	青龍黃道	死甲	05:10	12:32	19:55	月德, 驛馬, 陰陽不將	
16	水	단오(端午)	5	丁酉	火	制	軫	平	一白	明堂黃道	死甲	05:10	12:33	19:55	全吉日, 河魁, 復日	
17	木		6	戊戌	木	專	角	定	二黑	天刑黑道	死甲	05:10	12:33	19:56	上樑吉日, 定礎吉日	
18	金		7	己亥	木	制	亢	執	三碧	朱雀黑道	死甲	05:10	12:33	19:56	天德, 小耗, 重日	
19	土		8	庚子	土	寶	氐	破	四綠	金匱黃道	死甲	05:11	12:33	19:56	全吉日, 月破, 受死	
20	日		9	辛丑	土	義	房	危	五黃	天德黃道	死甲	05:11	12:34	19:56	上樑吉日, 竪柱吉日	
21	月		10	壬寅	金	寶	心	成	六白	白虎黑道	死甲	05:11	12:34	19:57	大明日, 母倉日	

| 22 | 火 | | 11 | 癸卯 | 金 | 寶 | 尾 | 收 | 七赤 | 玉堂黃道 | 死甲 | 05:11 | 12:34 | 19:57 | 母倉日, 大空亡, 復日 | |

23	水		12	甲辰	火	制	箕	開	八白	天牢黑道	病甲	05:11	12:34	19:57	大明日, 大殺白虎	병갑일
24	木		13	乙巳	火	寶	斗	閉	九紫	玄武黑道	病甲	05:12	12:34	19:57	通用吉日, 重日	
25	金	6.25사변일	14	丙午	水	專	牛	建	一白	司命黃道	病甲	05:12	12:35	19:57	月德, 天地轉殺	
26	土		15	丁未	水	寶	女	除	二黑	句陳黑道	病甲	05:12	12:35	19:57	六合日, 重喪日	
27	日		16	戊申	土	制	虛	滿	三碧	青龍黃道	病甲	05:13	12:35	19:57	驛馬, 陰陽不將	
28	月		17	己酉	土	寶	危	平	四綠	明堂黃道	病甲	05:13	12:35	19:57	天恩日, 大明日	
29	火		18	庚戌	金	義	室	定	五黃	天刑黑道	病甲	05:13	12:35	19:57	天恩日, 大明日	
30	水		19	辛亥	金	寶	壁	執	六白	朱雀黑道	病甲	05:14	12:36	19:57	天德, 小耗, 重日	

• 경인년(2010년) 6월 생갑일은 양력 3일(甲申)~12일(癸巳), 사갑일은 13일(甲午)일~22일(癸卯), 병갑일은 23일(甲辰)~7월 2일(癸丑)이다(p.29 참조).

❷ 생기법(生氣法)에서 생기 · 천의 · 복덕(生氣 · 天宜 · 福德)일을 구분하여 표시한다.

6月

음력 庚寅年 4월 19일~5월 19일

양력	요일	摘要	陰曆	干支	納音	生剋	星宿	建除	九星	黃道黑道	三甲	일출	일중	일몰	중요 신살	
1	火		19	壬午	木	制	室	除	四綠	青龍黃道	病甲	05:13	12:30	19:47	天恩日, 大明日	병갑일
2	水		20	癸未	木	伐	壁	滿	五黃	明堂黃道	病甲	05:12	12:30	19:48	全吉日, 大空亡, 天賊	
3	木		21	甲申	水	伐	奎	平	六白	天刑黑道	生甲	05:12	12:30	19:49	大空亡, 金剛殺	생갑일
4	金		22	乙酉	水	伐	婁	定	七赤	朱雀黑道	生甲	05:12	12:30	19:49	大空亡, 金剛殺	
5	土	환경의 날	23	丙戌	土	寶	胃	執	八白	金匱黃道	生甲	05:11	12:30	19:50	陰陽不將, 大殺白虎	
6	日		24	丁亥	土	伐	昴	執	九紫	朱雀黑道	生甲	05:11	12:31	19:50	大明日, 天德, 重喪日	

현충일

망종(芒種) 6월 6일 오전 3시 49분 壬午月

7	月		25	戊子	火	制	畢	破	一白	金匱黃道	生甲	05:11	12:31	19:51	月破, 受死, 大耗	
8	火		26	己丑	火	專	觜	危	二黑	天德黃道	生甲	05:11	12:31	19:52	通用吉日, 祈福日	
9	水		27	庚寅	木	制	參	成	三碧	白虎黑道	生甲	05:10	12:31	19:52	母倉日, 全吉日, 歸忌	
10	木	6,10민주항쟁기념일	28	辛卯	木	制	井	收	四綠	玉堂黃道	生甲	05:10	12:31	19:53	母倉日, 通用吉日	
11	金		29	壬辰	水	伐	鬼	開	五黃	天牢黑道	生甲	05:10	12:32	19:53	大明日, 大空亡, 月空	
12	土	음력 5월(大)	1	癸巳	水	制	柳	閉	六白	玄武黑道	生甲	합삭 20:15			大空亡, 復日, 重日	

13	日		2	甲午	金	寶	星	建	七赤	司命黃道	死甲	05:10	12:32	19:54	天赦日, 天地轉殺	사갑일
14	月		3	乙未	金	制	張	除	八白	句陳黑道	死甲	05:10	12:32	19:54	陰陽不將, 大殺白虎	
15	火		4	丙申	火	制	翼	滿	九紫	青龍黃道	死甲	05:10	12:32	19:55	月德, 驛馬, 陰陽不將	
16	水	단오(端午)	5	丁酉	火	制	軫	平	一白	明堂黃道	死甲	05:10	12:33	19:55	全吉日, 河魁, 復日	
17	木		6	戊戌	木	專	角	定	二黑	天刑黑道	死甲	05:10	12:33	19:56	上樑吉日, 定礎吉日	
18	金		7	己亥	木	制	亢	執	三碧	朱雀黑道	死甲	05:10	12:33	19:56	天德, 小耗, 重日	
19	土		8	庚子	土	義	氐	破	四綠	金匱黃道	死甲	05:11	12:33	19:56	全吉日, 月破, 受死	
20	日		9	辛丑	土	義	房	危	五黃	天德黃道	死甲	05:11	12:34	19:56	上樑吉日, 堅柱吉日	
21	月		10	壬寅	金	寶	心	成	六白	白虎黑道	死甲	05:11	12:34	19:57	大明日, 母倉日	

하지(夏至) 6월 21일 오후 8시 28분

| 22 | 火 | | 11 | 癸卯 | 金 | 寶 | 尾 | 收 | 七赤 | 玉堂黃道 | 死甲 | 05:11 | 12:34 | 19:57 | 母倉日, 大空亡, 復日 | |

23	水		12	甲辰	火	制	箕	開	八白	天牢黑道	病甲	05:11	12:34	19:57	大明日, 大殺白虎	병갑일
24	木		13	乙巳	火	寶	斗	閉	九紫	玄武黑道	病甲	05:12	12:34	19:57	通用吉日, 重日	
25	金	6,25사변일	14	丙午	水	專	牛	建	一白	司命黃道	病甲	05:12	12:35	19:57	月德, 天地轉殺	
26	土		15	丁未	水	寶	女	除	二黑	句陳黑道	病甲	05:12	12:35	19:57	六合日, 重喪日	
27	日		16	戊申	土	寶	虛	滿	三碧	青龍黃道	病甲	05:13	12:35	19:57	驛馬, 陰陽不將	
28	月		17	己酉	土	寶	危	平	四綠	明堂黃道	病甲	05:13	12:35	19:57	天恩日, 大明日	
29	火		18	庚戌	金	義	室	定	五黃	天刑黑道	病甲	05:13	12:35	19:57	天恩日, 大明日	
30	水		19	辛亥	金	義	壁	執	六白	朱雀黑道	病甲	05:14	12:36	19:57	天德, 小耗, 重日	

• 27세 여자의 생기일은 축(丑) · 인(寅)일이고, 천의일은 진(辰) · 사(巳)일이며, 복덕일은 유일(酉日)이다. 결혼은 양택행사이므로 사갑일과 병갑일에는 표시하지 않는다. 병갑일을 양택행사에 포함시키는 경우도 있지만 천기대요에는 불길하다고 되어 있다(p.22 참조).

❸ 황도일(黃道日)을 구분하여 표시한다.

6月   음력 庚寅年 4월 19일~5월 19일

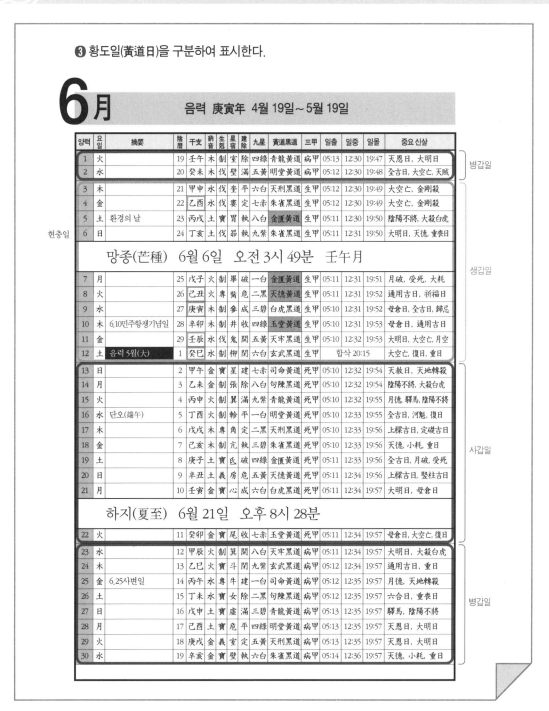

양력 일	요일	摘要	陰曆	干支	納音	生剋	星宿	建除	九星	黃道黑道	三甲	일출	일중	일몰	중요신살	
1	火		19	壬午	木	制	室	除	四綠	青龍黃道	病甲	05:13	12:30	19:47	天恩日, 大明日	병갑일
2	水		20	癸未	木	伐	壁	滿	五黃	明堂黃道	病甲	05:12	12:30	19:48	全吉日, 大空亡, 天賊	
3	木		21	甲申	水	伐	奎	平	六白	天刑黑道	生甲	05:12	12:30	19:49	大空亡, 金剛殺	
4	金		22	乙酉	水	伐	婁	定	七赤	朱雀黑道	生甲	05:12	12:30	19:49	大空亡, 金剛殺	
5	土	환경의 날	23	丙戌	土	寶	胃	執	八白	金匱黃道	生甲	05:11	12:30	19:50	陰陽不將, 大殺白虎	
6	日		24	丁亥	土	伐	昴	破	九紫	朱雀黑道	生甲	05:11	12:31	19:50	大明日, 天德, 重喪日	

현충일

망종(芒種) 6월 6일 오전 3시 49분 壬午月

양력 일	요일	摘要	陰曆	干支	納音	生剋	星宿	建除	九星	黃道黑道	三甲	일출	일중	일몰	중요신살	
7	月		25	戊子	火	制	畢	破	一白	金匱黃道	生甲	05:11	12:31	19:51	月破, 受死, 大耗	생갑일
8	火		26	己丑	火	專	觜	危	二黑	天德黃道	生甲	05:11	12:31	19:52	通用吉日, 祈福日	
9	水		27	庚寅	木	制	參	成	三碧	白虎黑道	生甲	05:10	12:31	19:52	母倉日, 全吉日, 歸忌	
10	木	6,10민주항쟁기념일	28	辛卯	木	制	井	收	四綠	玉堂黃道	生甲	05:10	12:31	19:53	母倉日, 通用吉日	
11	金		29	壬辰	水	伐	鬼	開	五黃	天牢黑道	生甲	05:10	12:32	19:53	大明日, 大空亡, 月空	
12	土	음력 5월(大)	1	癸巳	水	制	柳	閉	六白	玄武黑道	生甲	합삭 20:15			大空亡, 復日, 重日	
13	日		2	甲午	金	寶	星	建	七赤	司命黃道	死甲	05:10	12:32	19:54	天赦日, 天地轉殺	사갑일
14	月		3	乙未	金	制	張	除	八白	勾陳黑道	死甲	05:10	12:32	19:54	陰陽不將, 大殺白虎	
15	火		4	丙申	火	制	翼	滿	九紫	青龍黃道	死甲	05:10	12:32	19:55	月德, 驛馬, 陰陽不將	
16	水	단오(端午)	5	丁酉	火	制	軫	平	一白	明堂黃道	死甲	05:10	12:33	19:55	全吉日, 河魁, 復日	
17	木		6	戊戌	木	專	角	定	二黑	天刑黑道	死甲	05:10	12:33	19:56	上樑吉日, 定礎吉日	
18	金		7	己亥	木	制	亢	執	三碧	朱雀黑道	死甲	05:10	12:33	19:56	天德, 小耗, 重日	
19	土		8	庚子	土	寶	氐	破	四綠	金匱黃道	死甲	05:11	12:33	19:56	全吉日, 月破, 受死	
20	日		9	辛丑	土	義	房	危	五黃	天德黃道	死甲	05:11	12:34	19:56	上樑吉日, 堅柱吉日	
21	月		10	壬寅	金	寶	心	成	六白	白虎黑道	死甲	05:11	12:34	19:57	大明日, 母倉日	

하지(夏至) 6월 21일 오후 8시 28분

양력 일	요일	摘要	陰曆	干支	納音	生剋	星宿	建除	九星	黃道黑道	三甲	일출	일중	일몰	중요신살	
22	火		11	癸卯	金	寶	尾	收	七赤	玉堂黃道	死甲	05:11	12:34	19:57	母倉日, 大空亡, 復日	
23	水		12	甲辰	火	制	箕	開	八白	天牢黑道	病甲	05:11	12:34	19:57	大明日, 大殺白虎	병갑일
24	木		13	乙巳	火	寶	斗	閉	九紫	玄武黑道	病甲	05:12	12:34	19:57	通用吉日, 重日	
25	金	6,25사변일	14	丙午	水	專	牛	建	一白	司命黃道	病甲	05:12	12:35	19:57	月德, 天地轉殺	
26	土		15	丁未	水	寶	女	除	二黑	勾陳黑道	病甲	05:12	12:35	19:57	六合日, 重喪日	
27	日		16	戊申	土	寶	虛	滿	三碧	青龍黃道	病甲	05:13	12:35	19:57	驛馬, 陰陽不將	
28	月		17	己酉	土	寶	危	平	四綠	明堂黃道	病甲	05:13	12:35	19:57	天恩日, 大明日	
29	火		18	庚戌	金	義	室	定	五黃	天刑黑道	病甲	05:13	12:35	19:57	天恩日, 大明日	
30	水		19	辛亥	金	寶	壁	執	六白	朱雀黑道	病甲	05:14	12:36	19:57	天德, 小耗, 重日	

• 황도일은 모든 흉신을 제살하는 길신이므로 음택 및 양택행사에 모두 사용한다. 결혼은 양택행사이므로 사갑일과 병갑일에는 표시하지 않는다(p.25 참조).

❹ 구성(九星)을 구분하여 표시한다.

6月 음력 庚寅年 4월 19일 ~ 5월 19일

양력일	요일	摘要	陰曆	干支	納音	生剋	星宿	建除	九星	黃道黑道	三甲	일출	일중	일몰	중요신살
1	火		19	壬午	木	制	室	除	四綠	靑龍黃道	病甲	05:13	12:30	19:47	天恩日, 大明日
2	水		20	癸未	木	伐	壁	滿	五黃	明堂黃道	病甲	05:12	12:30	19:48	全吉日, 大空亡, 天賊
3	木		21	甲申	水	伐	奎	平	六白	天刑黑道	生甲	05:12	12:30	19:49	大空亡, 金剛殺
4	金		22	乙酉	水	伐	婁	定	七赤	朱雀黑道	生甲	05:12	12:30	19:49	大空亡, 金剛殺
5	土	환경의 날	23	丙戌	土	寶	胃	執	八白	金匱黃道	生甲	05:11	12:30	19:50	陰陽不將, 大殺白虎
6	日		24	丁亥	土	伐	昴	執	九紫	朱雀黑道	生甲	05:11	12:31	19:50	大明日, 天德, 重喪日

망종(芒種) 6월 6일 오전 3시 49분 壬午月

양력일	요일	摘要	陰曆	干支	納音	生剋	星宿	建除	九星	黃道黑道	三甲	일출	일중	일몰	중요신살
7	月		25	戊子	火	制	畢	破	一白	金匱黃道	生甲	05:11	12:31	19:51	月破, 受死, 大耗
8	火		26	己丑	火	專	觜	危	二黑	天德黃道	生甲	05:11	12:31	19:52	通用吉日, 祈福日
9	水		27	庚寅	木	制	參	成	三碧	白虎黑道	生甲	05:10	12:31	19:52	母倉日, 全吉日, 歸忌
10	木	6,10민주항쟁기념일	28	辛卯	木	伐	井	收	四綠	玉堂黃道	生甲	05:10	12:31	19:53	母倉日, 通用吉日
11	金		29	壬辰	水	伐	鬼	開	五黃	天牢黑道	生甲	05:10	12:32	19:53	大明日, 大空亡, 月空
12	土	음력 5월(大)	1	癸巳	水	制	柳	閉	六白	玄武黑道	生甲	합삭 20:15			大空亡, 復日, 重日
13	日		2	甲午	金	寶	星	建	七赤	司命黃道	死甲	05:10	12:32	19:54	天赦日, 天地轉殺
14	月		3	乙未	金	制	張	除	八白	句陳黑道	死甲	05:10	12:32	19:54	陰陽不將, 大殺白虎
15	火		4	丙申	火	制	翼	滿	九紫	靑龍黃道	死甲	05:10	12:32	19:55	月德, 驛馬, 陰陽不將
16	水	단오(端午)	5	丁酉	火	制	軫	平	一白	明堂黃道	死甲	05:10	12:33	19:55	全吉日, 河魁, 復日
17	木		6	戊戌	木	專	角	定	二黑	天刑黑道	死甲	05:10	12:33	19:56	上樑吉日, 定礎吉日
18	金		7	己亥	木	制	亢	執	三碧	朱雀黑道	死甲	05:10	12:33	19:56	天德, 小耗, 重日
19	土		8	庚子	土	寶	氐	破	四綠	金匱黃道	死甲	05:11	12:33	19:56	全吉日, 月破, 受死
20	日		9	辛丑	土	義	房	危	五黃	天德黃道	死甲	05:11	12:34	19:56	上樑吉日, 堅柱吉日
21	月		10	壬寅	金	義	心	成	六白	白虎黑道	死甲	05:11	12:34	19:57	大明日, 母倉日

하지(夏至) 6월 21일 오후 8시 28분

양력일	요일	摘要	陰曆	干支	納音	生剋	星宿	建除	九星	黃道黑道	三甲	일출	일중	일몰	중요신살
22	火		11	癸卯	金	寶	尾	收	七赤	玉堂黃道	死甲	05:11	12:34	19:57	母倉日, 大空亡, 復日
23	水		12	甲辰	火	制	箕	開	八白	天牢黑道	病甲	05:11	12:34	19:57	大明日, 大殺白虎
24	木		13	乙巳	火	寶	斗	閉	九紫	玄武黑道	病甲	05:12	12:34	19:57	通用吉日, 重日
25	金	6,25사변일	14	丙午	水	專	牛	建	一白	司命黃道	病甲	05:12	12:35	19:57	月德, 天地轉殺
26	土		15	丁未	水	寶	女	除	二黑	句陳黑道	病甲	05:12	12:35	19:57	六合日, 重喪日
27	日		16	戊申	土	寶	虛	滿	三碧	靑龍黃道	病甲	05:13	12:35	19:57	驛馬, 陰陽不將
28	月		17	己酉	土	寶	危	平	四綠	明堂黃道	病甲	05:13	12:35	19:57	天恩日, 大明日
29	火		18	庚戌	金	義	室	定	五黃	天刑黃道	病甲	05:13	12:35	19:57	天恩日, 大明日
30	水		19	辛亥	金	寶	壁	執	六白	朱雀黑道	病甲	05:14	12:36	19:57	天德, 小耗, 重日

(측면 표시) 병갑일 / 생갑일 / 사갑일 / 병갑일

현충일

• 구성(九星)도 양택·음택행사에 모두 사용한다. 양택행사에는 일백·육백·팔백만을 사용하고, 음택행사에는 구자(九紫)까지 포함한다. 양택행사에도 구자를 쓰는 경우가 있으나 천기대요에서는 양택행사에 구자를 쓰지 않는 것을 원칙으로 한다. 양택행사이므로 사갑일과 병갑일에는 구성을 표시하지 않는다(p.38 참조).

❺ 이십팔수(二十八宿)에서 칠살일(七殺日)을 구분하여 표시한다.

6月　음력 庚寅年 4월 19일~5월 19일

양력	요일	摘要	陰曆	干支	納音	生剋	星宿	建除	九星	黃道黑道	三甲	일출	일중	일몰	중요신살	
1	火		19	壬午	木	制	室	除	四綠	青龍黃道	病甲	05:13	12:30	19:47	天恩日, 大明日	병갑일
2	水		20	癸未	木	伐	壁	滿	五黃	明堂黃道	病甲	05:12	12:30	19:48	全吉日, 大空亡, 天賊	
3	木		21	甲申	水	伐	奎	平	六白	天刑黑道	生甲	05:12	12:30	19:49	大空亡, 金剛殺	
4	金		22	乙酉	水	伐	婁	定	七赤	朱雀黑道	生甲	05:12	12:30	19:49	大空亡, 金剛殺	
5	土	환경의 날	23	丙戌	土	寶	胃	執	八白	金匱黃道	生甲	05:11	12:30	19:50	陰陽不將, 大殺白虎	
6	日		24	丁亥	土	伐	昴	破	九紫	朱雀黑道	生甲	05:11	12:31	19:50	大明日, 天德, 重喪日	생갑일

현충일

망종(芒種)　6월 6일　오전 3시 49분　壬午月

양력	요일	摘要	陰曆	干支	納音	生剋	星宿	建除	九星	黃道黑道	三甲	일출	일중	일몰	중요신살	
7	月		25	戊子	火	制	畢	破	一白	金匱黃道	生甲	05:11	12:31	19:51	月破, 受死, 大耗	
8	火		26	己丑	火	專	觜	危	二黑	天德黃道	生甲	05:11	12:31	19:52	通用吉日, 祈福日	
9	水		27	庚寅	木	制	參	成	三碧	白虎黑道	生甲	05:10	12:31	19:52	母倉日, 全吉日, 歸忌	
10	木	6.10민주항쟁기념일	28	辛卯	木	制	井	收	四綠	玉堂黃道	生甲	05:10	12:31	19:53	母倉日, 通用吉日	
11	金		29	壬辰	水	伐	鬼	開	五黃	天牢黑道	生甲	05:10	12:32	19:53	大明日, 大空亡, 月空	
12	土	음력 5월(大)	1	癸巳	水	制	柳	閉	六白	玄武黑道	生甲	합삭 20:15			大空亡, 復日, 重日	
13	日		2	甲午	金	寶	星	建	七赤	司命黃道	死甲	05:10	12:32	19:54	天赦日, 天地轉殺	
14	月		3	乙未	金	制	張	除	八白	句陳黑道	死甲	05:10	12:32	19:54	陰陽不將, 大殺白虎	
15	火		4	丙申	火	制	翼	滿	九紫	青龍黃道	死甲	05:10	12:32	19:55	月德, 驛馬, 陰陽不將	
16	水	단오(端午)	5	丁酉	火	制	軫	平	一白	明堂黃道	死甲	05:10	12:33	19:55	全吉日, 河魁, 復日	
17	木		6	戊戌	木	專	角	定	二黑	天刑黑道	死甲	05:10	12:33	19:56	上樑吉日, 定礎吉日	
18	金		7	己亥	木	制	亢	執	三碧	朱雀黑道	死甲	05:10	12:33	19:56	天德, 小耗, 重日	사갑일
19	土		8	庚子	土	寶	氐	破	四綠	金匱黃道	死甲	05:11	12:33	19:56	全吉日, 月破, 受死	
20	日		9	辛丑	土	義	房	危	五黃	天德黃道	死甲	05:11	12:34	19:56	上樑吉日, 堅柱吉日	
21	月		10	壬寅	金	寶	心	成	六白	白虎黑道	死甲	05:11	12:34	19:57	大明日, 母倉日	

하지(夏至)　6월 21일　오후 8시 28분

양력	요일	摘要	陰曆	干支	納音	生剋	星宿	建除	九星	黃道黑道	三甲	일출	일중	일몰	중요신살	
22	火		11	癸卯	金	寶	尾	收	七赤	玉堂黃道	死甲	05:11	12:34	19:57	母倉日, 大空亡, 復日	
23	水		12	甲辰	火	制	箕	開	八白	天牢黑道	病甲	05:11	12:34	19:57	大明日, 大殺白虎	
24	木		13	乙巳	火	寶	斗	閉	九紫	玄武黑道	病甲	05:12	12:34	19:57	通用吉日, 重日	
25	金	6.25사변일	14	丙午	水	專	牛	建	一白	司命黃道	病甲	05:12	12:35	19:57	月德, 天地轉殺	
26	土		15	丁未	水	寶	女	除	二黑	句陳黑道	病甲	05:12	12:35	19:57	六合日, 重喪日	병갑일
27	日		16	戊申	土	寶	虛	滿	三碧	青龍黃道	病甲	05:13	12:35	19:57	驛馬, 陰陽不將	
28	月		17	己酉	土	寶	危	平	四綠	明堂黃道	病甲	05:13	12:35	19:57	天恩日, 大明日	
29	火		18	庚戌	金	義	室	定	五黃	天刑黑道	病甲	05:13	12:35	19:57	天恩日, 大明日	
30	水		19	辛亥	金	寶	壁	執	六白	朱雀黑道	病甲	05:14	12:36	19:57	天德, 小耗, 重日	

• 이십팔수에서 칠살일은 각(角)·항(亢)·우(牛)·규(奎)·루(婁)·귀(鬼)·성(星)에 해당하는 날이다. 칠살일은 양택·음택행사에 모두 사용한다(p.27 참조).

❻ 이십팔수(二十八宿)에서 결혼에 흉(凶)한 날을 구분하여 표시한다.

6月

음력 庚寅年 4월 19일~5월 19일

양력	요일	摘要	陰曆	干支	納音	生剋	星宿	建除	九星	黃道黑道	三甲	일출	일중	일몰	중요 신살
1	火		19	壬午	木	制	室	除	四綠	靑龍黃道	病甲	05:13	12:30	19:47	天恩日, 大明日
2	水		20	癸未	木	伐	壁	滿	五黃	明堂黃道	病甲	05:12	12:30	19:48	全吉日, 大空亡, 天賊
3	木		21	甲申	水	伐	奎	平	六白	天刑黑道	生甲	05:12	12:30	19:49	大空亡, 金剛殺
4	金		22	乙酉	水	伐	婁	定	七赤	朱雀黑道	生甲	05:12	12:30	19:49	大空亡, 金剛殺
5	土	환경의 날	23	丙戌	土	寶	胃	執	八白	金匱黃道	生甲	05:11	12:30	19:50	陰陽不將, 大殺白虎
6	日		24	丁亥	土	伐	昴	執	九紫	朱雀黑道	生甲	05:11	12:31	19:50	大明日, 天德, 重喪日

망종(芒種)　6월 6일　오전 3시 49분　壬午月

7	月		25	戊子	火	制	畢	破	一白	金匱黃道	生甲	05:11	12:31	19:51	月破, 受死, 大耗
8	火		26	己丑	火	專	觜	危	二黑	天德黃道	生甲	05:11	12:31	19:52	通用吉日, 祈福日
9	水		27	庚寅	木	制	參	成	三碧	白虎黑道	生甲	05:10	12:31	19:52	母倉日, 全吉日, 歸忌
10	木	6.10민주항쟁기념일	28	辛卯	木	制	井	收	四綠	玉堂黃道	生甲	05:10	12:31	19:53	母倉日, 通用吉日
11	金		29	壬辰	水	伐	鬼	開	五黃	天牢黑道	生甲	05:10	12:32	19:53	大明日, 大空亡, 月空
12	土	음력 5월(大)	1	癸巳	水	制	柳	閉	六白	玄武黑道	生甲	합삭 20:15			大空亡, 復日, 重日
13	日		2	甲午	金	寶	星	建	七赤	司命黃道	死甲	05:10	12:32	19:54	天赦日, 天地轉殺
14	月		3	乙未	金	制	張	除	八白	句陳黑道	死甲	05:10	12:32	19:54	陰陽不將, 大殺白虎
15	火		4	丙申	火	制	翼	滿	九紫	靑龍黃道	死甲	05:10	12:32	19:55	月德, 驛馬, 陰陽不將
16	水	단오(端午)	5	丁酉	火	制	軫	平	一白	明堂黃道	死甲	05:10	12:33	19:55	全吉日, 河魁, 復日
17	木		6	戊戌	木	專	角	定	二黑	天刑黑道	死甲	05:10	12:33	19:56	上樑吉日, 定礎吉日
18	金		7	己亥	木	制	亢	執	三碧	朱雀黑道	死甲	05:10	12:33	19:56	天德, 小耗, 重日
19	土		8	庚子	土	寶	氐	破	四綠	金匱黃道	死甲	05:11	12:33	19:56	全吉日, 月破, 受死
20	日		9	辛丑	土	義	房	危	五黃	天德黃道	死甲	05:11	12:34	19:56	上樑吉日, 竪柱吉日
21	月		10	壬寅	金	寶	心	成	六白	白虎黑道	死甲	05:11	12:34	19:57	大明日, 母倉日

하지(夏至)　6월 21일　오후 8시 28분

22	火		11	癸卯	金	寶	尾	收	七赤	玉堂黃道	死甲	05:11	12:34	19:57	母倉日, 大空亡, 復日
23	水		12	甲辰	火	制	箕	開	八白	天牢黑道	病甲	05:11	12:34	19:57	大明日, 大殺白虎
24	木		13	乙巳	火	寶	斗	閉	九紫	玄武黑道	病甲	05:12	12:34	19:57	通用吉日, 重日
25	金	6.25사변일	14	丙午	水	專	牛	建	一白	司命黃道	病甲	05:12	12:35	19:57	月德, 天地轉殺
26	土		15	丁未	水	寶	女	除	二黑	句陳黑道	病甲	05:12	12:35	19:57	六合日, 重喪日
27	日		16	戊申	土	寶	虛	滿	三碧	靑龍黃道	病甲	05:13	12:35	19:57	驛馬, 陰陽不將
28	月		17	己酉	土	寶	危	平	四綠	明堂黃道	病甲	05:13	12:35	19:57	天恩日, 大明日
29	火		18	庚戌	金	義	室	定	五黃	天刑黑道	病甲	05:13	12:35	19:57	天恩日, 大明日
30	水		19	辛亥	金	寶	壁	執	六白	朱雀黑道	病甲	05:14	12:36	19:57	天德, 小耗, 重日

병갑일

생갑일

사갑일

병갑일

현충일

• 이십팔수 중에서 결혼에 흉한 날은 심(心)·여(女)·위(危)·묘(昴)·자(觜)·삼(參)·류(柳)·익(翼)에 해당하는 날이다(p.27 참조).

❼ 이십팔수(二十八宿)에서 결혼에 길(吉)한 날을 구분하여 표시한다.

6月 　음력 庚寅年 4월 19일~5월 19일

양력	요일	摘要	陰曆	干支	納音	生剋	星宿	建除	九星	黃道黑道	三甲	일출	일중	일몰	중요신살	
1	火		19	壬午	木	制	室	除	四綠	青龍黃道	病甲	05:13	12:30	19:47	天恩日, 大明日	병갑일
2	水		20	癸未	木	伐	壁	滿	五黃	明堂黃道	病甲	05:12	12:30	19:48	全吉日, 大空亡, 天賊	
3	木		21	甲申	水	伐	奎	平	六白	天刑黑道	生甲	05:12	12:30	19:49	大空亡, 金剛殺	생갑일
4	金		22	乙酉	水	伐	婁	定	七赤	朱雀黑道	生甲	05:12	12:30	19:49	大空亡, 金剛殺	
5	土	환경의 날	23	丙戌	土	寶	胃	執	八白	金匱黃道	生甲	05:11	12:30	19:50	陰陽不將, 大殺白虎	
6	日	(현충일)	24	丁亥	土	伐	昴	執	九紫	朱雀黑道	生甲	05:11	12:31	19:50	大明日, 天德, 重喪日	

망종(芒種) 6월 6일 오전 3시 49분 　壬午月

양력	요일	摘要	陰曆	干支	納音	生剋	星宿	建除	九星	黃道黑道	三甲	일출	일중	일몰	중요신살	
7	月		25	戊子	火	制	畢	破	一白	金匱黃道	生甲	05:11	12:31	19:51	月破, 受死, 大耗	생갑일
8	火		26	己丑	火	專	觜	危	二黑	天德黃道	生甲	05:11	12:31	19:52	通用吉日, 祈福日	
9	水		27	庚寅	木	制	參	成	三碧	白虎黑道	生甲	05:10	12:31	19:52	母倉日, 全吉日, 歸忌	
10	木	6.10민주항쟁기념일	28	辛卯	木	制	井	收	四綠	玉堂黃道	生甲	05:10	12:31	19:53	母倉日, 通用吉日	
11	金		29	壬辰	水	伐	鬼	開	五黃	天牢黑道	生甲	05:10	12:32	19:53	大明日, 大空亡, 月空	
12	土	음력 5월(大)	1	癸巳	水	制	柳	閉	六白	玄武黑道	生甲	합삭 20:15			大空亡, 復日, 重日	
13	日		2	甲午	金	寶	星	建	七赤	司命黃道	死甲	05:10	12:32	19:54	天赦日, 天地轉殺	사갑일
14	月		3	乙未	金	制	張	除	八白	句陳黑道	死甲	05:10	12:32	19:54	陰陽不將, 大殺白虎	
15	火		4	丙申	火	制	翼	滿	九紫	青龍黃道	死甲	05:10	12:32	19:55	月德, 驛馬, 陰陽不將	
16	水	단오(端午)	5	丁酉	火	制	軫	平	一白	明堂黃道	死甲	05:10	12:33	19:55	全吉日, 河魁, 復日	
17	木		6	戊戌	木	專	角	定	二黑	天刑黑道	死甲	05:10	12:33	19:56	上樑吉日, 定礎吉日	
18	金		7	己亥	木	制	亢	執	三碧	朱雀黑道	死甲	05:10	12:33	19:56	天德, 小耗, 重日	
19	土		8	庚子	土	寶	氐	破	四綠	金匱黃道	死甲	05:11	12:33	19:56	全吉日, 月破, 受死	
20	日		9	辛丑	土	義	房	危	五黃	天德黃道	死甲	05:11	12:34	19:56	上樑吉日, 堅柱吉日	
21	月		10	壬寅	金	寶	心	成	六白	白虎黑道	死甲	05:11	12:34	19:57	大明日, 母倉日	

하지(夏至) 6월 21일 오후 8시 28분

양력	요일	摘要	陰曆	干支	納音	生剋	星宿	建除	九星	黃道黑道	三甲	일출	일중	일몰	중요신살	
22	火		11	癸卯	金	寶	尾	收	七赤	玉堂黃道	死甲	05:11	12:34	19:57	母倉日, 大空亡, 復日	
23	水		12	甲辰	火	制	箕	開	八白	天牢黑道	病甲	05:11	12:34	19:57	大明日, 大殺白虎	병갑일
24	木		13	乙巳	火	寶	斗	閉	九紫	玄武黑道	病甲	05:12	12:34	19:57	通用吉日, 重日	
25	金	6.25사변일	14	丙午	水	專	牛	建	一白	司命黃道	病甲	05:12	12:35	19:57	月德, 天地轉殺	
26	土		15	丁未	水	專	女	除	二黑	句陳黑道	病甲	05:12	12:35	19:57	六合日, 重喪日	
27	日		16	戊申	土	專	虛	滿	三碧	青龍黃道	病甲	05:13	12:35	19:57	驛馬, 陰陽不將	
28	月		17	己酉	土	義	危	平	四綠	明堂黃道	病甲	05:13	12:35	19:57	天恩日, 大明日	
29	火		18	庚戌	金	義	室	定	五黃	天刑黑道	病甲	05:13	12:35	19:57	天恩日, 大明日	
30	水		19	辛亥	金	寶	壁	執	六白	朱雀黑道	病甲	05:14	12:36	19:57	天德, 小耗, 重日	

• 이십팔수 중에서 결혼에 길(吉)한 날은 저(氐)·방(房)·미(尾)·기(箕)·두(斗)·허(虛)·실(室)·벽(壁)·위(胃)·필(畢)·정(井)·장(張)·진(軫)에 해당하는 날이다(p.27 참조).

❽ 건제십이신(建除十二神)에서 결혼에 길(吉)한 날을 구분하여 표시한다.

6月

음력 庚寅年 4월 19일~5월 19일

양력	요일	摘要	陰曆	干支	納音	生剋	星宿	建除	九星	黃道黑道	三甲	일출	일중	일몰	중요신살	
1	火		19	壬午	木	制	室	除	四綠	青龍黃道	病甲	05:13	12:30	19:47	天恩日, 大明日	병갑일
2	水		20	癸未	木	伐	壁	滿	五黃	明堂黃道	病甲	05:12	12:30	19:48	全吉日, 大空亡, 天賊	
3	木		21	甲申	水	伐	奎	平	六白	天刑黑道	生甲	05:12	12:30	19:49	大空亡, 金剛殺	생갑일
4	金		22	乙酉	水	伐	婁	定	七赤	朱雀黑道	生甲	05:12	12:30	19:49	大空亡, 金剛殺	
5	土	환경의 날	23	丙戌	土	寶	胃	執	八白	金匱黃道	生甲	05:11	12:30	19:50	陰陽不將, 大殺白虎	
6	日		24	丁亥	土	義	昴	執	九紫	朱雀黑道	生甲	05:11	12:31	19:50	大明日, 天德, 重喪日	

망종(芒種) 6월 6일 오전 3시 49분 壬午月

7	月		25	戊子	火	制	畢	破	一白	金匱黃道	生甲	05:11	12:31	19:51	月破, 受死, 大耗	
8	火		26	己丑	火	專	觜	危	二黑	天德黃道	生甲	05:11	12:31	19:52	通用吉日, 祈福日	
9	水		27	庚寅	木	制	參	成	三碧	白虎黑道	生甲	05:10	12:31	19:52	母倉日, 全吉日, 歸忌	
10	木	6,10민주항쟁기념일	28	辛卯	木	制	井	收	四綠	玉堂黃道	生甲	05:10	12:31	19:53	母倉日, 通用吉日	
11	金		29	壬辰	水	伐	鬼	開	五黃	天牢黑道	生甲	05:10	12:32	19:53	大明日, 大空亡, 月空	
12	土	음력 5월(大)	1	癸巳	水	制	柳	閉	六白	玄武黑道	生甲	합삭 20:15			大空亡, 復日, 重日	
13	日		2	甲午	金	寶	星	建	七赤	司命黃道	死甲	05:10	12:32	19:54	天赦日, 天地轉殺	사갑일
14	月		3	乙未	金	寶	張	除	八白	句陳黑道	死甲	05:10	12:32	19:54	陰陽不將, 大殺白虎	
15	火		4	丙申	火	制	翼	滿	九紫	青龍黃道	死甲	05:10	12:32	19:55	月德, 驛馬, 陰陽不將	
16	水	단오(端午)	5	丁酉	火	制	軫	平	一白	明堂黃道	死甲	05:10	12:33	19:55	全吉日, 河魁, 復日	
17	木		6	戊戌	木	專	角	定	二黑	天刑黑道	死甲	05:10	12:33	19:56	上樑吉日, 定礎吉日	
18	金		7	己亥	木	制	亢	執	三碧	朱雀黑道	死甲	05:10	12:33	19:56	天德, 小耗, 重日	
19	土		8	庚子	土	寶	氐	破	四綠	金匱黃道	死甲	05:11	12:33	19:56	全吉日, 月破, 受死	
20	日		9	辛丑	土	義	房	危	五黃	天德黃道	死甲	05:11	12:34	19:56	上樑吉日, 堅柱吉日	
21	月		10	壬寅	金	寶	心	成	六白	白虎黑道	死甲	05:11	12:34	19:57	大明日, 母倉日	

하지(夏至) 6월 21일 오후 8시 28분

22	火		11	癸卯	金	寶	尾	收	七赤	玉堂黃道	死甲	05:11	12:34	19:57	母倉日, 大空亡, 復日	
23	水		12	甲辰	火	制	箕	開	八白	天牢黑道	病甲	05:11	12:34	19:57	大明日, 大殺白虎	병갑일
24	木		13	乙巳	火	寶	斗	閉	九紫	玄武黑道	病甲	05:12	12:34	19:57	通用吉日, 重日	
25	金	6,25사변일	14	丙午	水	專	牛	建	一白	司命黃道	病甲	05:12	12:35	19:57	月德, 天地轉殺	
26	土		15	丁未	水	義	女	除	二黑	句陳黑道	病甲	05:12	12:35	19:57	六合日, 重喪日	
27	日		16	戊申	土	寶	虛	滿	三碧	青龍黃道	病甲	05:13	12:35	19:57	驛馬, 陰陽不將	
28	月		17	己酉	土	寶	危	平	四綠	明堂黃道	病甲	05:13	12:35	19:57	天恩日, 大明日	
29	火		18	庚戌	金	義	室	定	五黃	天刑黑道	病甲	05:13	12:35	19:57	天恩日, 大明日	
30	水		19	辛亥	金	寶	壁	執	六白	朱雀黑道	病甲	05:14	12:36	19:57	天德, 小耗, 重日	

현충일

• 건제십이신(建除十二神)에서 결혼에 길한 날은 정(定) · 집(執) · 위(危) · 성(成) · 수(收) · 개(開)에 해당하는 날이다(p.28 참조).

길일(吉日)의 순서

1 흉신(검은색)이 없고, 길신(황색)이 가장 많은 날.

→ 이 경우에는 양력 5일이 해당되나 생기·복덕·천의일이 아니므로 일단 보류한다. 본인을 위한 행사이므로 생기·복덕·천의일을 가장 우선으로 한다.

2 흉신이 없고, 길신이 두 번째로 많은 날.

→ 양력 7일과 10일이 해당되지만 5일과 마찬가지로 생기·복덕·천의일이 아니므로 일단 보류한다. 또한 7일과 10일은 생기법에서 좋지 않은 절명일과 화해일에 해당한다.

3 길신과 흉신이 섞여 있어도 길신이 많은 날.

→ 이 경우에는 굳이 더 좋은 날을 가리자면 생기일과 황도일이 겹치는 날이 가장 좋다. 따라서 양력 8일이 좋고, 그 다음은 흉신이 없는 양력 5일이 좋다. 이는 생기일의 영향력이 더 크기 때문이다. 택일법에서는 길신이 두 개 이상(생기·복덕·천의일 포함)이면 길한 날로 간주한다.

결혼
34세 남자가 2010년 6월에 결혼하기 좋은 날

❶ 삼갑순(三甲旬)을 구분하여 표시한다.

6月
음력 庚寅年 4월 19일~5월 19일

양력	요일	摘要	陰曆	干支	納音	生剋	星宿	建除	九星	黃道黑道	三甲	일출	일중	일몰	중요 신살	
1	火		19	壬午	木	制	室	除	四綠	青龍黃道	病甲	05:13	12:30	19:47	天恩日, 大明日	병갑일
2	水		20	癸未	木	伐	壁	滿	五黃	明堂黃道	病甲	05:12	12:30	19:48	全吉日, 大空亡, 天賊	
3	木		21	甲申	水	伐	奎	平	六白	天刑黑道	生甲	05:12	12:30	19:49	大空亡, 金剛殺	생갑일
4	金		22	乙酉	水	伐	妻	定	七赤	朱雀黑道	生甲	05:12	12:30	19:49	大空亡, 金剛殺	
5	土	환경의 날	23	丙戌	土	寶	胃	執	八白	金匱黃道	生甲	05:11	12:30	19:50	陰陽不將, 大殺白虎	
6	日		24	丁亥	土	伐	昴	執	九紫	朱雀黑道	生甲	05:11	12:31	19:50	大明日, 天德, 重喪日	

망종(芒種) 6월 6일 오전 3시 49분 壬午月

양력	요일	摘要	陰曆	干支	納音	生剋	星宿	建除	九星	黃道黑道	三甲	일출	일중	일몰	중요 신살	
7	月		25	戊子	火	制	畢	破	一白	金匱黃道	生甲	05:11	12:31	19:51	月破, 受死, 大耗	생갑일
8	火		26	己丑	火	專	觜	危	二黑	天德黃道	生甲	05:11	12:31	19:52	通用吉日, 祈福日	
9	水		27	庚寅	木	制	參	成	三碧	白虎黑道	生甲	05:10	12:31	19:52	母倉日, 全吉日, 歸忌	
10	木	6.10민주항쟁기념일	28	辛卯	木	制	井	收	四綠	玉堂黃道	生甲	05:10	12:31	19:53	母倉日, 通用吉日	
11	金		29	壬辰	水	伐	鬼	開	五黃	天牢黑道	生甲	05:10	12:32	19:53	大明日, 大空亡, 月空	
12	土	음력 5월(大)	1	癸巳	水	制	柳	閉	六白	玄武黑道	生甲	합삭 20:15			大空亡, 復日, 重日	

양력	요일	摘要	陰曆	干支	納音	生剋	星宿	建除	九星	黃道黑道	三甲	일출	일중	일몰	중요 신살	
13	日		2	甲午	金	寶	星	建	七赤	司命黃道	死甲	05:10	12:32	19:54	天赦日, 天地轉殺	사갑일
14	月		3	乙未	金	制	張	除	八白	句陳黑道	死甲	05:10	12:32	19:54	陰陽不將, 大殺白虎	
15	火		4	丙申	火	制	翼	滿	九紫	青龍黃道	死甲	05:10	12:32	19:55	月德, 驛馬, 陰陽不將	
16	水	단오(端午)	5	丁酉	火	制	軫	平	一白	明堂黃道	死甲	05:10	12:33	19:55	全吉日, 河魁, 復日	
17	木		6	戊戌	木	專	角	定	二黑	天刑黑道	死甲	05:10	12:33	19:56	上樑吉日, 定礎吉日	
18	金		7	己亥	木	制	亢	執	三碧	朱雀黑道	死甲	05:10	12:33	19:56	天德, 小耗, 重日	
19	土		8	庚子	土	寶	氐	破	四綠	金匱黃道	死甲	05:11	12:33	19:56	全吉日, 月破, 受死	
20	日		9	辛丑	土	義	房	危	五黃	天德黃道	死甲	05:11	12:34	19:56	上樑吉日, 竪柱吉日	
21	月		10	壬寅	金	寶	心	成	六白	白虎黑道	死甲	05:11	12:34	19:57	大明日, 母倉日	

하지(夏至) 6월 21일 오후 8시 28분

양력	요일	摘要	陰曆	干支	納音	生剋	星宿	建除	九星	黃道黑道	三甲	일출	일중	일몰	중요 신살	
22	火		11	癸卯	金	寶	尾	收	七赤	玉堂黃道	死甲	05:11	12:34	19:57	母倉日, 大空亡, 復日	

양력	요일	摘要	陰曆	干支	納音	生剋	星宿	建除	九星	黃道黑道	三甲	일출	일중	일몰	중요 신살	
23	水		12	甲辰	火	制	箕	開	八白	天牢黑道	病甲	05:11	12:34	19:57	大明日, 大殺白虎	병갑일
24	木		13	乙巳	火	寶	斗	閉	九紫	玄武黑道	病甲	05:12	12:34	19:57	通用吉日, 重日	
25	金	6.25사변일	14	丙午	水	專	牛	建	一白	司命黃道	病甲	05:12	12:35	19:57	月德, 天地轉殺	
26	土		15	丁未	水	寶	女	除	二黑	句陳黑道	病甲	05:12	12:35	19:57	六合日, 重喪日	
27	日		16	戊申	土	寶	虛	滿	三碧	青龍黃道	病甲	05:13	12:35	19:57	驛馬, 陰陽不將	
28	月		17	己酉	土	寶	危	平	四綠	明堂黃道	病甲	05:13	12:35	19:57	天恩日, 大明日	
29	火		18	庚戌	金	義	室	定	五黃	天刑黑道	病甲	05:13	12:35	19:57	天恩日, 大明日	
30	水		19	辛亥	金	寶	壁	執	六白	朱雀黑道	病甲	05:14	12:36	19:57	天德, 小耗, 重日	

현충일

- 경인년(2010년) 6월 생갑일은 양력 3일(甲申)~12일(癸巳), 사갑일은 13일(甲午)~22일(癸卯), 병갑일은 23일(甲辰)~7월 2일(癸丑)까지이다(p.29 참조).

❷ 생기법(生氣法)에서 생기 · 천의 · 복덕(生氣 · 天宜 · 福德)일을 구분하여 표시한다.

6月

음력 庚寅年 4월 19일 ~ 5월 19일

양력	요일	摘要	陰曆	干支	納音	生剋	星宿	建除	九星	黃道黑道	三甲	일출	일중	일몰	중요신살	
1	火		19	壬午	木	制	室	除	四綠	靑龍黃道	病甲	05:13	12:30	19:47	天恩日, 大明日	병갑일
2	水		20	癸未	木	伐	壁	滿	五黃	明堂黃道	病甲	05:12	12:30	19:48	全吉日, 大空亡, 天賊	
3	木		21	甲申	水	伐	奎	平	六白	天刑黑道	生甲	05:12	12:30	19:49	大空亡, 金剛殺	생갑일
4	金		22	乙酉	水	伐	婁	定	七赤	朱雀黑道	生甲	05:12	12:30	19:49	大空亡, 金剛殺	
5	土	환경의 날	23	丙戌	土	寶	胃	執	八白	金匱黃道	生甲	05:11	12:30	19:50	陰陽不將, 大殺白虎	
6	日	현충일	24	丁亥	土	伐	昴	執	九紫	朱雀黑道	生甲	05:11	12:31	19:50	大明日, 天德, 重喪日	

망종(芒種) 6월 6일 오전 3시 49분 壬午月

양력	요일	摘要	陰曆	干支	納音	生剋	星宿	建除	九星	黃道黑道	三甲	일출	일중	일몰	중요신살	
7	月		25	戊子	火	制	畢	破	一白	金匱黃道	生甲	05:11	12:31	19:51	月破, 受死, 大耗	생갑일
8	火		26	己丑	火	專	觜	危	二黑	天德黃道	生甲	05:11	12:31	19:52	通用吉日, 祈福日	
9	水		27	庚寅	木	制	參	成	三碧	白虎黑道	生甲	05:10	12:31	19:52	母倉日, 全吉日, 歸忌	
10	木	6.10민주항쟁기념일	28	辛卯	木	制	井	收	四綠	玉堂黃道	生甲	05:10	12:31	19:53	母倉日, 通用吉日	
11	金		29	壬辰	水	伐	鬼	開	五黃	天牢黑道	生甲	05:10	12:32	19:53	大明日, 大空亡, 月空	
12	土	음력 5월(大)	1	癸巳	水	制	柳	閉	六白	玄武黑道	生甲	합삭 20:15			大空亡, 復日, 重日	

양력	요일	摘要	陰曆	干支	納音	生剋	星宿	建除	九星	黃道黑道	三甲	일출	일중	일몰	중요신살	
13	日		2	甲午	金	寶	星	建	七赤	司命黃道	死甲	05:10	12:32	19:54	天赦日, 天地轉殺	사갑일
14	月		3	乙未	金	制	張	除	八白	句陳黑道	死甲	05:10	12:32	19:54	陰陽不將, 大殺白虎	
15	火		4	丙申	火	制	翼	滿	九紫	靑龍黃道	死甲	05:10	12:32	19:55	月德, 驛馬, 陰陽不將	
16	水	단오(端午)	5	丁酉	火	制	軫	平	一白	明堂黃道	死甲	05:10	12:33	19:55	全吉日, 河魁, 復日	
17	木		6	戊戌	木	專	角	定	二黑	天刑黑道	死甲	05:10	12:33	19:56	上樑吉日, 定礎吉日	
18	金		7	己亥	木	制	亢	執	三碧	朱雀黑道	死甲	05:10	12:33	19:56	天德, 小耗, 重日	
19	土		8	庚子	土	寶	氐	破	四綠	金匱黃道	死甲	05:11	12:33	19:56	全吉日, 月破, 受死	
20	日		9	辛丑	土	義	房	危	五黃	天德黃道	死甲	05:11	12:34	19:56	上樑吉日, 堅柱吉日	
21	月		10	壬寅	金	制	心	成	六白	白虎黑道	死甲	05:11	12:34	19:57	大明日, 母倉日	

하지(夏至) 6월 21일 오후 8시 28분

양력	요일	摘要	陰曆	干支	納音	生剋	星宿	建除	九星	黃道黑道	三甲	일출	일중	일몰	중요신살	
22	火		11	癸卯	金	寶	尾	收	七赤	玉堂黃道	死甲	05:11	12:34	19:57	母倉日, 大空亡, 復日	

양력	요일	摘要	陰曆	干支	納音	生剋	星宿	建除	九星	黃道黑道	三甲	일출	일중	일몰	중요신살	
23	水		12	甲辰	火	制	箕	開	八白	天牢黑道	病甲	05:11	12:34	19:57	大明日, 大殺白虎	병갑일
24	木		13	乙巳	火	寶	斗	閉	九紫	玄武黑道	病甲	05:12	12:34	19:57	通用吉日, 重日	
25	金	6.25사변일	14	丙午	水	專	牛	建	一白	司命黃道	病甲	05:12	12:35	19:57	月德, 天地轉殺	
26	土		15	丁未	水	寶	女	除	二黑	句陳黑道	病甲	05:12	12:35	19:57	六合日, 重喪日	
27	日		16	戊申	土	寶	虛	滿	三碧	靑龍黃道	病甲	05:13	12:35	19:57	驛馬, 陰陽不將	
28	月		17	己酉	土	寶	危	平	四綠	明堂黃道	病甲	05:13	12:35	19:57	天恩日, 大明日	
29	火		18	庚戌	金	義	室	定	五黃	天刑黑道	病甲	05:13	12:35	19:57	天恩日, 大明日	
30	水		19	辛亥	金	寶	壁	執	六白	朱雀黑道	病甲	05:14	12:36	19:57	天德, 小耗, 重日	

• 34세 남자의 생기일은 술(戌) · 해(亥)일이고, 천의일은 오일(午日)이며, 복덕일은 미(未) · 신(申)일이다. 결혼은 양택행사이므로 사갑일과 병갑일에는 표시하지 않는다.(p.22 참조).

❸ 황도일(黃道日)을 구분하여 표시한다.

6月   음력 庚寅年 4월 19일~5월 19일

양력	요일	摘要	陰曆	干支	納音	生剋	星宿	建除	九星	黃道黑道	三甲	일출	일중	일몰	중요 신살
1	火		19	壬午	木	制	室	除	四綠	青龍黃道	病甲	05:13	12:30	19:47	天恩日, 大明日
2	水		20	癸未	木	伐	壁	滿	五黃	明堂黃道	病甲	05:12	12:30	19:48	全吉日, 大空亡, 天賊
3	木		21	甲申	水	伐	奎	平	六白	天刑黑道	生甲	05:12	12:30	19:49	大空亡, 金剛殺
4	金		22	乙酉	水	伐	婁	定	七赤	朱雀黑道	生甲	05:12	12:30	19:49	大空亡, 金剛殺
5	土	환경의 날	23	丙戌	土	寶	胃	執	八白	金匱黃道	生甲	05:11	12:30	19:50	陰陽不將, 大殺白虎
6	日		24	丁亥	土	伐	昴	執	九紫	朱雀黑道	生甲	05:11	12:31	19:50	大明日, 天德, 重喪日

망종(芒種) 6월 6일 오전 3시 49분 壬午月

양력	요일	摘要	陰曆	干支	納音	生剋	星宿	建除	九星	黃道黑道	三甲	일출	일중	일몰	중요 신살
7	月		25	戊子	火	制	畢	破	一白	金匱黃道	生甲	05:11	12:31	19:51	月破, 受死, 大耗
8	火		26	己丑	火	專	觜	危	二黑	天德黃道	生甲	05:11	12:31	19:52	通用吉日, 祈福日
9	水		27	庚寅	木	制	參	成	三碧	白虎黑道	生甲	05:10	12:31	19:52	母倉日, 全吉日, 歸忌
10	木	6.10민주항쟁기념일	28	辛卯	木	制	井	收	四綠	玉堂黃道	生甲	05:10	12:31	19:53	母倉日, 通用吉日
11	金		29	壬辰	水	伐	鬼	開	五黃	天牢黑道	生甲	05:10	12:32	19:53	大明日, 大空亡, 月空
12	土	음력 5월(大)	1	癸巳	水	制	柳	閉	六白	玄武黑道	生甲	합삭 20:15			大空亡, 復日, 重日
13	日		2	甲午	金	寶	星	建	七赤	司命黃道	死甲	05:10	12:32	19:54	天赦日, 天地轉殺
14	月		3	乙未	金	制	張	除	八白	句陳黑道	死甲	05:10	12:32	19:54	陰陽不將, 大殺白虎
15	火		4	丙申	火	制	翼	滿	九紫	青龍黃道	死甲	05:10	12:32	19:55	月德, 驛馬, 陰陽不將
16	水	단오(端午)	5	丁酉	火	制	軫	平	一白	明堂黃道	死甲	05:10	12:33	19:55	全吉日, 河魁, 復日
17	木		6	戊戌	木	專	角	定	二黑	天刑黑道	死甲	05:10	12:33	19:56	上樑吉日, 定礎吉日
18	金		7	己亥	木	制	亢	執	三碧	朱雀黑道	死甲	05:11	12:33	19:56	天德, 小耗, 重日
19	土		8	庚子	土	寶	氐	破	四綠	金匱黃道	死甲	05:11	12:33	19:56	全吉日, 月破, 受死
20	日		9	辛丑	土	義	房	危	五黃	天德黃道	死甲	05:11	12:34	19:56	上樑吉日, 堅柱吉日
21	月		10	壬寅	金	寶	心	成	六白	白虎黑道	死甲	05:11	12:34	19:57	大明日, 母倉日

하지(夏至) 6월 21일 오후 8시 28분

양력	요일	摘要	陰曆	干支	納音	生剋	星宿	建除	九星	黃道黑道	三甲	일출	일중	일몰	중요 신살
22	火		11	癸卯	金	寶	尾	收	七赤	玉堂黃道	死甲	05:11	12:34	19:57	母倉日, 大空亡, 復日
23	水		12	甲辰	火	制	箕	開	八白	天牢黑道	病甲	05:11	12:34	19:57	大明日, 大殺白虎
24	木		13	乙巳	火	寶	斗	閉	九紫	玄武黑道	病甲	05:12	12:34	19:57	通用吉日, 重日
25	金	6.25사변일	14	丙午	水	專	牛	建	一白	司命黃道	病甲	05:12	12:35	19:57	月德, 天地轉殺
26	土		15	丁未	水	寶	女	除	二黑	句陳黑道	病甲	05:12	12:35	19:57	六合日, 重喪日
27	日		16	戊申	土	寶	虛	滿	三碧	青龍黃道	病甲	05:13	12:35	19:57	驛馬, 陰陽不將
28	月		17	己酉	土	寶	危	平	四綠	明堂黃道	病甲	05:13	12:35	19:57	天恩日, 大明日
29	火		18	庚戌	金	義	室	定	五黃	天刑黑道	病甲	05:13	12:35	19:57	天恩日, 大明日
30	水		19	辛亥	金	寶	壁	執	六白	朱雀黑道	病甲	05:14	12:36	19:57	天德, 小耗, 重日

좌측 표시: 현충일

우측 표시: 병갑일, 생갑일, 사갑일, 병갑일

• 황도일은 모든 흉신을 제살하는 길신이므로 음택 및 양택행사에 모두 사용한다. 여기서는 양택행사이므로 사갑일과 병갑일에는 표시하지 않는다(p.25 참조).

❹ 구성(九星)을 구분하여 표시한다.

6月

음력 庚寅年 4월 19일~5월 19일

양력	요일	摘要	陰曆	干支	納音	生剋	星宿	建除	九星	黃道黑道	三甲	일출	일중	일몰	중요 신살
1	火		19	壬午	木	制	室	除	四綠	靑龍黃道	病甲	05:13	12:30	19:47	天恩日, 大明日
2	水		20	癸未	木	伐	壁	滿	五黃	明堂黃道	病甲	05:12	12:30	19:48	全吉日, 大空亡, 天賊
3	木		21	甲申	水	伐	奎	平	六白	天刑黑道	生甲	05:12	12:30	19:49	大空亡, 金剛殺
4	金		22	乙酉	水	伐	婁	定	七赤	朱雀黑道	生甲	05:12	12:30	19:49	大空亡, 金剛殺
5	土	환경의 날	23	丙戌	土	寶	胃	執	八白	金匱黃道	生甲	05:11	12:30	19:50	陰陽不將, 大殺白虎
6	日		24	丁亥	土	伐	昴	執	九紫	朱雀黑道	生甲	05:11	12:31	19:50	大明日, 天德, 重喪日

망종(芒種) 6월 6일 오전 3시 49분   壬午月

양력	요일	摘要	陰曆	干支	納音	生剋	星宿	建除	九星	黃道黑道	三甲	일출	일중	일몰	중요 신살
7	月		25	戊子	火	制	畢	破	一白	金匱黃道	生甲	05:11	12:31	19:51	月破, 受死, 大耗
8	火		26	己丑	火	專	觜	危	二黑	天德黃道	生甲	05:11	12:31	19:52	通用吉日, 祈福日
9	水		27	庚寅	木	制	參	成	三碧	白虎黑道	生甲	05:10	12:31	19:52	母倉日, 全吉日, 歸忌
10	木	6.10민주항쟁기념일	28	辛卯	木	制	井	收	四綠	玉堂黃道	生甲	05:10	12:31	19:53	母倉日, 通用吉日
11	金		29	壬辰	水	伐	鬼	開	五黃	天牢黑道	生甲	05:10	12:32	19:53	大明日, 大空亡, 月空
12	土	음력 5월(大)	1	癸巳	水	制	柳	閉	六白	玄武黑道	生甲	합삭 20:15			大空亡, 復日, 重日
13	日		2	甲午	金	寶	星	建	七赤	司命黃道	死甲	05:10	12:32	19:54	天赦日, 天地轉殺
14	月		3	乙未	金	制	張	除	八白	句陳黑道	死甲	05:10	12:32	19:54	陰陽不將, 大殺白虎
15	火		4	丙申	火	制	翼	滿	九紫	靑龍黃道	死甲	05:10	12:32	19:55	月德, 驛馬, 陰陽不將
16	水	단오(端午)	5	丁酉	火	伐	軫	平	一白	明堂黃道	死甲	05:10	12:33	19:55	全吉日, 河魁, 復日
17	木		6	戊戌	木	專	角	定	二黑	天刑黑道	死甲	05:10	12:33	19:56	上樑吉日, 定礎吉日
18	金		7	己亥	木	制	亢	執	三碧	朱雀黑道	死甲	05:10	12:33	19:56	天德, 小耗, 重日
19	土		8	庚子	土	寶	氐	破	四綠	金匱黃道	死甲	05:11	12:33	19:56	全吉日, 月破, 受死
20	日		9	辛丑	土	寶	房	危	五黃	天德黃道	死甲	05:11	12:34	19:56	上樑吉日, 竪柱吉日
21	月		10	壬寅	金	寶	心	成	六白	白虎黑道	死甲	05:11	12:34	19:57	大明日, 母倉日

하지(夏至) 6월 21일 오후 8시 28분

양력	요일	摘要	陰曆	干支	納音	生剋	星宿	建除	九星	黃道黑道	三甲	일출	일중	일몰	중요 신살
22	火		11	癸卯	金	寶	尾	收	七赤	玉堂黃道	死甲	05:11	12:34	19:57	母倉日, 大空亡, 復日
23	水		12	甲辰	火	制	箕	開	八白	天牢黑道	病甲	05:11	12:34	19:57	大明日, 大殺白虎
24	木		13	乙巳	火	寶	斗	閉	九紫	玄武黑道	病甲	05:12	12:34	19:57	通用吉日, 重日
25	金	6.25사변일	14	丙午	水	專	牛	建	一白	司命黃道	病甲	05:12	12:35	19:57	月德, 天地轉殺
26	土		15	丁未	水	寶	女	除	二黑	句陳黑道	病甲	05:12	12:35	19:57	六合日, 重喪日
27	日		16	戊申	土	寶	虛	滿	三碧	靑龍黃道	病甲	05:13	12:35	19:57	驛馬, 陰陽不將
28	月		17	己酉	土	寶	危	平	四綠	明堂黃道	病甲	05:13	12:35	19:57	天恩日, 大明
29	火		18	庚戌	金	義	室	定	五黃	天刑黑道	病甲	05:13	12:35	19:57	天恩日, 大明日
30	水		19	辛亥	金	寶	壁	執	六白	朱雀黑道	病甲	05:14	12:36	19:57	天德, 小耗, 重日

(좌측) 현충일

(우측) 병갑일 / 생갑일 / 사갑일 / 병갑일

• 구성(九星)도 양택·음택행사에 모두 사용한다. 양택행사에는 일백·육백·팔백만을 사용하고, 음택행사에는 구자(九紫)까지 포함한다. 양택행사에도 구자(九紫)를 쓰는 경우가 있으나 천기대요에서는 양택행사에는 구자를 쓰지 않는 것을 원칙으로 한다. 양택행사이므로 사갑일과 병갑일에는 구성을 표시하지 않는다(p.38 참조).

❺ 이십팔수(二十八宿)에서 칠살일(七殺日)을 구분하여 표시한다.

6月 음력 庚寅年 4월 19일~5월 19일

양력	요일	摘要	陰曆	干支	納音	生剋	星宿	建除	九星	黃道黑道	三甲	일출	일중	일몰	중요신살	
1	火		19	壬午	木	制	室	除	四綠	青龍黃道	病甲	05:13	12:30	19:47	天恩日, 大明日	병갑일
2	水		20	癸未	木	伐	壁	滿	五黃	明堂黃道	病甲	05:12	12:30	19:48	全吉日, 大空亡, 天賊	
3	木		21	甲申	水	伐	奎	平	六白	天刑黑道	生甲	05:12	12:30	19:49	大空亡, 金剛殺	생갑일
4	金		22	乙酉	水	伐	婁	定	七赤	朱雀黑道	生甲	05:12	12:30	19:49	大空亡, 金剛殺	
5	土	환경의 날	23	丙戌	土	寶	胃	執	八白	金匱黃道	生甲	05:11	12:30	19:50	陰陽不將, 大殺白虎	
6	日		24	丁亥	土	伐	昴	執	九紫	朱雀黑道	生甲	05:11	12:31	19:50	大明日, 天德, 重喪日	

망종(芒種) 6월 6일 오전 3시 49분 壬午月

양력	요일	摘要	陰曆	干支	納音	生剋	星宿	建除	九星	黃道黑道	三甲	일출	일중	일몰	중요신살	
7	月		25	戊子	火	制	畢	破	一白	金匱黃道	生甲	05:11	12:31	19:51	月破, 受死, 大耗	
8	火		26	己丑	火	專	觜	危	二黑	天德黃道	生甲	05:11	12:31	19:52	通用吉日, 祈福日	
9	水		27	庚寅	木	制	參	成	三碧	白虎黑道	生甲	05:10	12:31	19:52	母倉日, 全吉日, 歸忌	
10	木	6.10민주항쟁기념일	28	辛卯	木	制	井	收	四綠	玉堂黃道	生甲	05:10	12:31	19:53	母倉日, 通用吉日	
11	金		29	壬辰	水	伐	鬼	開	五黃	天牢黑道	生甲	05:10	12:32	19:53	大明日, 大空亡, 月空	
12	土	음력 5월(大)	1	癸巳	水	制	柳	閉	六白	玄武黑道	生甲		합삭 20:15		大空亡, 復日, 重日	
13	日		2	甲午	金	寶	星	建	七赤	司命黃道	死甲	05:10	12:32	19:54	天赦日, 天地轉殺	사갑일
14	月		3	乙未	金	制	張	除	八白	句陳黃道	死甲	05:10	12:32	19:54	陰陽不將, 大殺白虎	
15	火		4	丙申	火	制	翼	滿	九紫	青龍黃道	死甲	05:10	12:32	19:55	月德, 驛馬, 陰陽不將	
16	水	단오(端午)	5	丁酉	火	制	軫	平	一白	明堂黃道	死甲	05:10	12:33	19:55	全吉日, 河魁, 復日	
17	木		6	戊戌	木	專	角	定	二黑	天刑黑道	死甲	05:10	12:33	19:56	上樑吉日, 定礎吉日	
18	金		7	己亥	木	制	亢	執	三碧	朱雀黑道	死甲	05:10	12:33	19:56	天德, 小耗, 重日	
19	土		8	庚子	土	寶	氐	破	四綠	金匱黃道	死甲	05:11	12:33	19:56	全吉日, 月破, 受死	
20	日		9	辛丑	土	義	房	危	五黃	天德黃道	死甲	05:11	12:34	19:56	上樑吉日, 堅柱吉日	
21	月		10	壬寅	金	寶	心	成	六白	白虎黑道	死甲	05:11	12:34	19:57	大明日, 母倉日	

하지(夏至) 6월 21일 오후 8시 28분

양력	요일	摘要	陰曆	干支	納音	生剋	星宿	建除	九星	黃道黑道	三甲	일출	일중	일몰	중요신살	
22	火		11	癸卯	金	寶	尾	收	七赤	玉堂黃道	死甲	05:11	12:34	19:57	母倉日, 大空亡, 復日	
23	水		12	甲辰	火	制	箕	開	八白	天牢黑道	病甲	05:11	12:34	19:57	大明日, 大殺白虎	병갑일
24	木		13	乙巳	火	寶	斗	閉	九紫	玄武黑道	病甲	05:12	12:34	19:57	通用吉日, 重日	
25	金	6.25사변일	14	丙午	水	專	牛	建	一白	司命黃道	病甲	05:12	12:35	19:57	月德, 天地轉殺	
26	土		15	丁未	水	寶	女	除	二黑	句陳黃道	病甲	05:12	12:35	19:57	六合日, 重喪日	
27	日		16	戊申	土	寶	虛	滿	三碧	青龍黃道	病甲	05:13	12:35	19:57	驛馬, 陰陽不將	
28	月		17	己酉	土	寶	危	平	四綠	明堂黃道	病甲	05:13	12:35	19:57	天恩日, 大明日	
29	火		18	庚戌	金	義	室	定	五黃	天刑黑道	病甲	05:13	12:35	19:57	天恩日, 大明日	
30	水		19	辛亥	金	寶	壁	執	六白	朱雀黑道	病甲	05:14	12:36	19:57	天德, 小耗, 重日	

현충일

• 이십팔수에서 칠살일은 각(角)·항(亢)·우(牛)·규(奎)·루(婁)·귀(鬼)·성(星)에 해당하는 날이다. 칠살일은 양택·음택행사에 모두 사용한다(p.27 참조).

❻ 이십팔수(二十八宿)에서 결혼에 흉(凶)한 날을 구분하여 표시한다.

6月 　음력 庚寅年 4월 19일~5월 19일

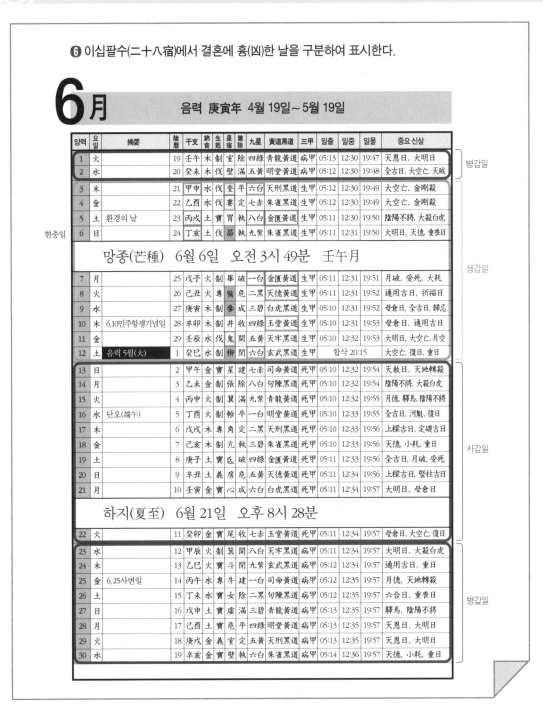

양력	요일	摘要	陰曆	干支	納音	生剋	星宿	建除	九星	黃道黑道	三甲	일출	일중	일몰	중요 신살
1	火		19	壬午	木	制	室	除	四綠	青龍黃道	病甲	05:13	12:30	19:47	天恩日, 大明日
2	水		20	癸未	木	伐	壁	滿	五黃	明堂黃道	病甲	05:14	12:30	19:48	全吉日, 大空亡, 天賊
3	木		21	甲申	水	伐	奎	平	六白	天刑黑道	生甲	05:12	12:30	19:49	大空亡, 金剛殺
4	金		22	乙酉	水	伐	婁	定	七赤	朱雀黑道	生甲	05:12	12:30	19:49	大空亡, 金剛殺
5	土	환경의 날	23	丙戌	土	寶	胃	執	八白	金匱黃道	生甲	05:11	12:30	19:50	陰陽不將, 大殺白虎
6	日		24	丁亥	土	伐	昴	執	九紫	朱雀黑道	生甲	05:11	12:31	19:50	大明日, 天德, 重喪日

망종(芒種)　6월 6일　오전 3시 49분　壬午月

양력	요일	摘要	陰曆	干支	納音	生剋	星宿	建除	九星	黃道黑道	三甲	일출	일중	일몰	중요 신살
7	月		25	戊子	火	制	畢	破	一白	金匱黃道	生甲	05:11	12:31	19:51	月破, 受死, 大耗
8	火		26	己丑	火	專	觜	危	二黑	天德黃道	生甲	05:11	12:31	19:52	通用吉日, 祈福日
9	水		27	庚寅	木	制	參	成	三碧	白虎黑道	生甲	05:10	12:31	19:52	母倉日, 全吉日, 歸忌
10	木	6.10민주항쟁기념일	28	辛卯	木	制	井	收	四綠	玉堂黃道	生甲	05:10	12:31	19:53	母倉日, 通用吉日
11	金		29	壬辰	水	伐	鬼	開	五黃	天牢黑道	生甲	05:10	12:32	19:53	大明日, 大空亡, 月空
12	土	음력 5월(大)	1	癸巳	水	制	柳	閉	六白	玄武黑道	生甲	합삭 20:15			大空亡, 復日, 重日
13	日		2	甲午	金	寶	星	建	七赤	司命黃道	死甲	05:10	12:32	19:54	天赦日, 天地轉殺
14	月		3	乙未	金	制	張	除	八白	句陳黑道	死甲	05:10	12:32	19:54	陰陽不將, 大殺白虎
15	火		4	丙申	火	制	翼	滿	九紫	青龍黃道	死甲	05:10	12:32	19:55	月德, 驛馬, 陰陽不將
16	水	단오(端午)	5	丁酉	火	制	軫	平	一白	明堂黃道	死甲	05:10	12:33	19:55	全吉日, 河魁, 復日
17	木		6	戊戌	木	專	角	定	二黑	天刑黑道	死甲	05:10	12:33	19:56	上樑吉日, 定礎吉日
18	金		7	己亥	木	制	亢	執	三碧	朱雀黑道	死甲	05:10	12:33	19:56	天德, 小耗, 重日
19	土		8	庚子	土	寶	氐	破	四綠	金匱黃道	死甲	05:11	12:33	19:56	全吉日, 月破, 受死
20	日		9	辛丑	土	義	房	危	五黃	天德黃道	死甲	05:11	12:34	19:56	上樑吉日, 堅柱吉日
21	月		10	壬寅	金	寶	心	成	六白	白虎黑道	死甲	05:11	12:34	19:57	大明日, 母倉日

하지(夏至)　6월 21일　오후 8시 28분

양력	요일	摘要	陰曆	干支	納音	生剋	星宿	建除	九星	黃道黑道	三甲	일출	일중	일몰	중요 신살
22	火		11	癸卯	金	寶	尾	收	七赤	玉堂黃道	死甲	05:11	12:34	19:57	母倉日, 大空亡, 復日
23	水		12	甲辰	火	制	箕	開	八白	天牢黑道	病甲	05:11	12:34	19:57	大明日, 大殺白虎
24	木		13	乙巳	火	寶	斗	閉	九紫	玄武黑道	病甲	05:11	12:34	19:57	通用吉日, 重日
25	金	6.25사변일	14	丙午	水	專	牛	建	一白	司命黃道	病甲	05:12	12:35	19:57	月德, 天地轉殺
26	土		15	丁未	水	寶	女	除	二黑	句陳黑道	病甲	05:12	12:35	19:57	六合日, 重喪日
27	日		16	戊申	土	寶	虛	滿	三碧	青龍黃道	病甲	05:13	12:35	19:57	驛馬, 陰陽不將
28	月		17	己酉	土	寶	危	平	四綠	明堂黃道	病甲	05:13	12:35	19:57	天恩日, 大明日
29	火		18	庚戌	金	義	室	定	五黃	天刑黑道	病甲	05:13	12:35	19:57	天恩日, 大明日
30	水		19	辛亥	金	寶	壁	執	六白	朱雀黑道	病甲	05:14	12:36	19:57	天德, 小耗, 重日

(좌측 여백 표시) 현충일

(우측 여백 표시) 병갑일 / 생갑일 / 사갑일 / 병갑일

• 이십팔수 중에서 결혼에 흉한 날은 심(心) · 여(女) · 위(危) · 묘(昴) · 자(觜) · 삼(參) · 류(柳) · 익(翼)에 해당하는 날이다(p.27 참조).

❼ 이십팔수(二十八宿)에서 결혼에 길(吉)한 날을 구분하여 표시한다.

6月

음력 庚寅年 4월 19일 ~ 5월 19일

양력일	요일	摘要	陰曆	干支	納音	生剋	星宿	建除	九星	黃道黑道	三甲	일출	일중	일몰	중요 신살	
1	火		19	壬午	木	制	室	除	四綠	青龍黃道	病甲	05:13	12:30	19:47	天恩日, 大明日	병갑일
2	水		20	癸未	木	伐	壁	滿	五黃	明堂黃道	病甲	05:12	12:30	19:48	全吉日, 大空亡, 天賊	
3	木		21	甲申	水	伐	奎	平	六白	天刑黑道	生甲	05:12	12:30	19:49	大空亡, 金剛殺	
4	金		22	乙酉	水	伐	婁	定	七赤	朱雀黑道	生甲	05:12	12:30	19:49	大空亡, 金剛殺	생갑일
5	土	환경의 날	23	丙戌	土	寶	胃	執	八白	金匱黃道	生甲	05:11	12:30	19:50	陰陽不將, 大殺白虎	
6	日	현충일	24	丁亥	土	伐	昴	執	九紫	朱雀黑道	生甲	05:11	12:31	19:50	大明日, 天德, 重喪日	

망종(芒種) 6월 6일 오전 3시 49분 壬午月

7	月		25	戊子	火	制	畢	破	一白	金匱黃道	生甲	05:11	12:31	19:51	月破, 受死, 大耗	
8	火		26	己丑	火	專	觜	危	二黑	天德黃道	生甲	05:11	12:31	19:52	通用吉日, 祈福日	
9	水		27	庚寅	木	制	參	成	三碧	白虎黑道	生甲	05:10	12:31	19:52	母倉日, 全吉日, 歸忌	
10	木	6.10민주항쟁기념일	28	辛卯	木	制	井	收	四綠	玉堂黃道	生甲	05:10	12:31	19:52	母倉日, 通用吉日	
11	金		29	壬辰	水	伐	鬼	開	五黃	天牢黑道	生甲	05:10	12:32	19:53	大明日, 大空亡, 月空	
12	土	음력 5월(大)	1	癸巳	水	制	柳	閉	六白	玄武黑道	生甲	합삭 20:15			大空亡, 復日, 重日	
13	日		2	甲午	金	寶	星	建	七赤	司命黃道	死甲	05:10	12:32	19:54	天赦日, 天地轉殺	
14	月		3	乙未	金	制	張	除	八白	句陳黑道	死甲	05:10	12:32	19:54	陰陽不將, 大殺白虎	
15	火		4	丙申	火	制	翼	滿	九紫	青龍黃道	死甲	05:10	12:32	19:55	月德, 驛馬, 陰陽不將	사갑일
16	水	단오(端午)	5	丁酉	火	制	軫	平	一白	明堂黃道	死甲	05:10	12:33	19:55	全吉日, 河魁, 復日	
17	木		6	戊戌	木	專	角	定	二黑	天刑黑道	死甲	05:10	12:33	19:56	上樑吉日, 定磩吉日	
18	金		7	己亥	木	制	亢	執	三碧	朱雀黑道	死甲	05:10	12:33	19:56	天德, 小耗, 重日	
19	土		8	庚子	土	寶	氐	破	四綠	金匱黃道	死甲	05:11	12:33	19:56	全吉日, 月破, 受死	
20	日		9	辛丑	土	義	房	危	五黃	天德黃道	死甲	05:11	12:34	19:56	上樑吉日, 堅柱吉日	
21	月		10	壬寅	金	制	心	成	六白	白虎黑道	死甲	05:11	12:34	19:57	大明日, 母倉日	

하지(夏至) 6월 21일 오후 8시 28분

22	火		11	癸卯	金	制	尾	收	七赤	玉堂黃道	死甲	05:11	12:34	19:57	母倉日, 大空亡, 復日	
23	水		12	甲辰	火	制	箕	開	八白	天牢黑道	病甲	05:11	12:34	19:57	大明日, 大殺白虎	
24	木		13	乙巳	火	寶	斗	閉	九紫	玄武黑道	病甲	05:12	12:34	19:57	通用吉日, 重日	병갑일
25	金	6.25사변일	14	丙午	水	專	牛	建	一白	司命黃道	病甲	05:12	12:35	19:57	月德, 天地轉殺	
26	土		15	丁未	水	寶	女	除	二黑	句陳黑道	病甲	05:12	12:35	19:57	六合日, 重喪日	
27	日		16	戊申	土	寶	虛	滿	三碧	青龍黃道	病甲	05:13	12:35	19:57	驛馬, 陰陽不將	
28	月		17	己酉	土	寶	危	平	四綠	明堂黃道	病甲	05:13	12:35	19:57	天恩日, 大明日	
29	火		18	庚戌	金	義	室	定	五黃	天刑黑道	病甲	05:13	12:35	19:57	天恩日, 大明日	
30	水		19	辛亥	金	寶	壁	執	六白	朱雀黑道	病甲	05:14	12:36	19:57	天德, 小耗, 重日	

• 이십팔수 중에서 결혼에 길한 날은 저(氐)·방(房)·미(尾)·기(箕)·두(斗)·허(虛)·실(室)·벽(壁)·위(胃)·필(畢)·정(井)·장(張)·진(軫)에 해당하는 날이다(p.27 참조).

❽ 건제십이신(建除十二神)에서 결혼에 길(吉)한 날을 구분하여 표시한다.

6月

음력 庚寅年 4월 19일~5월 19일

양력일	요일	摘要	陰曆	干支	納音	生剋	星宿	建除	九星	黃道黑道	三甲	일출	일중	일몰	중요 신살	
1	火		19	壬午	木	制	室	除	四綠	青龍黃道	病甲	05:13	12:30	19:47	天恩日, 大明日	병갑일
2	水		20	癸未	木	伐	壁	滿	五黃	明堂黃道	病甲	05:12	12:30	19:48	全吉日, 大空亡, 天賊	
3	木		21	甲申	水	伐	奎	平	六白	天刑黑道	生甲	05:12	12:30	19:49	大空亡, 金剛殺	생갑일
4	金		22	乙酉	水	伐	婁	定	七赤	朱雀黑道	生甲	05:12	12:30	19:49	大空亡, 金剛殺	
5	土	환경의 날	23	丙戌	土	寶	胃	執	八白	金匱黃道	生甲	05:11	12:30	19:50	陰陽不將, 大殺白虎	
6	日		24	丁亥	土	伐	昴	破	九紫	朱雀黑道	生甲	05:11	12:31	19:50	大明日, 天德, 重喪日	

망종(芒種) 6월 6일 오전 3시 49분 壬午月

7	月		25	戊子	火	制	畢	破	一白	金匱黃道	生甲	05:11	12:31	19:51	月破, 受死, 大耗	
8	火		26	己丑	火	專	觜	危	二黑	天德黃道	生甲	05:11	12:31	19:52	通用吉日, 祈福日	
9	水		27	庚寅	木	制	參	成	三碧	白虎黑道	生甲	05:10	12:31	19:52	母倉日, 全吉日, 歸忌	
10	木	6.10민주항쟁기념일	28	辛卯	木	制	井	收	四綠	玉堂黃道	生甲	05:10	12:31	19:53	母倉日, 通用吉日	
11	金		29	壬辰	水	伐	鬼	開	五黃	天牢黑道	生甲	05:10	12:32	19:53	大明日, 大空亡, 月空	
12	土	음력 5월(大)	1	癸巳	水	制	柳	閉	六白	玄武黑道	生甲	합삭 20:15			大空亡, 復日, 重日	
13	日		2	甲午	金	寶	星	建	七赤	司命黃道	死甲	05:10	12:32	19:54	天赦日, 天地轉殺	사갑일
14	月		3	乙未	金	制	張	除	八白	句陳黑道	死甲	05:10	12:32	19:54	陰陽不將, 大殺白虎	
15	火		4	丙申	火	制	翼	滿	九紫	青龍黃道	死甲	05:10	12:33	19:55	月德, 驛馬, 陰陽不將	
16	水	단오(端午)	5	丁酉	火	制	軫	平	一白	明堂黃道	死甲	05:10	12:33	19:55	全吉日, 河魁, 復日	
17	木		6	戊戌	木	專	角	定	二黑	天刑黑道	死甲	05:10	12:33	19:56	上樑吉日, 定礎吉日	
18	金		7	己亥	木	制	亢	執	三碧	朱雀黑道	死甲	05:10	12:33	19:56	天德, 小耗, 重日	
19	土		8	庚子	土	寶	氐	破	四綠	金匱黃道	死甲	05:11	12:33	19:56	全吉日, 月破, 受死	
20	日		9	辛丑	土	義	房	危	五黃	天德黃道	死甲	05:11	12:34	19:56	上樑吉日, 堅柱吉日	
21	月		10	壬寅	金	寶	心	成	六白	白虎黑道	死甲	05:11	12:34	19:57	大明日, 母倉日	

하지(夏至) 6월 21일 오후 8시 28분

22	火		11	癸卯	金	寶	尾	收	七赤	玉堂黃道	死甲	05:11	12:34	19:57	母倉日, 大空亡, 復日	
23	水		12	甲辰	火	制	箕	開	八白	天牢黑道	病甲	05:11	12:34	19:57	大明日, 大殺白虎	병갑일
24	木		13	乙巳	火	寶	斗	閉	九紫	玄武黑道	病甲	05:12	12:34	19:57	通用吉日, 重日	
25	金	6.25사변일	14	丙午	水	專	牛	建	一白	司命黃道	病甲	05:12	12:35	19:57	月德, 天地轉殺	
26	土		15	丁未	水	寶	女	除	二黑	句陳黑道	病甲	05:12	12:35	19:57	六合日, 重喪日	
27	日		16	戊申	土	寶	虛	滿	三碧	青龍黃道	病甲	05:13	12:35	19:57	驛馬, 陰陽不將	
28	月		17	己酉	土	寶	危	平	四綠	明堂黃道	病甲	05:13	12:35	19:57	天恩日, 大明日	
29	火		18	庚戌	金	義	室	定	五黃	天刑黑道	病甲	05:13	12:35	19:57	天恩日, 大明日	
30	水		19	辛亥	金	寶	壁	執	六白	朱雀黑道	病甲	05:14	12:36	19:57	天德, 小耗, 重日	

현충일

• 건제십이신(建除十二神)에서 결혼에 길한 날은 정(定)·집(執)·위(危)·성(成)·수(收)·개(開)에 해당하는 날이다(p.28 참조).

길일(吉日)의 순서

1 흉신(검은색)이 없고, 길신(황색)이 가장 많은 날.

→ 양력 5일이 이에 해당된다. 가장 우선으로 선택한다.

2 흉신이 없고, 길신이 다음으로 많은 날.

→ 이 경우에는 양력 7일이나 10일이 해당되지만 34세 남자에게는 화해 일과 절명일에 해당되어 사용하지 않는다.

3 길신과 흉신이 섞여 있어도 길신이 많은 날.

→ 3일과 6일이 해당된다. 길신이 두 개 이상이면 길한 날로 간주하는 데 그 중에서도 생기·복덕·천의일과 황도일을 겸하는 날이 가장 길하다.

결혼 33세 남자가 2010년 10월에 결혼하기 좋은 날

❶ 삼갑순(三甲旬)을 구분하여 표시한다.

10月 음력 庚寅年 8월 24일~9월 24일

양력	요일	摘要	陰曆	干支	納音	生剋	星宿	建除	九星	黃道黑道	三甲	일출	일중	일몰	중요 신살
1	金	국군의 날	24	甲申	水	伐	鬼	閉	一白	白虎黑道	生甲	06:27	12:22	18:16	月空, 伏斷日, 金剛殺
2	土	노인의 날	25	乙酉	水	伐	柳	建	九紫	玉堂黃道	生甲	06:28	12:22	18:15	大空亡, 天地轉殺
3	日		26	丙戌	土	寶	星	除	八白	天宇黑道	生甲	06:29	12:21	18:13	全吉日, 大殺白虎
4	月		27	丁亥	土	伐	張	滿	七赤	玄武黑道	生甲	06:30	12:21	18:12	驛馬, 大明日, 重日
5	火	세계한인의 날	28	戊子	火	制	翼	平	六白	司命黃道	生甲	06:31	12:21	18:10	上樑日, 定礎吉日
6	水		29	己丑	火	專	軫	定	五黃	句陳黑道	生甲	06:31	12:20	18:09	母倉日, 通用吉日
7	木		30	庚寅	木	制	角	執	四綠	青龍黃道	生甲	06:32	12:20	18:07	全吉日, 小耗, 歸忌
8	金	음력9월(小), 재향군인의날	1	辛卯	木	制	亢	執	三碧	句陳黑道	生甲	합삭 03:44			通用吉日, 金剛殺

한로(寒露) 10월 8일 오후 6시 26분 丙戌月

양력	요일	摘要	陰曆	干支	納音	生剋	星宿	建除	九星	黃道黑道	三甲	일출	일중	일몰	중요 신살
09	土	한글날	2	壬辰	水	伐	氐	破	二黑	青龍黃道	生甲	06:34	12:19	18:04	大明日, 母倉日
10	日	임산부의 날	3	癸巳	水	制	房	危	一白	明堂黃道	生甲	06:35	12:19	18:03	陰陽不將, 大空亡
11	月		4	甲午	金	寶	心	成	九紫	天刑黑道	死甲	06:36	12:19	18:01	大空亡, 生氣
12	火		5	乙未	金	制	尾	收	八白	朱雀黑道	死甲	06:37	12:19	18:00	大明日, 大殺白虎
13	水		6	丙申	火	制	箕	開	七赤	金匱黃道	死甲	06:38	12:18	17:58	月德, 天德, 天賊
14	木		7	丁酉	火	制	斗	閉	六白	天德黃道	死甲	06:39	12:18	17:57	全吉日, 天地轉殺
15	金	체육의 날	8	戊戌	木	專	牛	建	五黃	白虎黑道	死甲	06:40	12:18	17:56	母倉日, 復日
16	土	문화의날, 중양절(重陽節)	9	己亥	木	制	女	除	四綠	玉堂黃道	死甲	06:41	12:18	17:54	開店開業日, 復日
17	日		10	庚子	土	寶	虛	滿	三碧	天牢黑道	死甲	06:42	12:18	17:53	全吉日, 伏斷日
18	月		11	辛丑	土	義	危	平	二黑	玄武黑道	死甲	06:43	12:17	17:52	母倉日, 河魁, 天罡
19	火		12	壬寅	金	寶	室	定	一白	司命黃道	死甲	06:43	12:17	17:50	大明日, 大空亡
20	水	토왕용사일(21:11)	13	癸卯	金	寶	壁	執	九紫	句陳黑道	死甲	06:44	12:17	17:49	通用吉日, 大空亡
21	木	경찰의 날	14	甲辰	火	制	奎	破	八白	青龍黃道	病甲	06:45	12:17	17:48	母倉日, 大殺白虎
22	金		15	乙巳	火	寶	婁	危	七赤	明堂黃道	病甲	06:46	12:17	17:46	通用吉日, 金剛殺
23	土		16	丙午	水	專	胃	成	六白	天刑黑道	病甲	06:47	12:16	17:45	天德, 月德, 生氣

상강(霜降) 10월 23일 오후 9시 35분

양력	요일	摘要	陰曆	干支	納音	生剋	星宿	建除	九星	黃道黑道	三甲	일출	일중	일몰	중요 신살
24	日	국제연합일	17	丁未	水	寶	昴	收	五黃	朱雀黑道	病甲	06:48	12:16	17:44	全吉日, 母倉日
25	月		18	戊申	土	寶	畢	開	四綠	金匱黃道	病甲	06:49	12:16	17:43	天赦日, 天賊, 復日
26	火	저축의 날	19	己酉	土	寶	觜	閉	三碧	天德黃道	病甲	06:50	12:16	17:41	大明日, 天地轉殺
27	水		20	庚戌	金	義	參	建	二黑	白虎黑道	病甲	06:51	12:16	17:40	母倉日, 大明日
28	木	교정의 날	21	辛亥	金	寶	井	除	一白	玉堂黃道	病甲	06:52	12:16	17:39	大明日, 天恩日
29	金		22	壬子	木	專	鬼	滿	九紫	天牢黑道	病甲	06:53	12:16	17:38	通用吉日, 歸忌
30	土		23	癸丑	木	伐	柳	平	八白	玄武黑道	病甲	06:54	12:16	17:37	母倉日, 大殺白虎
31	日		24	甲寅	水	專	星	定	七赤	司命黃道	生甲	06:55	12:16	17:35	全吉日, 正四廢

개천절

생갑일 / 사갑일 / 병갑일 / 생갑일

• 2010년 10월에는 생갑일은 양력 1일(甲申)~10일(癸巳), 사갑일은 11일(甲午)~20일(癸卯), 병갑일은 21일(甲辰)~30일(癸丑)이다. 31일(甲寅)부터 생갑일이 다시 열흘간 계속된다(p.29 참조).

❷ 생기법(生氣法)에서 생기 · 천의 · 복덕(生氣 · 天宜 · 福德)일을 구분하여 표시한다.

10月   음력 庚寅年 8월 24일~9월 24일

양력일	요일	摘要	陰曆	干支	納音	生剋	星宿	建除	九星	黃道黑道	三甲	일출	일중	일몰	중요 신살
1	金	국군의 날	24	甲申	水	伐	鬼	閉	一白	白虎黑道	生甲	06:27	12:22	18:16	月空, 伏斷日, 金剛殺
2	土	노인의 날	25	乙酉	水	伐	柳	建	九紫	玉堂黃道	生甲	06:28	12:22	18:15	大空亡, 天地轉殺
3	日		26	丙戌	土	寶	星	除	八白	天牢黑道	生甲	06:29	12:21	18:13	全吉日, 大殺白虎
4	月		27	丁亥	土	伐	張	滿	七赤	玄武黑道	生甲	06:30	12:21	18:12	驛馬, 大明日, 重日
5	火	세계한인의 날	28	戊子	火	制	翼	平	六白	司命黃道	生甲	06:31	12:21	18:10	上樑吉日, 定礎吉日
6	水		29	己丑	火	專	軫	定	五黃	句陳黑道	生甲	06:31	12:20	18:09	母倉日, 通用吉日
7	木		30	庚寅	木	制	角	執	四綠	青龍黃道	生甲	06:32	12:20	18:07	全吉日, 小耗, 歸忌
8	金	음력9월(小), 재향군인의 날	1	辛卯	木	制	亢	執	三碧	句陳黑道	生甲	합삭 03:44			通用吉日, 金剛殺

한로(寒露) 10월 8일 오후 6시 26분 丙戌月

09	土	한글날	2	壬辰	水	伐	氐	破	二黑	青龍黃道	生甲	06:34	12:19	18:04	大明日, 母倉日
10	日	임산부의 날	3	癸巳	水	伐	房	危	一白	明堂黃道	生甲	06:35	12:19	18:03	陰陽不將, 大空亡
11	月		4	甲午	金	寶	心	成	九紫	天刑黑道	死甲	06:36	12:19	18:01	大空亡, 生氣
12	火		5	乙未	金	制	尾	收	八白	朱雀黑道	死甲	06:37	12:19	18:00	大明日, 大殺白虎
13	水		6	丙申	火	制	箕	開	七赤	金匱黃道	死甲	06:38	12:18	17:58	月德, 天德, 天賊
14	木		7	丁酉	火	制	斗	閉	六白	天德黃道	死甲	06:39	12:18	17:57	全吉日, 天地轉殺
15	金	체육의 날	8	戊戌	木	專	牛	建	五黃	白虎黑道	死甲	06:40	12:18	17:56	母倉日, 復日
16	土	문화의날, 중양절(重陽節)	9	己亥	木	制	女	除	四綠	玉堂黃道	死甲	06:41	12:18	17:54	開店開業日, 復日
17	日		10	庚子	土	寶	虛	滿	三碧	天牢黑道	死甲	06:42	12:18	17:53	全吉日, 伏斷日
18	月		11	辛丑	土	義	危	平	二黑	玄武黑道	死甲	06:43	12:17	17:52	母倉日, 河魁, 天罡
19	火		12	壬寅	金	寶	室	定	一白	司命黃道	死甲	06:43	12:17	17:50	大明日, 大空亡
20	水	토왕용사일(21:11)	13	癸卯	金	寶	壁	執	九紫	句陳黑道	死甲	06:44	12:17	17:49	通用吉日, 大空亡
21	木	경찰의 날	14	甲辰	火	寶	奎	破	八白	青龍黃道	病甲	06:45	12:17	17:48	母倉日, 大殺白虎
22	金		15	乙巳	火	義	婁	危	七赤	明堂黃道	病甲	06:46	12:17	17:46	通用吉日, 金剛殺
23	土		16	丙午	水	寶	胃	成	六白	天刑黑道	病甲	06:47	12:16	17:45	天德, 月德, 生氣

상강(霜降) 10월 23일 오후 9시 35분

24	日	국제연합일	17	丁未	水	寶	昴	收	五黃	朱雀黑道	病甲	06:48	12:16	17:44	全吉日, 母倉日
25	月		18	戊申	土	寶	畢	開	四綠	金匱黃道	病甲	06:49	12:16	17:43	天赦日, 天賊, 復日
26	火	저축의 날	19	己酉	土	寶	觜	閉	三碧	天德黃道	病甲	06:50	12:16	17:41	大明日, 天地轉殺
27	水		20	庚戌	金	義	參	建	二黑	白虎黑道	病甲	06:51	12:16	17:40	母倉日, 大明日
28	木	교정의 날	21	辛亥	金	義	井	除	一白	玉堂黃道	病甲	06:52	12:16	17:39	大明日, 天恩日
29	金		22	壬子	木	寶	鬼	滿	九紫	天牢黑道	病甲	06:53	12:16	17:38	通用吉日, 歸忌
30	土		23	癸丑	木	寶	柳	平	八白	玄武黑道	病甲	06:54	12:16	17:37	母倉日, 大殺白虎
31	日		24	甲寅	水	專	星	定	七赤	司命黃道	生甲	06:55	12:16	17:35	全吉日, 正四廢

개천절 (좌측: 3일 옆)

우측 표시: 생갑일, 사갑일, 병갑일, 생갑일

• 33세 남자의 생기일은 축(丑) · 인(寅)일이고, 천의일은 진(辰) · 사(巳)일이며, 복덕일은 유일(酉日)이다. 결혼은 양택행사에 해당되므로 사갑일과 병갑일에는 표시하지 않는다(p.22 참조).

❸ 황도일(黃道日)을 구분하여 표시한다.

10月 음력 庚寅年 8월 24일 ~ 9월 24일

양력	요일	摘要	陰曆	干支	納音	生剋	星宿	建除	九星	黃道黑道	三甲	日出	日中	日沒	重要神殺
1	金	국군의 날	24	甲申	水	伐	鬼	閉	一白	白虎黑道	生甲	06:27	12:22	18:16	月空,伏斷日,金剛殺
2	土	노인의 날	25	乙酉	水	伐	柳	建	九紫	玉堂黃道	生甲	06:28	12:22	18:15	大空亡, 天地轉殺
3	日		26	丙戌	土	寶	星	除	八白	天牢黑道	生甲	06:29	12:21	18:13	全吉日, 大殺白虎
4	月		27	丁亥	土	制	張	滿	七赤	玄武黑道	生甲	06:30	12:21	18:12	驛馬, 大明日, 重日
5	火	세계한인의 날	28	戊子	火	制	翼	平	六白	司命黃道	生甲	06:31	12:21	18:10	上樑吉日,定礎吉日
6	水		29	己丑	火	專	軫	定	五黃	句陳黑道	生甲	06:31	12:20	18:09	母倉日, 通用吉日
7	木		30	庚寅	木	制	角	執	四綠	青龍黃道	生甲	06:32	12:20	18:07	全吉日, 小耗, 歸忌
8	金	음력9월(小), 재향군인의 날	1	辛卯	木	制	亢	執	三碧	句陳黑道	生甲	합삭 03:44			通用吉日, 金剛殺

한로(寒露) 10월 8일 오후 6시 26분 丙戌月

양력	요일	摘要	陰曆	干支	納音	生剋	星宿	建除	九星	黃道黑道	三甲	日出	日中	日沒	重要神殺
09	土	한글날	2	壬辰	水	伐	氐	破	二黑	青龍黃道	生甲	06:34	12:19	18:04	大明日, 母倉日
10	日	임산부의 날	3	癸巳	水	制	房	危	一白	明堂黃道	生甲	06:35	12:19	18:03	陰陽不將, 大空亡
11	月		4	甲午	金	寶	心	成	九紫	天刑黑道	死甲	06:36	12:19	18:01	大空亡, 生氣
12	火		5	乙未	金	制	尾	收	八白	朱雀黑道	死甲	06:37	12:19	18:00	大明日, 大殺白虎
13	水		6	丙申	火	制	箕	開	七赤	金匱黃道	死甲	06:38	12:18	17:58	月德, 天德, 天賊
14	木		7	丁酉	火	制	斗	閉	六白	天德黃道	死甲	06:39	12:18	17:57	全吉日, 天地轉殺
15	金	체육의 날	8	戊戌	木	專	牛	建	五黃	白虎黑道	死甲	06:40	12:18	17:56	母倉日, 復日
16	土	문화의 날, 중양절(重陽節)	9	己亥	木	制	女	除	四綠	玉堂黃道	死甲	06:41	12:18	17:54	開店開業日, 復日
17	日		10	庚子	土	寶	虛	滿	三碧	天牢黑道	死甲	06:42	12:18	17:53	全吉日, 伏斷日
18	月		11	辛丑	土	義	危	平	二黑	玄武黑道	死甲	06:43	12:17	17:52	母倉日, 河魁, 天罡
19	火		12	壬寅	金	寶	室	定	一白	司命黃道	死甲	06:43	12:17	17:50	大明日, 大空亡
20	水	토왕용사일(21:11)	13	癸卯	金	寶	壁	執	九紫	句陳黑道	死甲	06:44	12:17	17:49	通用吉日, 大空亡
21	木	경찰의 날	14	甲辰	火	制	奎	破	八白	青龍黃道	病甲	06:45	12:17	17:48	母倉日, 大殺白虎
22	金		15	乙巳	火	寶	婁	危	七赤	明堂黃道	病甲	06:46	12:17	17:46	通用吉日, 金剛殺
23	土		16	丙午	水	專	胃	成	六白	天刑黑道	病甲	06:47	12:16	17:45	天德, 月德, 生氣

상강(霜降) 10월 23일 오후 9시 35분

양력	요일	摘要	陰曆	干支	納音	生剋	星宿	建除	九星	黃道黑道	三甲	日出	日中	日沒	重要神殺
24	日	국제연합일	17	丁未	水	寶	昴	收	五黃	朱雀黑道	病甲	06:48	12:16	17:44	全吉日, 母倉日
25	月		18	戊申	土	寶	畢	開	四綠	金匱黃道	病甲	06:49	12:16	17:43	天赦日, 天賊, 復日
26	火	저축의 날	19	己酉	土	寶	觜	閉	三碧	天德黃道	病甲	06:50	12:16	17:41	大明日, 天地轉殺
27	水		20	庚戌	金	義	參	建	二黑	白虎黑道	病甲	06:51	12:16	17:40	母倉日, 大明日
28	木	교정의 날	21	辛亥	金	寶	井	除	一白	玉堂黃道	病甲	06:52	12:16	17:39	大明日, 天恩日
29	金		22	壬子	木	專	鬼	滿	九紫	天牢黑道	病甲	06:53	12:16	17:38	通用吉日, 歸忌
30	土		23	癸丑	木	伐	柳	平	八白	玄武黑道	病甲	06:54	12:16	17:37	母倉日, 大殺白虎
31	日		24	甲寅	水	專	星	定	七赤	司命黃道	生甲	06:55	12:16	17:35	全吉日, 正四廢

개천절

(우측 구분: 생갑일 / 사갑일 / 병갑일 / 생갑일)

• 황도일은 모든 흉신을 제살하는 길신이므로 음택 및 양택행사에 모두 사용한다. 그러나 여기서는 양택행사이므로 사갑일과 병갑일에는 표시하지 않는다(p.25 참조).

❹ 구성(九星)을 구분하여 표시한다.

10月 음력 庚寅年 8월 24일 ~ 9월 24일

양력	요일	摘要	陰曆	干支	納音	生剋	星宿	建除	九星	黃道黑道	三甲	일출	일중	일몰	중요 신살
1	金	국군의 날	24	甲申	水	伐	鬼	閉	一白	白虎黑道	生甲	06:27	12:22	18:16	月空, 伏斷日, 金剛殺
2	土	노인의 날	25	乙酉	水	伐	柳	建	九紫	玉堂黃道	生甲	06:28	12:22	18:15	大空亡, 天地轉殺
3	日		26	丙戌	土	寶	星	除	八白	天牢黑道	生甲	06:29	12:21	18:13	全吉日, 大殺白虎
4	月		27	丁亥	土	伐	張	滿	七赤	玄武黑道	生甲	06:30	12:21	18:12	驛馬, 大明日, 重日
5	火	세계한인의 날	28	戊子	火	制	翼	平	六白	司命黃道	生甲	06:31	12:21	18:10	上樑吉日, 定礎吉日
6	水		29	己丑	火	專	軫	定	五黃	句陳黑道	生甲	06:31	12:20	18:09	母倉日, 通用吉日
7	木		30	庚寅	木	制	角	執	四綠	青龍黃道	生甲	06:32	12:20	18:07	全吉日, 小耗, 歸忌
8	金	음력9월(小), 재향군인의 날	1	辛卯	木	制	亢	執	三碧	句陳黑道	生甲	합삭 03:44			通用吉日, 金剛殺

개천절

생갑일

한로(寒露) 10월 8일 오후 6시 26분 丙戌月

양력	요일	摘要	陰曆	干支	納音	生剋	星宿	建除	九星	黃道黑道	三甲	일출	일중	일몰	중요 신살
09	土	한글날	2	壬辰	水	伐	氐	破	二黑	青龍黃道	生甲	06:34	12:19	18:04	大明日, 母倉日
10	日	임산부의 날	3	癸巳	水	制	房	危	一白	明堂黃道	生甲	06:35	12:19	18:03	陰陽不將, 大空亡
11	月		4	甲午	金	伐	心	成	九紫	天刑黑道	死甲	06:36	12:19	18:01	大空亡, 生氣
12	火		5	乙未	金	制	尾	收	八白	朱雀黑道	死甲	06:37	12:19	18:00	大明日, 大殺白虎
13	水		6	丙申	火	制	箕	開	七赤	金匱黃道	死甲	06:38	12:18	17:58	月德, 天德, 天賊
14	木		7	丁酉	火	制	斗	閉	六白	天德黃道	死甲	06:39	12:18	17:57	全吉日, 天地轉殺
15	金	체육의 날	8	戊戌	木	寶	牛	建	五黃	白虎黑道	死甲	06:40	12:18	17:56	母倉日, 復日
16	土	문화의날, 중양절(重陽節)	9	己亥	木	制	女	除	四綠	玉堂黃道	死甲	06:41	12:18	17:54	開店開業日, 復日
17	日		10	庚子	土	寶	虛	滿	三碧	天牢黑道	死甲	06:42	12:18	17:53	全吉日, 伏斷日
18	月		11	辛丑	土	義	危	平	二黑	玄武黑道	死甲	06:43	12:17	17:52	母倉日, 河魁, 天罡
19	火		12	壬寅	金	寶	室	定	一白	司命黃道	死甲	06:43	12:17	17:50	大明日, 大空亡
20	水	토왕용사일(21:11)	13	癸卯	金	寶	壁	執	九紫	句陳黑道	死甲	06:44	12:17	17:49	通用吉日, 大空亡
21	木	경찰의 날	14	甲辰	火	制	奎	破	八白	青龍黃道	病甲	06:45	12:17	17:48	母倉日, 大殺白虎
22	金		15	乙巳	火	寶	婁	危	七赤	明堂黃道	病甲	06:46	12:17	17:46	通用吉日, 金剛殺
23	土		16	丙午	水	專	胃	成	六白	天刑黑道	病甲	06:47	12:16	17:45	天德, 月德, 生氣

사갑일

상강(霜降) 10월 23일 오후 9시 35분

양력	요일	摘要	陰曆	干支	納音	生剋	星宿	建除	九星	黃道黑道	三甲	일출	일중	일몰	중요 신살
24	日	국제연합일	17	丁未	水	寶	昴	收	五黃	朱雀黑道	病甲	06:48	12:16	17:44	全吉日, 母倉日
25	月		18	戊申	土	寶	畢	開	四綠	金匱黃道	病甲	06:49	12:16	17:43	天赦日, 天賊, 復日
26	火	저축의 날	19	己酉	土	寶	觜	閉	三碧	天德黃道	病甲	06:50	12:16	17:41	大明日, 天地轉殺
27	水		20	庚戌	金	義	參	建	二黑	白虎黑道	病甲	06:51	12:16	17:40	母倉日, 大明日
28	木	교정의 날	21	辛亥	金	義	井	除	一白	玉堂黃道	病甲	06:52	12:16	17:39	大明日, 天恩日
29	金		22	壬子	木	專	鬼	滿	九紫	天牢黑道	病甲	06:53	12:16	17:38	通用吉日, 歸忌
30	土		23	癸丑	木	伐	柳	平	八白	玄武黑道	病甲	06:54	12:16	17:37	母倉日, 大殺白虎
31	日		24	甲寅	水	專	星	定	七赤	司命黃道	生甲	06:55	12:16	17:35	全吉日, 正四廢

병갑일

생갑일

• 구성(九星)도 양택·음택행사 모두에 사용한다. 양택행사에는 일백·육백·팔백만을 사용하고, 음택행사에는 구자(九紫)까지 포함한다. 또한 양택행사에도 구자를 쓰는 경우가 있으나 천기대요에 양택행사에는 쓰지 않는 것을 원칙으로 한다. 양택행사이므로 사갑일과 병갑일에는 구성을 표시하지 않는다(p.38 참조).

❺ 이십팔수(二十八宿)에서 칠살일(七殺日)을 구분하여 표시한다.

10月

음력 庚寅年 8월 24일 ~ 9월 24일

양력	요일	摘要	陰曆	干支	納音	生剋	星宿	建除	九星	黃道黑道	三甲	일출	일중	일몰	중요신살
1	金	국군의 날	24	甲申	水	伐	鬼	閉	一白	白虎黑道	生甲	06:27	12:22	18:16	月空, 伏斷日, 金剛殺
2	土	노인의 날	25	乙酉	水	伐	柳	建	九紫	玉堂黃道	生甲	06:28	12:22	18:15	大空亡, 天地轉殺
3	日		26	丙戌	土	寶	星	除	八白	天牢黑道	生甲	06:29	12:21	18:13	全吉日, 大殺白虎
4	月		27	丁亥	土	伐	張	滿	七赤	玄武黑道	生甲	06:30	12:21	18:12	驛馬, 大明日, 重日
5	火	세계한인의 날	28	戊子	火	制	翼	平	六白	司命黃道	生甲	06:31	12:21	18:10	上樑吉日, 定礎吉日
6	水		29	己丑	火	專	軫	定	五黃	句陳黑道	生甲	06:31	12:20	18:09	母倉日, 通用吉日
7	木		30	庚寅	木	制	角	執	四綠	青龍黃道	生甲	06:32	12:20	18:07	全吉日, 小耗, 歸忌
8	金	음력9월(小), 재향군인의날	1	辛卯	木	制	亢	破	三碧	句陳黑道	生甲	합삭 03:44			通用吉日, 金剛殺

한로(寒露) 10월 8일 오후 6시 26분 丙戌月

양력	요일	摘要	陰曆	干支	納音	生剋	星宿	建除	九星	黃道黑道	三甲	일출	일중	일몰	중요신살
09	土	한글날	2	壬辰	水	伐	氐	破	二黑	青龍黃道	生甲	06:34	12:19	18:04	大明日, 母倉日
10	日	임산부의 날	3	癸巳	水	制	房	危	一白	明堂黃道	生甲	06:35	12:19	18:03	陰陽不將, 大空亡
11	月		4	甲午	金	寶	心	成	九紫	天刑黑道	死甲	06:36	12:19	18:01	大空亡, 生氣
12	火		5	乙未	金	制	尾	收	八白	朱雀黑道	死甲	06:37	12:19	18:00	大明日, 大殺白虎
13	水		6	丙申	火	制	箕	開	七赤	金匱黃道	死甲	06:38	12:18	17:58	月德, 天德, 天賊
14	木		7	丁酉	火	制	斗	閉	六白	天德黃道	死甲	06:39	12:17	17:57	全吉日, 天地轉殺
15	金	체육의 날	8	戊戌	木	專	牛	建	五黃	白虎黑道	死甲	06:40	12:18	17:56	母倉日, 復日
16	土	문화의날, 중양절(重陽節)	9	己亥	木	專	女	除	四綠	玉堂黃道	死甲	06:41	12:18	17:54	開店開業日, 復日
17	日		10	庚子	土	寶	虛	滿	三碧	天牢黑道	死甲	06:42	12:18	17:53	全吉日, 伏斷日
18	月		11	辛丑	土	義	危	平	二黑	玄武黑道	死甲	06:43	12:17	17:52	母倉日, 河魁, 天罡
19	火		12	壬寅	金	寶	室	定	一白	司命黃道	死甲	06:43	12:17	17:50	大明日, 大空亡
20	水	토왕용사일(21:11)	13	癸卯	金	寶	壁	執	九紫	句陳黑道	死甲	06:44	12:17	17:49	通用吉日, 大空亡
21	木	경찰의 날	14	甲辰	火	制	奎	破	八白	青龍黃道	病甲	06:45	12:17	17:48	母倉日, 大殺白虎
22	金		15	乙巳	火	寶	婁	危	七赤	明堂黃道	病甲	06:46	12:17	17:46	通用吉日, 金剛殺
23	土		16	丙午	水	專	胃	成	六白	天刑黑道	病甲	06:47	12:16	17:45	天德, 月德, 生氣

상강(霜降) 10월 23일 오후 9시 35분

양력	요일	摘要	陰曆	干支	納音	生剋	星宿	建除	九星	黃道黑道	三甲	일출	일중	일몰	중요신살
24	日	국제연합일	17	丁未	水	寶	昴	收	五黃	朱雀黑道	病甲	06:48	12:16	17:44	全吉日, 母倉日
25	月		18	戊申	土	寶	畢	開	四綠	金匱黃道	病甲	06:49	12:16	17:43	天赦日, 天賊, 復日
26	火	저축의 날	19	己酉	土	寶	觜	閉	三碧	天德黃道	病甲	06:50	12:16	17:41	大明日, 天地轉殺
27	水		20	庚戌	金	義	參	建	二黑	白虎黃道	病甲	06:51	12:16	17:40	母倉日, 大明日
28	木	교정의 날	21	辛亥	金	寶	井	除	一白	玉堂黃道	病甲	06:52	12:16	17:39	大明日, 天恩日
29	金		22	壬子	木	專	鬼	滿	九紫	天牢黑道	病甲	06:53	12:16	17:38	通用吉日, 歸忌
30	土		23	癸丑	木	伐	柳	平	八白	玄武黑道	病甲	06:54	12:16	17:37	母倉日, 大殺白虎
31	日		24	甲寅	水	專	星	定	七赤	司命黃道	生甲	06:55	12:16	17:35	全吉日, 正四廢

(좌측 표시: 개천절)
(우측 표시: 생갑일, 사갑일, 병갑일, 생갑일)

• 칠살일(七殺日)은 양택이나 음택행사에서 길흉의 내용에 관계없이 아주 꺼리는 날이므로 이 날을 가장 먼저 구분하여 표시한다. 각(角) · 항(亢) · 우(牛) · 규(奎) · 루(婁) · 귀(鬼) · 성(星)이 칠살일에 해당하는 날이다. 양택 및 음택행사에 모두 사용한다(p.27 참조).

❻ 이십팔수(二十八宿)에서 결혼에 흉(凶)한 날을 구분하여 표시한다.

10月 음력 庚寅年 8월 24일 ~ 9월 24일

양력 일	요일	摘要	陰曆	干支	納音	生剋	星宿	建除	九星	黃道黑道	三甲	일출	일중	일몰	중요 신살
1	金	국군의 날	24	甲申	水	伐	鬼	閉	一白	白虎黑道	生甲	06:27	12:22	18:16	月空,伏斷日,金剛殺
2	土	노인의 날	25	乙酉	水	伐	柳	建	九紫	玉堂黃道	生甲	06:28	12:22	18:15	大空亡,天地轉殺
3	日		26	丙戌	土	寶	星	除	八白	天牢黑道	生甲	06:29	12:21	18:13	全吉日,大殺白虎
4	月		27	丁亥	土	伐	張	滿	七赤	玄武黑道	生甲	06:30	12:21	18:12	驛馬,大明日,重日
5	火	세계한인의 날	28	戊子	火	制	翼	平	六白	司命黃道	生甲	06:31	12:21	18:10	上樑吉日,定礎吉日
6	水		29	己丑	火	專	軫	定	五黃	句陳黑道	生甲	06:31	12:20	18:09	母倉日,通用吉日
7	木		30	庚寅	木	制	角	執	四綠	青龍黃道	生甲	06:32	12:20	18:07	全吉日,小耗,歸忌
8	金	음력9월(小),재향군인의날	1	辛卯	木	制	亢	執	三碧	句陳黑道	生甲	합삭 03:44			通用吉日,金剛殺

한로(寒露) 10월 8일 오후 6시 26분 丙戌月

양력 일	요일	摘要	陰曆	干支	納音	生剋	星宿	建除	九星	黃道黑道	三甲	일출	일중	일몰	중요 신살
09	土	한글날	2	壬辰	水	伐	氐	破	二黑	青龍黃道	生甲	06:34	12:19	18:04	大明日,母倉日
10	日	임산부의 날	3	癸巳	水	制	房	危	一白	明堂黃道	生甲	06:35	12:19	18:03	陰陽不將,大空亡
11	月		4	甲午	金	寶	心	成	九紫	天刑黑道	死甲	06:36	12:19	18:01	大空亡,生氣
12	火		5	乙未	金	制	尾	收	八白	朱雀黑道	死甲	06:37	12:19	18:00	大明日,大殺白虎
13	水		6	丙申	火	制	箕	開	七赤	金匱黃道	死甲	06:38	12:18	17:58	月德,天德,天賊
14	木		7	丁酉	火	制	斗	閉	六白	天德黃道	死甲	06:39	12:18	17:57	全吉日,天地轉殺
15	金	체육의 날	8	戊戌	木	專	牛	建	五黃	白虎黑道	死甲	06:40	12:18	17:56	母倉日,復日
16	土	문화의날,중양절(重陽節)	9	己亥	木	制	女	除	四綠	玉堂黃道	死甲	06:41	12:18	17:54	開店開業日,復日
17	日		10	庚子	土	寶	虛	滿	三碧	天牢黑道	死甲	06:42	12:18	17:53	全吉日,伏斷日
18	月		11	辛丑	土	義	危	平	二黑	玄武黑道	死甲	06:43	12:17	17:52	母倉日,河魁,天罡
19	火		12	壬寅	金	寶	室	定	一白	司命黃道	死甲	06:43	12:17	17:50	大明日,大空亡
20	水	토왕용사일(21:11)	13	癸卯	金	寶	壁	執	九紫	句陳黑道	死甲	06:44	12:17	17:49	通用吉日,大空亡
21	木	경찰의 날	14	甲辰	火	制	奎	破	八白	青龍黃道	病甲	06:45	12:17	17:48	母倉日,大殺白虎
22	金		15	乙巳	火	寶	婁	危	七赤	明堂黃道	病甲	06:46	12:17	17:46	通用吉日,金剛殺
23	土		16	丙午	水	專	胃	成	六白	天刑黑道	病甲	06:47	12:16	17:45	天德,月德,生氣

상강(霜降) 10월 23일 오후 9시 35분

양력 일	요일	摘要	陰曆	干支	納音	生剋	星宿	建除	九星	黃道黑道	三甲	일출	일중	일몰	중요 신살
24	日	국제연합일	17	丁未	水	寶	昴	收	五黃	朱雀黃道	病甲	06:48	12:16	17:44	全吉日,母倉日
25	月		18	戊申	土	寶	畢	開	四綠	金匱黃道	病甲	06:49	12:16	17:43	天赦日,天賊,復日
26	火	저축의 날	19	己酉	土	寶	觜	閉	三碧	天德黃道	病甲	06:50	12:16	17:41	大明日,天地轉殺
27	水		20	庚戌	金	義	參	建	二黑	白虎黑道	病甲	06:51	12:16	17:40	母倉日,大明日
28	木	교정의 날	21	辛亥	金	寶	井	除	一白	玉堂黃道	病甲	06:52	12:16	17:39	大明日,天恩日
29	金		22	壬子	木	專	鬼	滿	九紫	天牢黑道	病甲	06:53	12:16	17:38	通用吉日,歸忌
30	土		23	癸丑	木	伐	柳	平	八白	玄武黑道	病甲	06:54	12:16	17:37	母倉日,大殺白虎
31	日		24	甲寅	水	專	星	定	七赤	司命黃道	生甲	06:55	12:16	17:35	全吉日,正四廢

개천절

생갑일 · 사갑일 · 병갑일 · 생갑일

• 이십팔수 중에서 결혼에 흉한 날은 심(心) · 여(女) · 위(危) · 묘(昴) · 자(觜) · 삼(參) · 류(柳) · 익(翼)에 해당하는 날이다(p.27 참조).

❼ 이십팔수(二十八宿)에서 결혼에 길(吉)한 날을 구분하여 표시한다.

10月 음력 庚寅年 8월 24일~9월 24일

양력	요일	摘要	陰曆	干支	納音	生剋	星宿	建除	九星	黃道黑道	三甲	일출	일중	일몰	중요신살
1	金	국군의 날	24	甲申	水	伐	鬼	閉	一白	白虎黑道	生甲	06:27	12:22	18:16	月空, 伏斷日, 金剛殺
2	土	노인의 날	25	乙酉	水	伐	柳	建	九紫	玉堂黃道	生甲	06:28	12:22	18:15	大空亡, 天地轉殺
3	日		26	丙戌	土	寶	星	除	八白	天牢黑道	生甲	06:29	12:21	18:13	全吉日, 大殺白虎
4	月		27	丁亥	土	伐	張	滿	七赤	玄武黑道	生甲	06:30	12:21	18:12	驛馬, 大明日, 重日
5	火	세계한인의 날	28	戊子	火	制	翼	平	六白	司命黃道	生甲	06:31	12:21	18:10	上樑吉日, 定礎吉日
6	水		29	己丑	火	專	軫	定	五黃	句陳黑道	生甲	06:31	12:20	18:09	母倉日, 通用吉日
7	木		30	庚寅	木	制	角	執	四綠	青龍黃道	生甲	06:32	12:20	18:07	全吉日, 小耗, 歸忌
8	金	음력9월(小), 재향군인의날	1	辛卯	木	制	亢	破	三碧	句陳黑道	生甲	합삭 03:44			通用吉日, 金剛殺

한로(寒露) 10월 8일 오후 6시 26분 丙戌月

양력	요일	摘要	陰曆	干支	納音	生剋	星宿	建除	九星	黃道黑道	三甲	일출	일중	일몰	중요신살
09	土	한글날	2	壬辰	水	伐	氐	危	二黑	青龍黃道	生甲	06:34	12:19	18:04	大明日, 母倉日
10	日	임산부의 날	3	癸巳	水	制	房	危	一白	明堂黃道	生甲	06:35	12:19	18:03	陰陽不將, 大空亡
11	月		4	甲午	金	寶	心	成	九紫	天刑黑道	死甲	06:36	12:19	18:01	大空亡, 生氣
12	火		5	乙未	金	制	尾	收	八白	朱雀黑道	死甲	06:37	12:19	18:00	大明日, 大殺白虎
13	水		6	丙申	火	制	箕	開	七赤	金匱黃道	死甲	06:38	12:18	17:58	月德, 天德, 天賊
14	木		7	丁酉	火	制	斗	閉	六白	天德黃道	死甲	06:39	12:18	17:57	全吉日, 天地轉殺
15	金	체육의 날	8	戊戌	木	專	牛	成	五黃	白虎黑道	死甲	06:40	12:18	17:56	母倉日, 復日
16	土	문화의날, 중양절(重陽節)	9	己亥	木	制	女	除	四綠	玉堂黃道	死甲	06:41	12:18	17:54	開店開業日, 復日
17	日		10	庚子	土	寶	虛	滿	三碧	天牢黑道	死甲	06:42	12:18	17:53	全吉日, 伏斷日
18	月		11	辛丑	土	義	危	平	二黑	玄武黑道	死甲	06:43	12:17	17:52	母倉日, 河魁, 天罡
19	火		12	壬寅	金	寶	室	定	一白	司命黃道	死甲	06:43	12:17	17:50	大明日, 大空亡
20	水	토왕용사일(21:11)	13	癸卯	金	寶	壁	執	九紫	句陳黑道	死甲	06:44	12:17	17:49	通用吉日, 大空亡
21	木	경찰의 날	14	甲辰	火	制	奎	破	八白	青龍黃道	病甲	06:45	12:17	17:48	母倉日, 大殺白虎
22	金		15	乙巳	火	寶	婁	危	七赤	明堂黃道	病甲	06:46	12:17	17:46	通用吉日, 金剛殺
23	土		16	丙午	水	專	胃	成	六白	天刑黑道	病甲	06:47	12:16	17:45	天德, 月德, 生氣

상강(霜降) 10월 23일 오후 9시 35분

양력	요일	摘要	陰曆	干支	納音	生剋	星宿	建除	九星	黃道黑道	三甲	일출	일중	일몰	중요신살
24	日	국제연합일	17	丁未	水	寶	昴	收	五黃	朱雀黑道	病甲	06:48	12:16	17:44	全吉日, 母倉日
25	月		18	戊申	土	寶	畢	開	四綠	金匱黃道	病甲	06:49	12:16	17:43	天赦日, 天賊, 復日
26	火	저축의 날	19	己酉	土	寶	觜	閉	三碧	天德黃道	病甲	06:50	12:16	17:41	大明日, 天地轉殺
27	水		20	庚戌	金	義	參	建	二黑	白虎黑道	病甲	06:51	12:16	17:40	母倉日, 大明日
28	木	교정의 날	21	辛亥	金	寶	井	除	一白	玉堂黃道	病甲	06:52	12:16	17:39	大明日, 天恩日
29	金		22	壬子	木	專	鬼	滿	九紫	天牢黑道	病甲	06:53	12:16	17:38	通用吉日, 歸忌
30	土		23	癸丑	木	伐	柳	平	八白	玄武黑道	病甲	06:54	12:16	17:37	母倉日, 大殺白虎
31	日		24	甲寅	水	專	星	定	七赤	司命黃道	生甲	06:55	12:16	17:35	全吉日, 正四廢

개천절 · 생갑일 · 사갑일 · 병갑일 · 생갑일

• 이십팔수 중에서 결혼에 길(吉)한 날은 저(氐)·방(房)·미(尾)·기(箕)·두(斗)·허(虛)·실(室)·벽(壁)·위(胃)·필(畢)·정(井)·장(張)· 진(軫)에 해당하는 날이다(p.27 참조).

❽ 건제십이신(建除十二神)에서 결혼에 길(吉)한 날을 구분하여 표시한다.

10月 음력 庚寅年 8월 24일~9월 24일

양력	요일	摘要	陰曆	干支	納音	生剋	星宿	建除	九星	黃道黑道	三甲	日出	日中	日沒	중요 신살
1	金	국군의 날	24	甲申	水	伐	鬼	閉	一白	白虎黑道	生甲	06:27	12:22	18:16	月空,伏斷日,金剛殺
2	土	노인의 날	25	乙酉	水	伐	柳	建	九紫	玉堂黃道	生甲	06:28	12:22	18:15	大空亡,天地轉殺
3	日		26	丙戌	土	寶	星	除	八白	天牢黑道	生甲	06:29	12:21	18:13	全吉日,大殺白虎
4	月		27	丁亥	土	伐	張	滿	七赤	玄武黑道	生甲	06:30	12:21	18:12	驛馬,大明日,重日
5	火	세계한인의 날	28	戊子	火	制	翼	平	六白	司命黃道	生甲	06:31	12:21	18:10	上樑日,定礎吉日
6	水		29	己丑	火	專	軫	定	五黃	句陳黑道	生甲	06:31	12:20	18:09	母倉日,通用吉日
7	木		30	庚寅	木	制	角	執	四綠	青龍黃道	生甲	06:32	12:20	18:07	全吉日,小耗,歸忌
8	金	음력9월(小),재향군인의 날	1	辛卯	木	制	亢	執	三碧	句陳黑道	生甲	합삭 03:44			通用吉日,金剛殺

한로(寒露) 10월 8일 오후6시 26분 丙戌月

양력	요일	摘要	陰曆	干支	納音	生剋	星宿	建除	九星	黃道黑道	三甲	日出	日中	日沒	중요 신살
09	土	한글날	2	壬辰	水	伐	氐	破	二黑	青龍黃道	生甲	06:34	12:19	18:04	大明日,母倉日
10	日	임산부의 날	3	癸巳	水	制	房	危	一白	明堂黃道	生甲	06:35	12:19	18:03	陰陽不將,大空亡
11	月		4	甲午	金	寶	心	成	九紫	天刑黑道	死甲	06:36	12:19	18:01	大空亡,生氣
12	火		5	乙未	金	制	尾	收	八白	朱雀黑道	死甲	06:37	12:19	18:00	大明日,大殺白虎
13	水		6	丙申	火	制	箕	開	七赤	金匱黃道	死甲	06:38	12:18	17:58	月德,天德,天賊
14	木		7	丁酉	火	制	斗	閉	六白	天德黃道	死甲	06:39	12:18	17:57	全吉日,天地轉殺
15	金	체육의 날	8	戊戌	木	專	牛	建	五黃	白虎黑道	死甲	06:40	12:18	17:56	母倉日,復日
16	土	문화의날,중양절(重陽節)	9	己亥	木	制	女	除	四綠	玉堂黃道	死甲	06:41	12:18	17:54	開店開業日,復日
17	日		10	庚子	土	寶	虛	滿	三碧	天牢黑道	死甲	06:42	12:18	17:53	全吉日,伏斷日
18	月		11	辛丑	土	義	危	平	二黑	玄武黑道	死甲	06:43	12:17	17:52	母倉日,河魁,天罡
19	火		12	壬寅	金	寶	室	定	一白	司命黃道	死甲	06:43	12:17	17:50	大明日,大空亡
20	水	토왕용사일(21:11)	13	癸卯	金	寶	壁	執	九紫	句陳黑道	死甲	06:44	12:17	17:49	通用吉日,大空亡
21	木	경찰의 날	14	甲辰	火	制	奎	破	八白	青龍黃道	病甲	06:45	12:17	17:48	母倉日,大殺白虎
22	金		15	乙巳	火	寶	婁	危	七赤	明堂黃道	病甲	06:46	12:17	17:46	通用吉日,金剛殺
23	土		16	丙午	水	專	胃	成	六白	天刑黑道	病甲	06:47	12:16	17:45	天德,月德,生氣

상강(霜降) 10월 23일 오후9시 35분

양력	요일	摘要	陰曆	干支	納音	生剋	星宿	建除	九星	黃道黑道	三甲	日出	日中	日沒	중요 신살
24	日	국제연합일	17	丁未	水	寶	昴	收	五黃	朱雀黑道	病甲	06:48	12:16	17:44	全吉日,母倉日
25	月		18	戊申	土	寶	畢	開	四綠	金匱黃道	病甲	06:49	12:16	17:43	天赦日,天賊,復日
26	火	저축의 날	19	己酉	土	寶	觜	閉	三碧	天德黃道	病甲	06:50	12:16	17:41	大明日,天地轉殺
27	水		20	庚戌	金	義	參	建	二黑	白虎黑道	病甲	06:51	12:16	17:40	母倉日,大明日
28	木	교정의 날	21	辛亥	金	寶	井	除	一白	玉堂黃道	病甲	06:52	12:16	17:39	大明日,天恩日
29	金		22	壬子	木	專	鬼	滿	九紫	天牢黑道	病甲	06:53	12:16	17:38	通用吉日,歸忌
30	土		23	癸丑	木	伐	柳	除	八白	玄武黑道	病甲	06:54	12:16	17:37	母倉日,大殺白虎
31	日		24	甲寅	水	專	星	定	七赤	司命黃道	生甲	06:55	12:16	17:35	全吉日,正四廢

(좌측 표시) 개천절 · 생갑일 · 사갑일 · 병갑일 · 생갑일

• 건제십이신(建除十二神)에서 결혼에 길한 날은 정(定)·집(執)·위(危)·성(成)·수(收)·개(開)에 해당하는 날이다(p.28 참조)

길일(吉日)의 순서

1 흉신(검은색)이 없고, 길신(황색)이 가장 많은 날.

→ 이 경우에는 양력 10일이 가장 길한 날이다.

2 흉신이 없고, 길신이 다음으로 많은 날.

→ 여기서 굳이 순서를 가리면 생기일과 황도일을 겸하는 날을 두 번째
로 선택한다. 따라서 양력 9일이 길하고, 다음으로 흉신이 없는 양력
6일이 길하다.

3 길신과 흉신이 섞여 있어도 길신이 많은 날.

→ 이 경우에는 양력 2일, 31일, 7일이 해당된다.

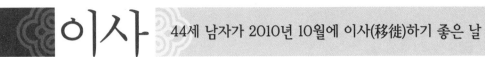

❶ 삼갑순(三甲旬)을 구분하여 표시한다.

10月　음력 庚寅年 8월 24일~9월 24일

양력	요일	摘要	陰曆	干支	納音	生剋	星宿	建除	九星	黃道黑道	三甲	일출	일중	일몰	중요 신살
1	金	국군의 날	24	甲申	水	伐	鬼	閉	一白	白虎黑道	生甲	06:27	12:22	18:16	月空,伏斷日,金剛殺
2	土	노인의 날	25	乙酉	水	伐	柳	建	九紫	玉堂黃道	生甲	06:28	12:22	18:15	大空亡, 天地轉殺
3	日		26	丙戌	土	寶	星	除	八白	天牢黑道	生甲	06:29	12:21	18:13	全吉日, 大殺白虎
4	月		27	丁亥	土	伐	張	滿	七赤	玄武黑道	生甲	06:30	12:21	18:12	驛馬, 大明日, 重日
5	火	세계한인의 날	28	戊子	火	制	翼	平	六白	司命黃道	生甲	06:31	12:21	18:10	上樑吉日, 定礎吉日
6	水		29	己丑	火	專	軫	定	五黃	句陳黑道	生甲	06:31	12:20	18:09	母倉日, 通用吉日
7	木		30	庚寅	木	制	角	執	四綠	靑龍黃道	生甲	06:32	12:20	18:07	全吉日, 小耗, 歸忌
8	金	음력9월(小), 재향군인의 날	1	辛卯	木	制	亢	破	三碧	句陳黑道	生甲	합삭 03:44			通用吉日, 金剛殺

한로(寒露) 10월 8일 오후 6시 26분 丙戌月

양력	요일	摘要	陰曆	干支	納音	生剋	星宿	建除	九星	黃道黑道	三甲	일출	일중	일몰	중요 신살
09	土	한글날	2	壬辰	水	伐	氐	危	二黑	靑龍黃道	生甲	06:34	12:19	18:04	大明日, 母倉日
10	日	임산부의 날	3	癸巳	水	制	房	成	一白	明堂黃道	生甲	06:35	12:19	18:03	陰陽不將, 大空亡
11	月		4	甲午	金	寶	心	收	九紫	天刑黑道	死甲	06:36	12:19	18:01	大空亡, 生氣
12	火		5	乙未	金	制	尾	開	八白	朱雀黑道	死甲	06:37	12:19	18:00	大明日, 大殺白虎
13	水		6	丙申	火	制	箕	閉	七赤	金匱黃道	死甲	06:38	12:18	17:58	月德, 天德, 天賊
14	木		7	丁酉	火	制	斗	建	六白	天德黃道	死甲	06:39	12:18	17:57	全吉日, 天地轉殺
15	金	체육의 날	8	戊戌	木	專	牛	除	五黃	白虎黑道	死甲	06:40	12:18	17:56	母倉日, 復日
16	土	문화의 날, 중양절(重陽節)	9	己亥	木	制	女	滿	四綠	玉堂黃道	死甲	06:41	12:18	17:54	開店開業日, 復日
17	日		10	庚子	土	寶	虛	平	三碧	天牢黑道	死甲	06:42	12:18	17:53	全吉日, 伏斷日
18	月		11	辛丑	土	義	危	定	二黑	玄武黑道	死甲	06:43	12:17	17:52	母倉日, 河魁, 天罡
19	火		12	壬寅	金	寶	室	執	一白	司命黃道	死甲	06:43	12:17	17:50	大明日, 大空亡
20	水	토왕용사일(21:11)	13	癸卯	金	寶	壁	破	九紫	句陳黑道	死甲	06:44	12:17	17:49	通用吉日, 大空亡
21	木	경찰의 날	14	甲辰	火	制	奎	危	八白	靑龍黃道	病甲	06:45	12:17	17:48	母倉日, 大殺白虎
22	金		15	乙巳	火	寶	婁	危	七赤	明堂黃道	病甲	06:46	12:17	17:46	通用吉日, 金剛殺
23	土		16	丙午	水	專	胃	成	六白	天刑黑道	病甲	06:47	12:16	17:45	天德, 月德, 生氣

상강(霜降) 10월 23일 오후 9시 35분

양력	요일	摘要	陰曆	干支	納音	生剋	星宿	建除	九星	黃道黑道	三甲	일출	일중	일몰	중요 신살
24	日	국제연합일	17	丁未	水	寶	昴	收	五黃	朱雀黑道	病甲	06:48	12:16	17:44	全吉日, 母倉日
25	月		18	戊申	土	寶	畢	開	四綠	金匱黃道	病甲	06:49	12:16	17:43	天赦日, 天賊, 復日
26	火	저축의 날	19	己酉	土	寶	觜	閉	三碧	天德黃道	病甲	06:50	12:16	17:41	大明日, 天地轉殺
27	水		20	庚戌	金	義	參	建	二黑	白虎黑道	病甲	06:51	12:16	17:40	母倉日, 大明日
28	木	교정의 날	21	辛亥	金	寶	井	除	一白	玉堂黃道	病甲	06:52	12:16	17:39	大明日, 天恩日
29	金		22	壬子	木	專	鬼	滿	九紫	天牢黑道	病甲	06:53	12:16	17:38	通用吉日, 歸忌
30	土		23	癸丑	木	伐	柳	平	八白	玄武黑道	病甲	06:54	12:16	17:37	母倉日, 大殺白虎
31	日		24	甲寅	水	專	星	定	七赤	司命黃道	生甲	06:55	12:16	17:35	全吉日, 正四廢

개천절

생갑일

사갑일

병갑일

생갑일

• 가장 먼저 삼갑순을 구분해야 한다. 이사(移徙) 또한 양택행사이므로 생갑일에만 표시한다(p.29 참조).

❷ 생기법(生氣法)에서 생기 · 천의 · 복덕(生氣 · 天宜 · 福德)일을 구분하여 표시한다.

10月 음력 庚寅年 8월 24일~9월 24일

양력	요일	摘要	陰曆	干支	納音	生剋	星宿	建除	九星	黃道黑道	三甲	일출	일중	일몰	중요 신살
1	金	국군의 날	24	甲申	水	伐	鬼	閉	一白	白虎黑道	生甲	06:27	12:22	18:16	月空,伏斷日,金剛殺
2	土	노인의 날	25	乙酉	水	伐	柳	建	九紫	玉堂黃道	生甲	06:28	12:22	18:15	大空亡,天地轉殺
3	日		26	丙戌	土	寶	星	除	八白	天牢黑道	生甲	06:29	12:21	18:13	全吉日,大殺白虎
4	月		27	丁亥	土	伐	張	滿	七赤	玄武黑道	生甲	06:30	12:21	18:12	驛馬,大明日,重日
5	火	세계한인의 날	28	戊子	火	制	翼	平	六白	司命黃道	生甲	06:31	12:21	18:10	上樑吉日,定礎吉日
6	水		29	己丑	火	專	軫	定	五黃	句陳黑道	生甲	06:31	12:20	18:09	母倉日,通用吉日
7	木		30	庚寅	木	制	角	執	四綠	青龍黃道	生甲	06:32	12:20	18:07	全吉日,小耗,歸忌
8	金	음력9월(小),재향군인의날	1	辛卯	木	制	亢	執	三碧	句陳黑道	生甲	함삭 03:44			通用吉日,金剛殺

한로(寒露) 10월 8일 오후 6시 26분 丙戌月

양력	요일	摘要	陰曆	干支	納音	生剋	星宿	建除	九星	黃道黑道	三甲	일출	일중	일몰	중요 신살
09	土	한글날	2	壬辰	水	伐	氐	破	二黑	青龍黃道	生甲	06:34	12:19	18:04	大明日,母倉日
10	日	임산부의 날	3	癸巳	水	制	房	危	一白	明堂黃道	生甲	06:35	12:19	18:03	陰陽不將,大空亡
11	月		4	甲午	金	寶	心	成	九紫	天刑黑道	死甲	06:36	12:19	18:01	大空亡,生氣
12	火		5	乙未	金	制	尾	收	八白	朱雀黑道	死甲	06:37	12:19	18:00	大明日,大殺白虎
13	水		6	丙申	火	制	箕	開	七赤	金匱黃道	死甲	06:38	12:18	17:58	月德,天德,天賊
14	木		7	丁酉	火	制	斗	閉	六白	天德黃道	死甲	06:39	12:18	17:57	全吉日,天地轉殺
15	金	체육의 날	8	戊戌	木	專	牛	建	五黃	白虎黑道	死甲	06:40	12:18	17:56	母倉日,復日
16	土	문화의 날,중양절(重陽節)	9	己亥	木	制	女	除	四綠	玉堂黃道	死甲	06:41	12:18	17:54	開店開業日,復日
17	日		10	庚子	土	寶	虛	滿	三碧	天牢黑道	死甲	06:42	12:18	17:53	全吉日,伏斷日
18	月		11	辛丑	土	義	危	平	二黑	玄武黑道	死甲	06:43	12:17	17:52	母倉日,河魁,天罡
19	火		12	壬寅	金	寶	室	定	一白	司命黃道	死甲	06:43	12:17	17:50	大明日,大空亡
20	水	토왕용사일(21:11)	13	癸卯	金	寶	壁	執	九紫	句陳黑道	死甲	06:44	12:17	17:49	通用吉日,大空亡
21	木	경찰의 날	14	甲辰	火	制	奎	破	八白	青龍黃道	病甲	06:45	12:17	17:48	母倉日,大殺白虎
22	金		15	乙巳	火	寶	婁	危	七赤	明堂黃道	病甲	06:46	12:17	17:46	通用吉日,金剛殺
23	土		16	丙午	水	專	胃	成	六白	天刑黑道	病甲	06:47	12:16	17:45	天德,月德,生氣

상강(霜降) 10월 23일 오후 9시 35분

양력	요일	摘要	陰曆	干支	納音	生剋	星宿	建除	九星	黃道黑道	三甲	일출	일중	일몰	중요 신살
24	日	국제연합일	17	丁未	水	寶	昴	收	五黃	朱雀黑道	病甲	06:48	12:16	17:44	全吉日,母倉日
25	月		18	戊申	土	寶	畢	開	四綠	金匱黃道	病甲	06:49	12:16	17:43	天赦日,天賊,復日
26	火	저축의 날	19	己酉	土	寶	觜	閉	三碧	天德黃道	病甲	06:50	12:16	17:41	大明日,天地轉殺
27	水		20	庚戌	金	義	參	建	二黑	白虎黑道	病甲	06:51	12:16	17:40	母倉日,大明日
28	木	교정의 날	21	辛亥	金	寶	井	除	一白	玉堂黃道	病甲	06:52	12:16	17:39	大明日,天恩日
29	金		22	壬子	木	專	鬼	滿	九紫	天牢黑道	病甲	06:53	12:16	17:38	通用吉日,歸忌
30	土		23	癸丑	木	伐	柳	平	八白	玄武黑道	病甲	06:54	12:16	17:37	母倉日,大殺白虎
31	日		24	甲寅	水	專	星	定	七赤	司命黃道	生甲	06:55	12:16	17:35	全吉日,正四廢

(왼쪽 여백) 개천절

(오른쪽 여백) 생갑일 / 사갑일 / 병갑일 / 생갑일

• 이사는 원칙적으로 가주(家主: 집안어른)의 생년을 기준으로 한다. 만약 아버지가 안 계시면 장남(長男)의 생년을 기준으로 하고, 아들이 없으면 어머니의 생년을 기준으로 한다. 집안 식구의 운(運)을 모두 맞출 수는 없기 때문이다(p.22 참조).

❸ 황도일(黃道日)을 구분하여 표시한다.

10月 음력 庚寅年 8월 24일~9월 24일

개천절

양력	요일	摘要	陰曆	干支	納音	生剋	星宿	建除	九星	黃道黑道	三甲	일출	일중	일몰	중요 신살	
1	金	국군의 날	24	甲申	水	伐	鬼	閉	一白	白虎黑道	生甲	06:27	12:22	18:16	月空,伏斷日,金剛殺	
2	土	노인의 날	25	乙酉	水	伐	柳	建	九紫	玉堂黃道	生甲	06:28	12:22	18:15	大空亡,天地轉殺	
3	日		26	丙戌	土	寶	星	除	八白	天牢黑道	生甲	06:29	12:21	18:13	全吉日,大殺白虎	생갑일
4	月		27	丁亥	土	伐	張	滿	七赤	玄武黑道	生甲	06:30	12:21	18:12	驛馬,大明日,重日	
5	火	세계한인의 날	28	戊子	火	制	翼	平	六白	司命黃道	生甲	06:31	12:21	18:10	上樑吉日,定礎吉日	
6	水		29	己丑	火	專	軫	定	五黃	句陳黑道	生甲	06:31	12:20	18:09	母倉日,通用吉日	
7	木		30	庚寅	木	制	角	執	四綠	青龍黃道	生甲	06:32	12:20	18:07	全吉日,小耗,歸忌	
8	金	음력9월(小),제향군인의날	1	辛卯	木	制	亢	破	三碧	句陳黑道	生甲	합삭 03:44			通用吉日,金剛殺	

한로(寒露) 10월 8일 오후 6시 26분 丙戌月

09	土	한글날	2	壬辰	水	伐	氐	破	二黑	青龍黃道	生甲	06:34	12:19	18:04	大明日,母倉日	
10	日	임산부의 날	3	癸巳	水	制	房	危	一白	明堂黃道	生甲	06:35	12:19	18:03	陰陽不將,大空亡	
11	月		4	甲午	金	寶	心	成	九紫	天刑黑道	死甲	06:36	12:19	18:01	大空亡,生氣	
12	火		5	乙未	金	制	尾	收	八白	朱雀黑道	死甲	06:37	12:19	18:00	大明日,大殺白虎	
13	水		6	丙申	火	制	箕	開	七赤	金匱黃道	死甲	06:38	12:18	17:58	月德,天德,天賊	
14	木		7	丁酉	火	制	斗	閉	六白	天德黃道	死甲	06:39	12:18	17:57	全吉日,天地轉殺	
15	金	체육의 날	8	戊戌	木	專	牛	建	五黃	白虎黑道	死甲	06:40	12:18	17:56	母倉日,復日	사갑일
16	土	문화의날,중양절(重陽節)	9	己亥	木	制	女	除	四綠	玉堂黃道	死甲	06:41	12:18	17:54	開店開業日,復日	
17	日		10	庚子	土	寶	虛	滿	三碧	天牢黑道	死甲	06:42	12:18	17:53	全吉日,伏斷日	
18	月		11	辛丑	土	義	危	平	二黑	玄武黑道	死甲	06:43	12:17	17:52	母倉日,河魁,天罡	
19	火		12	壬寅	金	寶	室	定	一白	司命黃道	死甲	06:43	12:17	17:50	大明日,大空亡	
20	水	토왕용사일(21:11)	13	癸卯	金	寶	壁	執	九紫	句陳黑道	死甲	06:44	12:17	17:49	通用吉日,大空亡	
21	木	경찰의 날	14	甲辰	火	制	奎	破	八白	青龍黃道	病甲	06:45	12:17	17:48	母倉日,大殺白虎	
22	金		15	乙巳	火	寶	婁	危	七赤	明堂黃道	病甲	06:46	12:17	17:46	通用吉日,金剛殺	
23	土		16	丙午	水	專	胃	成	六白	天刑黑道	病甲	06:47	12:16	17:45	天德,月德,生氣	

상강(霜降) 10월 23일 오후 9시 35분

24	日	국제연합일	17	丁未	水	寶	昴	收	五黃	朱雀黑道	病甲	06:48	12:16	17:44	全吉日,母倉日	
25	月		18	戊申	土	寶	畢	開	四綠	金匱黃道	病甲	06:49	12:16	17:43	天赦日,天賊,復日	
26	火	저축의 날	19	己酉	土	寶	觜	閉	三碧	天德黃道	病甲	06:50	12:16	17:41	大明日,天地轉殺	
27	水		20	庚戌	金	義	參	建	二黑	白虎黑道	病甲	06:51	12:16	17:40	母倉日,大明日	병갑일
28	木	교정의 날	21	辛亥	金	寶	井	除	一白	玉堂黃道	病甲	06:52	12:16	17:39	大明日,天恩日	
29	金		22	壬子	木	專	鬼	滿	九紫	天牢黑道	病甲	06:53	12:16	17:38	通用吉日,歸忌	
30	土		23	癸丑	木	伐	柳	平	八白	玄武黑道	病甲	06:54	12:16	17:37	母倉日,大殺白虎	
31	日		24	甲寅	水	專	星	定	七赤	司命黃道	生甲	06:55	12:16	17:35	全吉日,正四廢	생갑일

• 황도는 양택 · 음택행사에 모두 사용한다. 부득이한 경우에는 황도일만 가려 써도 무방하다고 하지만 양택행사에서는 생기 · 천의 · 복덕일을 겸하는 것을 최상의 택일로 여긴다(p.25 참조).

❹ 구성(九星)을 구분하여 표시한다.

10月　음력 庚寅年 8월 24일 ~ 9월 24일

양력일	요일	摘要	陰曆	干支	納音	生剋	星宿	建除	九星	黃道黑道	三甲	일출	일중	일몰	중요신살
1	金	국군의 날	24	甲申	水	伐	鬼	閉	一白	白虎黑道	生甲	06:27	12:22	18:16	月空,伏斷日,金剛殺
2	土	노인의 날	25	乙酉	水	伐	柳	建	九紫	玉堂黃道	生甲	06:28	12:22	18:15	大空亡,天地轉殺
3	日		26	丙戌	土	寶	星	除	八白	天牢黑道	生甲	06:29	12:21	18:13	全吉日,大殺白虎
4	月		27	丁亥	火	伐	張	滿	七赤	玄武黑道	生甲	06:30	12:21	18:12	驛馬,大明日,重日
5	火	세계한인의 날	28	戊子	火	制	翼	平	六白	司命黃道	生甲	06:31	12:21	18:10	上樑吉日,定礎吉日
6	水		29	己丑	火	專	軫	定	五黃	句陳黑道	生甲	06:31	12:20	18:09	母倉日,通用吉日
7	木		30	庚寅	木	制	角	執	四綠	青龍黃道	生甲	06:32	12:20	18:07	全吉日,小耗,歸忌
8	金	음력9월(小),재향군인의 날	1	辛卯	木	制	亢	執	三碧	句陳黑道	生甲	합삭 03:44			通用吉日,金剛殺

개천절 (3일)

생갑일

한로(寒露)　10월 8일　오후 6시 26분　丙戌月

09	土	한글날	2	壬辰	水	伐	氐	破	二黑	青龍黃道	生甲	06:34	12:19	18:04	大明日,母倉日
10	日	임산부의 날	3	癸巳	水	制	房	危	一白	明堂黃道	生甲	06:35	12:19	18:03	陰陽不將,大空亡
11	月		4	甲午	金	寶	心	成	九紫	天刑黑道	死甲	06:36	12:19	18:01	大空亡,生氣
12	火		5	乙未	金	制	尾	收	八白	朱雀黑道	死甲	06:37	12:19	18:00	大明日,大殺白虎
13	水		6	丙申	火	制	箕	開	七赤	金匱黃道	死甲	06:38	12:18	17:58	月德,天德,天賊
14	木		7	丁酉	火	制	斗	閉	六白	天德黃道	死甲	06:39	12:18	17:57	全吉日,天地轉殺
15	金	체육의 날	8	戊戌	木	專	牛	建	五黃	白虎黑道	死甲	06:40	12:18	17:56	母倉日,復日
16	土	문화의날,중양절(重陽節)	9	己亥	木	制	女	除	四綠	玉堂黃道	死甲	06:41	12:18	17:54	開店開業日,復日
17	日		10	庚子	土	寶	虛	滿	三碧	天牢黑道	死甲	06:42	12:18	17:53	全吉日,伏斷日
18	月		11	辛丑	土	義	危	平	二黑	玄武黑道	死甲	06:43	12:17	17:52	母倉日,河魁,天罡
19	火		12	壬寅	金	寶	室	定	一白	司命黃道	死甲	06:43	12:17	17:50	大明日,大空亡
20	水	토왕용사일(21:11)	13	癸卯	金	寶	壁	執	九紫	句陳黑道	死甲	06:44	12:17	17:49	通用吉日,大空亡

사갑일

21	木	경찰의 날	14	甲辰	火	制	奎	破	八白	青龍黃道	病甲	06:45	12:17	17:48	母倉日,大殺白虎
22	金		15	乙巳	火	寶	婁	危	七赤	明堂黃道	病甲	06:46	12:17	17:46	通用吉日,金剛殺
23	土		16	丙午	水	專	胃	成	六白	天刑黑道	病甲	06:47	12:16	17:45	天德,月德,生氣

상강(霜降)　10월 23일　오후 9시 35분

24	日	국제연합일	17	丁未	水	寶	昴	收	五黃	朱雀黑道	病甲	06:48	12:16	17:44	全吉日,母倉日
25	月		18	戊申	土	寶	畢	開	四綠	金匱黃道	病甲	06:49	12:16	17:43	天赦日,天賊,復日
26	火	저축의 날	19	己酉	土	寶	觜	閉	三碧	天德黃道	病甲	06:50	12:16	17:41	大明日,天地轉殺
27	水		20	庚戌	金	義	參	建	二黑	白虎黑道	病甲	06:51	12:16	17:40	母倉日,大明日
28	木	교정의 날	21	辛亥	金	寶	井	除	一白	玉堂黃道	病甲	06:52	12:16	17:39	大明日,天恩日
29	金		22	壬子	木	專	鬼	滿	九紫	天牢黑道	病甲	06:53	12:16	17:38	通用吉日,歸忌
30	土		23	癸丑	木	伐	柳	平	八白	玄武黑道	病甲	06:54	12:16	17:37	母倉日,大殺白虎
31	日		24	甲寅	水	專	星	定	七赤	司命黃道	生甲	06:55	12:16	17:35	全吉日,正四廢

병갑일 / 생갑일

• 구성(九星)에서 삼백[일백·육백·팔백]은 길(吉)하고, 구자(九紫)는 평(平)하다고 한다. 그러나 양택행사에서는 구자(九紫)를 사용하지 않으며 음택행사에서만 구자(九紫)를 삼백과 함께 사용한다(p.38 참조).

❺ 이십팔수(二十八宿)에서 칠살일(七殺日)을 구분하여 표시한다.

10月   음력 庚寅年 8월 24일 ~ 9월 24일

개천절

양력	요일	摘要	陰曆	干支	納音	生剋	星宿	建除	九星	黃道黑道	三甲	일출	일중	일몰	중요 신살	
1	金	국군의 날	24	甲申	水	伐	鬼	閉	一白	白虎黑道	生甲	06:27	12:22	18:16	月空,伏斷日,金剛殺	
2	土	노인의 날	25	乙酉	水	伐	柳	建	九紫	玉堂黃道	生甲	06:28	12:22	18:15	大空亡,天地轉殺	
3	日		26	丙戌	土	寶	星	除	八白	天牢黑道	生甲	06:29	12:21	18:13	全吉日,大殺白虎	
4	月		27	丁亥	土	伐	張	滿	七赤	玄冥黑道	生甲	06:30	12:21	18:12	驛馬,大明日,重日	생갑일
5	火	세계한인의 날	28	戊子	火	制	翼	平	六白	司命黃道	生甲	06:31	12:21	18:10	上樑吉日,定礎吉日	
6	水		29	己丑	火	專	軫	定	五黃	句陳黑道	生甲	06:31	12:20	18:09	母倉日,通用吉日	
7	木		30	庚寅	木	制	角	執	四綠	青龍黃道	生甲	06:32	12:20	18:07	全吉日,小耗,歸忌	
8	金	음력9월(小),재향군인의날	1	辛卯	木	制	亢	破	三碧	句陳黑道	生甲	합삭 03:44			通用吉日,金剛殺	

한로(寒露) 10월 8일 오후 6시 26분 丙戌月

09	土	한글날	2	壬辰	水	伐	氐	破	二黑	青龍黃道	生甲	06:34	12:19	18:04	大明日,母倉日	
10	日	임산부의 날	3	癸巳	水	制	房	危	一白	明堂黃道	生甲	06:35	12:19	18:03	陰陽不將,大空亡	
11	月		4	甲午	金	寶	心	成	九紫	天刑黑道	死甲	06:36	12:19	18:01	大空亡,生氣	
12	火		5	乙未	金	制	尾	收	八白	朱雀黑道	死甲	06:37	12:19	18:00	大明日,大殺白虎	
13	水		6	丙申	火	制	箕	開	七赤	金匱黃道	死甲	06:38	12:18	17:58	月德,天德,天賊	
14	木		7	丁酉	火	制	斗	閉	六白	天德黃道	死甲	06:39	12:18	17:57	全吉日,天地轉殺	
15	金	체육의 날	8	戊戌	木	專	牛	建	五黃	白虎黑道	死甲	06:40	12:18	17:56	母倉日,復日	사갑일
16	土	문화의날,중양절(重陽節)	9	己亥	木	制	女	除	四綠	玉堂黃道	死甲	06:41	12:18	17:54	開店開業日,復日	
17	日		10	庚子	土	寶	虛	滿	三碧	天牢黑道	死甲	06:42	12:18	17:53	全吉日,伏斷日	
18	月		11	辛丑	土	義	危	平	二黑	玄武黑道	死甲	06:43	12:17	17:52	母倉日,河魁,天罡	
19	火		12	壬寅	金	寶	室	定	一白	司命黃道	死甲	06:43	12:17	17:50	大明日,大空亡	
20	水	토왕용사일(21:11)	13	癸卯	金	寶	壁	執	九紫	句陳黑道	死甲	06:44	12:17	17:49	通用吉日,大空亡	
21	木	경찰의 날	14	甲辰	火	制	奎	破	八白	青龍黃道	病甲	06:45	12:17	17:48	母倉日,大殺白虎	
22	金		15	乙巳	火	寶	婁	危	七赤	明堂黃道	病甲	06:46	12:17	17:46	通用吉日,金剛殺	
23	土		16	丙午	水	專	胃	成	六白	天刑黑道	病甲	06:47	12:16	17:45	天德,月德,生氣	

상강(霜降) 10월 23일 오후 9시 35분

24	日	국제연합일	17	丁未	水	寶	昴	收	五黃	朱雀黑道	病甲	06:48	12:16	17:44	全吉日,母倉日	
25	月		18	戊申	土	寶	畢	開	四綠	金匱黃道	病甲	06:49	12:16	17:43	天赦日,天賊,復日	
26	火	저축의 날	19	己酉	土	寶	觜	閉	三碧	天德黃道	病甲	06:50	12:16	17:41	大明日,天地轉殺	병갑일
27	水		20	庚戌	金	義	參	建	二黑	白虎黑道	病甲	06:51	12:16	17:40	母倉日,大明日	
28	木	교정의 날	21	辛亥	金	寶	井	除	一白	玉堂黃道	病甲	06:52	12:16	17:39	大明日,天恩日	
29	金		22	壬子	木	專	鬼	滿	九紫	天牢黑道	病甲	06:53	12:16	17:38	通用吉日,歸忌	
30	土		23	癸丑	木	伐	柳	平	八白	玄武黑道	病甲	06:54	12:16	17:37	母倉日,大殺白虎	
31	日		24	甲寅	水	專	星	定	七赤	司命黃道	生甲	06:55	12:16	17:35	全吉日,正四廢	생갑일

• 이십팔수에서 칠살일은 흉신일로 내용에 관계없이 흉일로 간주한다. 각(角)·항(亢)·우(牛)·규(奎)·루(婁)·귀(鬼)·성(星)이 칠살일에 해당한다. 칠살일은 양택·음택행사에 모두 사용한다(p.27 참조).

❻ 이십팔수(二十八宿)에서 이사에 흉(凶)한 날을 구분하여 표시한다.

10月

음력 庚寅年 8월 24일~9월 24일

양력	요일	摘要	陰曆	干支	納音	生剋	星宿	建除	九星	黃道黑道	三甲	일출	일중	일몰	중요 신살
1	金	국군의 날	24	甲申	水	伐	鬼	閉	一白	白虎黑道	生甲	06:27	12:22	18:16	月空, 伏斷日, 金剛殺
2	土	노인의 날	25	乙酉	水	伐	柳	建	九紫	玉堂黃道	生甲	06:28	12:22	18:15	大空亡, 天地轉殺
3	日		26	丙戌	土	寶	星	除	八白	天牢黑道	生甲	06:29	12:21	18:13	全吉日, 大殺白虎
4	月		27	丁亥	土	伐	張	滿	七赤	玄武黑道	生甲	06:30	12:21	18:12	驛馬, 大明日, 重日
5	火	세계한인의 날	28	戊子	火	制	翼	平	六白	司命黃道	生甲	06:31	12:21	18:10	上樑吉日, 定礎吉日
6	水		29	己丑	火	專	軫	定	五黃	句陳黑道	生甲	06:31	12:20	18:09	母倉日, 通用吉日
7	木		30	庚寅	木	制	角	執	四綠	青龍黃道	生甲	06:32	12:20	18:07	全吉日, 小耗, 歸忌
8	金	음력9월(小), 재향군인의 날	1	辛卯	木	制	亢	執	三碧	句陳黑道	生甲		합삭 03:44		通用吉日, 金剛殺

개천절

생갑일

한로(寒露) 10월 8일 오후 6시 26분 丙戌月

09	土	한글날	2	壬辰	水	伐	氐	破	二黑	青龍黃道	生甲	06:34	12:19	18:04	大明日, 母倉日
10	日	임산부의 날	3	癸巳	水	制	房	危	一白	明堂黃道	生甲	06:35	12:19	18:03	陰陽不將, 大空亡
11	月		4	甲午	金	制	心	成	九紫	天刑黑道	死甲	06:36	12:19	18:01	大空亡, 生氣
12	火		5	乙未	金	制	尾	收	八白	朱雀黑道	死甲	06:37	12:19	18:00	大明日, 大殺白虎
13	水		6	丙申	火	制	箕	開	七赤	金匱黃道	死甲	06:38	12:18	17:58	月德, 天德, 天賊
14	木		7	丁酉	火	制	斗	閉	六白	天德黃道	死甲	06:39	12:18	17:57	全吉日, 天地轉殺
15	金	체육의 날	8	戊戌	木	專	牛	建	五黃	白虎黑道	死甲	06:40	12:18	17:56	母倉日, 復日
16	土	문화의 날,중양절(重陽節)	9	己亥	木	制	女	除	四綠	玉堂黃道	死甲	06:18	12:18	17:54	開店開業日, 復日
17	日		10	庚子	土	寶	虛	滿	三碧	天牢黑道	死甲	06:42	12:18	17:53	全吉日, 伏斷日
18	月		11	辛丑	土	義	危	平	二黑	玄武黑道	死甲	06:43	12:17	17:52	母倉日, 河魁, 天罡
19	火		12	壬寅	金	寶	室	定	一白	司命黃道	死甲	06:43	12:17	17:50	大明日, 大空亡
20	水	토왕용사일(21:11)	13	癸卯	金	寶	壁	執	九紫	句陳黑道	死甲	06:44	12:17	17:49	通用吉日, 大空亡
21	木	경찰의 날	14	甲辰	火	制	奎	破	八白	青龍黃道	病甲	06:45	12:17	17:48	母倉日, 大殺白虎
22	金		15	乙巳	火	寶	婁	危	七赤	明堂黃道	病甲	06:46	12:17	17:46	通用吉日, 金剛殺
23	土		16	丙午	水	專	胃	成	六白	天刑黑道	病甲	06:47	12:16	17:45	天德, 月德, 生氣

사갑일

상강(霜降) 10월 23일 오후 9시 35분

24	日	국제연합일	17	丁未	水	寶	昴	收	五黃	朱雀黑道	病甲	06:48	12:16	17:44	全吉日, 母倉日
25	月		18	戊申	土	寶	畢	開	四綠	金匱黃道	病甲	06:49	12:16	17:43	天赦日, 天賊, 復日
26	火	저축의 날	19	己酉	土	寶	觜	閉	三碧	天德黃道	病甲	06:50	12:16	17:41	大明日, 天地轉殺
27	水		20	庚戌	金	義	參	建	二黑	白虎黑道	病甲	06:51	12:16	17:40	母倉日, 大明日
28	木	교정의 날	21	辛亥	金	寶	井	除	一白	玉堂黃道	病甲	06:52	12:16	17:39	大明日, 天恩日
29	金		22	壬子	木	專	鬼	滿	九紫	天牢黑道	病甲	06:53	12:16	17:38	通用吉日, 歸忌
30	土		23	癸丑	木	伐	柳	平	八白	玄武黑道	病甲	06:54	12:16	17:37	母倉日, 大殺白虎
31	日		24	甲寅	水	專	星	定	七赤	司命黃道	生甲	06:55	12:16	17:35	全吉日, 正四廢

병갑일

생갑일

• 이십팔수에서 이사에 흉(凶)한 날은 심(心)·여(女)·위(危)·묘(昴)·자(觜)·삼(參)·류(柳)·익(翼)에 해당하는 날이다(p.27 참조).

❼ 이십팔수(二十八宿)에서 이사에 길(吉)한 날을 구분하여 표시한다.

10月 음력 庚寅年 8월 24일~9월 24일

양력	요일	摘要	陰曆	干支	納音	生剋	星宿	建除	九星	黃道黑道	三甲	일출	일중	일몰	중요 신살
1	金	국군의 날	24	甲申	水	伐	鬼	閉	一白	白虎黑道	生甲	06:27	12:22	18:16	月空, 伏斷日, 金剛殺
2	土	노인의 날	25	乙酉	水	伐	柳	建	九紫	玉堂黃道	生甲	06:28	12:22	18:15	大空亡, 天地轉殺
3	日		26	丙戌	土	伐	星	除	八白	天牢黑道	生甲	06:29	12:21	18:13	全吉日, 大殺白虎
4	月		27	丁亥	土	伐	張	滿	七赤	玄武黑道	生甲	06:30	12:21	18:12	驛馬, 大明日, 重日
5	火	세계한인의 날	28	戊子	火	制	翼	平	六白	司命黃道	生甲	06:31	12:21	18:10	上樑吉日, 定礎吉日
6	水		29	己丑	火	專	軫	定	五黃	句陳黑道	生甲	06:31	12:20	18:09	母倉日, 通用吉日
7	木		30	庚寅	木	制	角	執	四綠	青龍黃道	生甲	06:32	12:20	18:07	全吉日, 小耗, 歸忌
8	金	음력9월(小), 재향군인의 날	1	辛卯	木	制	亢	執	三碧	句陳黑道	生甲	합삭 03:44			通用吉日, 金剛殺

한로(寒露) 10월 8일 오후 6시 26분 丙戌月

양력	요일	摘要	陰曆	干支	納音	生剋	星宿	建除	九星	黃道黑道	三甲	일출	일중	일몰	중요 신살
09	土	한글날	2	壬辰	水	伐	氐	破	二黑	青龍黃道	生甲	06:34	12:19	18:04	大明日, 母倉日
10	日	임산부의 날	3	癸巳	水	制	房	危	一白	明堂黃道	生甲	06:35	12:19	18:03	陰陽不將, 大空亡
11	月		4	甲午	金	寶	心	成	九紫	天刑黑道	死甲	06:36	12:19	18:01	大空亡, 生氣
12	火		5	乙未	金	制	尾	收	八白	朱雀黑道	死甲	06:37	12:19	18:00	大明日, 大殺白虎
13	水		6	丙申	火	伐	箕	開	七赤	金匱黃道	死甲	06:38	12:18	17:58	月德, 天德, 天賊
14	木		7	丁酉	火	伐	斗	閉	六白	天德黃道	死甲	06:39	12:18	17:57	全吉日, 天地轉殺
15	金	체육의 날	8	戊戌	木	專	牛	建	五黃	白虎黑道	死甲	06:40	12:18	17:56	母倉日, 復日
16	土	문화의날, 중양절(重陽節)	9	己亥	木	制	女	除	四綠	玉堂黃道	死甲	06:41	12:18	17:54	開店開業日, 復日
17	日		10	庚子	土	寶	虛	滿	三碧	天牢黑道	死甲	06:42	12:18	17:53	全吉日, 伏斷日
18	月		11	辛丑	土	義	危	平	二黑	玄武黑道	死甲	06:43	12:17	17:52	母倉日, 河魁, 天罡
19	火		12	壬寅	金	寶	室	定	一白	司命黃道	死甲	06:43	12:17	17:50	大明日, 大空亡
20	水	토왕용사일(21:11)	13	癸卯	金	寶	壁	執	九紫	句陳黑道	死甲	06:44	12:17	17:49	通用吉日, 大空亡
21	木	경찰의 날	14	甲辰	火	寶	奎	破	八白	青龍黃道	病甲	06:45	12:17	17:48	母倉日, 大殺白虎
22	金		15	乙巳	火	寶	婁	危	七赤	明堂黃道	病甲	06:46	12:17	17:46	通用吉日, 金剛殺
23	土		16	丙午	水	寶	胃	成	六白	天刑黑道	病甲	06:47	12:16	17:45	天德, 月德, 生氣

상강(霜降) 10월 23일 오후 9시 35분

양력	요일	摘要	陰曆	干支	納音	生剋	星宿	建除	九星	黃道黑道	三甲	일출	일중	일몰	중요 신살
24	日	국제연합일	17	丁未	水	寶	昴	收	五黃	朱雀黑道	病甲	06:48	12:16	17:44	全吉日, 母倉日
25	月		18	戊申	土	寶	畢	開	四綠	金匱黃道	病甲	06:49	12:16	17:43	天赦日, 天賊, 復日
26	火	저축의 날	19	己酉	土	寶	觜	閉	三碧	天德黃道	病甲	06:50	12:16	17:41	大明日, 天地轉殺
27	水		20	庚戌	金	義	參	建	二黑	白虎黑道	病甲	06:51	12:16	17:40	母倉日, 大明日
28	木	교정의 날	21	辛亥	金	義	井	除	一白	玉堂黃道	病甲	06:52	12:16	17:39	大明日, 天恩日
29	金		22	壬子	木	寶	鬼	滿	九紫	天牢黑道	病甲	06:53	12:16	17:38	通用吉日, 歸忌
30	土		23	癸丑	木	寶	柳	平	八白	玄武黑道	病甲	06:54	12:16	17:37	母倉日, 大殺白虎
31	日		24	甲寅	水	專	星	定	七赤	司命黃道	生甲	06:55	12:16	17:35	全吉日, 正四廢

(왼쪽 여백: 개천절 — 오른쪽 여백: 생갑일 (1~10일), 사갑일 (11~20일), 병갑일 (21~30일), 생갑일 (31일))

• 이십팔수에서 이사에 길(吉)한 날은 저(氐)·방(房)·미(尾)·기(箕)·두(斗)·허(虛)·실(室)·벽(壁)·위(胃)·필(畢)·정(井)·장(張)·진(軫)에 해당하는 날이다(p.27 참조).

❽ 건제십이신(建除十二神)에서 이사에 꺼리는 흉신(凶神)을 구분하여 표시한다.

10月 음력 庚寅年 8월 24일~9월 24일

양력	요일	摘要	陰曆	干支	納音	生剋	星宿	建除	九星	黃道黑道	三甲	일출	일중	일몰	중요 신살
1	金	국군의 날	24	甲申	水	伐	鬼	閉	一白	白虎黑道	生甲	06:27	12:22	18:16	月空,伏斷日,金剛殺
2	土	노인의 날	25	乙酉	水	伐	柳	建	九紫	玉堂黃道	生甲	06:28	12:22	18:15	大空亡,天地轉殺
3	日		26	丙戌	土	寶	星	除	八白	天牢黑道	生甲	06:29	12:21	18:13	全吉日,大殺白虎
4	月		27	丁亥	土	伐	張	滿	七赤	玄武黑道	生甲	06:30	12:21	18:12	驛馬,大明日,重日
5	火	세계한인의 날	28	戊子	火	制	翼	平	六白	司命黃道	生甲	06:31	12:21	18:10	上樑吉日,定礎吉日
6	水		29	己丑	火	專	軫	定	五黃	句陳黑道	生甲	06:31	12:20	18:09	受會日,通用吉日
7	木		30	庚寅	木	制	角	執	四綠	青龍黃道	生甲	06:32	12:20	18:07	全吉日,小耗,歸忌
8	金	음력9월(小),재향군인의날	1	辛卯	木	制	亢	執	三碧	句陳黑道	生甲	합삭 03:44			通用吉日,金剛殺

한로(寒露) 10월 8일 오후6시 26분 丙戌月

양력	요일	摘要	陰曆	干支	納音	生剋	星宿	建除	九星	黃道黑道	三甲	일출	일중	일몰	중요 신살
09	土	한글날	2	壬辰	水	伐	氐	破	二黑	青龍黃道	生甲	06:34	12:19	18:04	大明日,母倉日
10	日	임산부의 날	3	癸巳	水	制	房	危	一白	明堂黃道	生甲	06:35	12:19	18:03	陰陽不將,大空亡
11	月		4	甲午	金	寶	心	成	九紫	天刑黑道	死甲	06:36	12:19	18:01	大空亡,生氣
12	火		5	乙未	金	制	尾	收	八白	朱雀黑道	死甲	06:37	12:19	18:00	大明日,大殺白虎
13	水		6	丙申	火	制	箕	開	七赤	金匱黃道	死甲	06:38	12:18	17:58	月德,天德,天賊
14	木		7	丁酉	火	制	斗	閉	六白	天德黃道	死甲	06:39	12:18	17:57	全吉日,天地轉殺
15	金	체육의 날	8	戊戌	木	專	牛	建	五黃	白虎黑道	死甲	06:40	12:18	17:56	受會日,復日
16	土	문화의 날,중양절(重陽節)	9	己亥	木	制	女	除	四綠	玉堂黃道	死甲	06:41	12:18	17:54	開店開業日,復日
17	日		10	庚子	土	寶	虛	滿	三碧	天牢黑道	死甲	06:42	12:18	17:53	全吉日,伏斷日
18	月		11	辛丑	土	義	危	平	二黑	玄武黑道	死甲	06:43	12:17	17:52	母倉日,河魁,天罡
19	火		12	壬寅	金	寶	室	定	一白	司命黃道	死甲	06:43	12:17	17:50	大明日,大空亡
20	水	토왕용사일(21:11)	13	癸卯	金	寶	壁	執	九紫	句陳黑道	死甲	06:44	12:17	17:49	通用吉日,大空亡
21	木	경찰의 날	14	甲辰	火	制	奎	破	八白	青龍黃道	病甲	06:45	12:17	17:48	母倉日,大殺白虎
22	金		15	乙巳	火	寶	婁	危	七赤	明堂黃道	病甲	06:46	12:17	17:46	通用吉日,金剛殺
23	土		16	丙午	水	專	胃	成	六白	天刑黑道	病甲	06:47	12:16	17:45	天德,月德,生氣

상강(霜降) 10월 23일 오후9시 35분

양력	요일	摘要	陰曆	干支	納音	生剋	星宿	建除	九星	黃道黑道	三甲	일출	일중	일몰	중요 신살
24	日	국제연합일	17	丁未	水	寶	昴	收	五黃	朱雀黑道	病甲	06:48	12:16	17:44	全吉日,母倉日
25	月		18	戊申	土	寶	畢	開	四綠	金匱黃道	病甲	06:49	12:16	17:43	天赦日,天賊,復日
26	火	저축의 날	19	己酉	土	寶	觜	閉	三碧	天德黃道	病甲	06:50	12:16	17:41	大明日,天地轉殺
27	水		20	庚戌	金	義	參	建	二黑	白虎黑道	病甲	06:51	12:16	17:40	母倉日,大明日
28	木	교정의 날	21	辛亥	金	義	井	除	一白	玉堂黃道	病甲	06:52	12:16	17:39	大明日,天恩日
29	金		22	壬子	木	專	鬼	滿	九紫	天牢黑道	病甲	06:53	12:16	17:38	通用吉日,歸忌
30	土		23	癸丑	木	伐	柳	平	八白	玄武黑道	病甲	06:54	12:16	17:37	母倉日,大殺白虎
31	日		24	甲寅	水	專	星	定	七赤	司命黃道	生甲	06:55	12:16	17:35	全吉日,正四廢

개천절 · 생갑일 · 사갑일 · 병갑일 · 생갑일

• 건제십이신에서 이사에 꺼리는 흉신(凶神)은 제(除)·만(滿)·집(執)·파(破)·폐(閉)이다. 또 이사일에서 기일(忌日)에 해당되는 건(建)·평(平)·수(收)도 흉신이다.(p.28 참조)

❾ 건제십이신(建除十二神)에서 이사에 좋은 길신(吉神)을 구분하여 표시한다.

10月 음력 庚寅年 8월 24일 ~ 9월 24일

양력 일	요일	摘要	陰曆	干支	納音	生剋	星宿	建除	九星	黃道黑道	三甲	일출	일중	일몰	중요 신살	
1	金	국군의 날	24	甲申	水	伐	鬼	閉	一白	白虎黑道	生甲	06:27	12:22	18:16	月空, 伏斷日, 金剛殺	생갑일
2	土	노인의 날	25	乙酉	水	伐	柳	建	九紫	玉堂黃道	生甲	06:28	12:22	18:15	大空亡, 天地轉殺	
3	日		26	丙戌	土	寶	星	除	八白	天牢黑道	生甲	06:29	12:21	18:13	全吉日, 大殺白虎	
4	月		27	丁亥	土	伐	張	滿	七赤	玄武黑道	生甲	06:30	12:21	18:12	驛馬, 大明日, 重日	
5	火	세계한인의 날	28	戊子	火	制	翼	平	六白	司命黃道	生甲	06:31	12:21	18:10	上樑吉日, 定破吉日	
6	水		29	己丑	火	專	軫	定	五黃	句陳黑道	生甲	06:31	12:20	18:09	母倉日, 通用吉日	
7	木		30	庚寅	木	制	角	執	四綠	青龍黃道	生甲	06:32	12:20	18:07	全吉日, 小耗, 歸忌	
8	金	음력9월(小), 재향군인의 날	1	辛卯	木	專	亢	執	三碧	句陳黑道	生甲	합삭 03:44			通用吉日, 金剛殺	

한로(寒露) 10월 8일 오후 6시 26분 丙戌月

양력 일	요일	摘要	陰曆	干支	納音	生剋	星宿	建除	九星	黃道黑道	三甲	일출	일중	일몰	중요 신살	
09	土	한글날	2	壬辰	水	伐	氐	破	二黑	青龍黃道	生甲	06:34	12:19	18:04	大明日, 母倉日	
10	日	임산부의 날	3	癸巳	水	制	房	危	一白	明堂黃道	生甲	06:35	12:19	18:03	陰陽不將, 大空亡	
11	月		4	甲午	金	寶	心	成	九紫	天刑黑道	死甲	06:36	12:19	18:01	大空亡, 生氣	사갑일
12	火		5	乙未	金	制	尾	收	八白	朱雀黑道	死甲	06:37	12:19	18:00	大明日, 大殺白虎	
13	水		6	丙申	火	制	箕	開	七赤	金匱黃道	死甲	06:38	12:18	17:58	月德, 天德, 天賊	
14	木		7	丁酉	火	制	斗	閉	六白	天德黃道	死甲	06:39	12:18	17:57	全吉日, 天地轉殺	
15	金	체육의 날	8	戊戌	木	專	牛	建	五黃	白虎黑道	死甲	06:40	12:18	17:56	母倉日, 復日	
16	土	문화의날, 중양절(重陽節)	9	己亥	木	制	女	除	四綠	玉堂黃道	死甲	06:41	12:18	17:54	開店開業日, 復日	
17	日		10	庚子	土	寶	虛	滿	三碧	天牢黑道	死甲	06:42	12:18	17:53	全吉日, 伏斷日	
18	月		11	辛丑	土	義	危	平	二黑	玄武黑道	死甲	06:43	12:17	17:52	母倉日, 河魁, 天罡	
19	火		12	壬寅	金	寶	室	定	一白	司命黃道	死甲	06:43	12:17	17:50	大明日, 大空亡	
20	水	토왕용사일(21:11)	13	癸卯	金	寶	壁	執	九紫	句陳黑道	死甲	06:44	12:17	17:49	通用吉日, 大空亡	
21	木	경찰의 날	14	甲辰	火	制	奎	破	八白	青龍黃道	病甲	06:45	12:17	17:48	母倉日, 大殺白虎	병갑일
22	金		15	乙巳	火	制	婁	危	七赤	明堂黃道	病甲	06:46	12:17	17:46	通用吉日, 金剛殺	
23	土		16	丙午	水	伐	胃	成	六白	天刑黑道	病甲	06:47	12:16	17:45	天德, 月德, 生氣	

상강(霜降) 10월 23일 오후 9시 35분

양력 일	요일	摘要	陰曆	干支	納音	生剋	星宿	建除	九星	黃道黑道	三甲	일출	일중	일몰	중요 신살	
24	日	국제연합일	17	丁未	水	寶	昴	收	五黃	朱雀黑道	病甲	06:48	12:16	17:44	全吉日, 母倉日	
25	月		18	戊申	土	寶	畢	開	四綠	金匱黃道	病甲	06:49	12:16	17:43	天赦日, 天賊, 復日	
26	火	저축의 날	19	己酉	土	寶	觜	閉	三碧	天德黃道	病甲	06:50	12:16	17:41	大明日, 天地轉殺	
27	水		20	庚戌	金	義	參	建	二黑	白虎黑道	病甲	06:51	12:16	17:40	母倉日, 大明日	
28	木	교정의 날	21	辛亥	金	義	井	除	一白	玉堂黃道	病甲	06:52	12:16	17:39	大明日, 天恩日	
29	金		22	壬子	木	專	鬼	滿	九紫	天牢黑道	病甲	06:53	12:16	17:38	通用吉日, 歸忌	
30	土		23	癸丑	木	伐	柳	平	八白	玄武黑道	病甲	06:54	12:16	17:37	母倉日, 大殺白虎	
31	日		24	甲寅	水	專	星	定	七赤	司命黃道	生甲	06:55	12:16	17:35	全吉日, 正四廢	생갑일

개천절

• 건제십이신에서 이사에 좋은 길신(吉神)은 정(定)·위(危)·성(成)·개(開)이다(p.28 참조).

길일(吉日)의 순서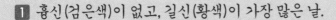

1 흉신(검은색)이 없고, 길신(황색)이 가장 많은 날.

→ 이 경우에 양력 10일이 흉신이 없고 길신이 많아 가장 길한 날이다.

2 흉신이 없고, 길신이 다음으로 많은 날.

→ 양력 6일이 해당되나 흑도일이므로 양력 9일과 양력 31일을 두 번째로 길한 날로 선택하고, 양력 6일을 세 번째로 선택하고자 한다. 이것은 황도일의 영향력이 더 크게 작용하기 때문이다.

3 길신과 흉신이 섞여 있어도 길신이 많은 날.

→ 양력 7일은 복덕일과 황도일을 겸하고 있어서 네 번째로 길한 날로 본다.

음택 2010년 10월 음택행사(陰宅行事)

❶ 삼갑순(三甲旬)을 구분하여 표시한다.

10月　음력 庚寅年 8월 24일 ~ 9월 24일

개천절

양력	요일	摘要	陰曆	干支	納音	生剋	星宿	建除	九星	黃道黑道	三甲	일출	일중	일몰	중요 신살	
1	金	국군의 날	24	甲申	水	伐	鬼	閉	一白	白虎黑道	生甲	06:27	12:22	18:16	月空,伏斷日,金剛殺	생갑일
2	土	노인의 날	25	乙酉	水	伐	柳	建	九紫	玉堂黃道	生甲	06:28	12:22	18:15	大空亡,天地轉殺	
3	日		26	丙戌	土	寶	星	除	八白	天牢黑道	生甲	06:29	12:21	18:13	全吉日,大殺白虎	
4	月		27	丁亥	土	伐	張	滿	七赤	玄武黑道	生甲	06:30	12:21	18:12	驛馬,大明日,重日	
5	火	세계한인의 날	28	戊子	火	制	翼	平	六白	司命黃道	生甲	06:31	12:21	18:10	上樑吉日,定礎吉日	
6	水		29	己丑	火	專	軫	定	五黃	句陳黑道	生甲	06:31	12:20	18:09	母倉日,通用吉日	
7	木		30	庚寅	木	制	角	執	四綠	青龍黃道	生甲	06:32	12:20	18:07	全吉日,小耗,歸忌	
8	金	음력9월(小),재향군인의날	1	辛卯	木	制	亢	執	三碧	句陳黑道	生甲	합삭 03:44			通用吉日,金剛殺	

한로(寒露) 10월 8일 오후 6시 26분 丙戌月

양력	요일	摘要	陰曆	干支	納音	生剋	星宿	建除	九星	黃道黑道	三甲	일출	일중	일몰	중요 신살	
09	土	한글날	2	壬辰	水	伐	氐	破	二黑	青龍黃道	生甲	06:34	12:19	18:04	大明日,母倉日	
10	日	임산부의 날	3	癸巳	水	制	房	危	一白	明堂黃道	生甲	06:35	12:19	18:03	陰陽不將,大空亡	
11	月		4	甲午	金	寶	心	成	九紫	天刑黑道	死甲	06:36	12:19	18:01	大空亡,生氣	사갑일
12	火		5	乙未	金	制	尾	收	八白	朱雀黑道	死甲	06:37	12:19	18:00	大明日,大殺白虎	
13	水		6	丙申	火	制	箕	開	七赤	金匱黃道	死甲	06:38	12:18	17:58	月德,天德,天賊	
14	木		7	丁酉	火	制	斗	閉	六白	天德黃道	死甲	06:39	12:18	17:57	全吉日,天地轉殺	
15	金	체육의 날	8	戊戌	木	專	牛	建	五黃	白虎黑道	死甲	06:40	12:18	17:56	母倉日,復日	
16	土	문화의날,중양절(重陽節)	9	己亥	木	制	女	除	四綠	玉堂黃道	死甲	06:41	12:18	17:54	開店開業日,復日	
17	日		10	庚子	土	寶	虛	滿	三碧	天牢黑道	死甲	06:42	12:18	17:53	全吉日,伏斷日	
18	月		11	辛丑	土	義	危	平	二黑	玄武黑道	死甲	06:43	12:17	17:52	母倉日,河魁,天罡	
19	火		12	壬寅	金	寶	室	定	一白	司命黃道	死甲	06:43	12:17	17:50	大明日,大空亡	
20	水	토왕용사일(21:11)	13	癸卯	金	寶	壁	執	九紫	句陳黑道	死甲	06:44	12:17	17:49	通用吉日,大空亡	
21	木	경찰의 날	14	甲辰	火	制	奎	破	八白	青龍黃道	病甲	06:45	12:17	17:48	母倉日,大殺白虎	병갑일
22	金		15	乙巳	火	寶	婁	危	七赤	明堂黃道	病甲	06:46	12:17	17:46	通用吉日,金剛殺	
23	土		16	丙午	水	專	胃	成	六白	天刑黑道	病甲	06:47	12:16	17:45	天德,月德,生氣	

상강(霜降) 10월 23일 오후 9시 35분

양력	요일	摘要	陰曆	干支	納音	生剋	星宿	建除	九星	黃道黑道	三甲	일출	일중	일몰	중요 신살	
24	日	국제연합일	17	丁未	水	寶	昴	收	五黃	朱雀黑道	病甲	06:48	12:16	17:44	全吉日,母倉日	병갑일
25	月		18	戊申	土	寶	畢	開	四綠	金匱黃道	病甲	06:49	12:16	17:43	天赦日,天賊,復日	
26	火	저축의 날	19	己酉	土	寶	觜	閉	三碧	天德黃道	病甲	06:50	12:16	17:41	大明日,天地轉殺	
27	水		20	庚戌	金	義	參	建	二黑	白虎黑道	病甲	06:51	12:16	17:40	母倉日,大明日	
28	木	교정의 날	21	辛亥	金	寶	井	除	一白	玉堂黃道	病甲	06:52	12:16	17:39	大明日,天恩日	
29	金		22	壬子	木	專	鬼	滿	九紫	天牢黑道	病甲	06:53	12:16	17:38	通用吉日,歸忌	
30	土		23	癸丑	木	伐	柳	平	八白	玄武黑道	病甲	06:54	12:16	17:37	母倉日,大殺白虎	
31	日		24	甲寅	水	專	星	定	七赤	司命黃道	生甲	06:55	12:16	17:35	全吉日,正四廢	생갑일

• 음택행사에는 사갑일이 가장 길하고, 병갑일은 보통이며, 생갑일은 쓰지 않는다(p.29 참조).

❷ 황도일(黃道日)을 구분하여 표시한다.

10月　음력 庚寅年 8월 24일~9월 24일

양력	요일	摘要	陰曆	干支	納音	生剋	星宿	建除	九星	黃道黑道	三甲	일출	일중	일몰	중요신살
1	金	국군의 날	24	甲申	水	伐	鬼	閉	一白	白虎黑道	生甲	06:27	12:22	18:16	月空, 伏斷日, 金剛殺
2	土	노인의 날	25	乙酉	水	伐	柳	建	九紫	玉堂黃道	生甲	06:28	12:22	18:15	大空亡, 天地轉殺
3	日		26	丙戌	土	寶	星	除	八白	天牢黑道	生甲	06:29	12:21	18:13	全吉日, 大殺白虎
4	月		27	丁亥	土	伐	張	滿	七赤	玄武黑道	生甲	06:30	12:21	18:12	驛馬, 大明日, 重日
5	火	세계한인의 날	28	戊子	火	制	翼	平	六白	司命黃道	生甲	06:31	12:21	18:10	上樑吉日, 定礎吉日
6	水		29	己丑	火	專	軫	定	五黃	句陳黑道	生甲	06:31	12:20	18:09	母倉日, 通用吉日
7	木		30	庚寅	木	制	角	執	四綠	青龍黃道	生甲	06:32	12:20	18:07	全吉日, 小耗, 歸忌
8	金	음력9월(小), 제향군인의 날	1	辛卯	木	制	亢	執	三碧	句陳黑道	生甲	합삭 03:44			通用吉日, 金剛殺

한로(寒露)　10월 8일　오후 6시 26분　丙戌月

양력	요일	摘要	陰曆	干支	納音	生剋	星宿	建除	九星	黃道黑道	三甲	일출	일중	일몰	중요신살
09	土	한글날	2	壬辰	水	伐	氐	破	二黑	青龍黃道	生甲	06:34	12:19	18:04	大明日, 母倉日
10	日	임산부의 날	3	癸巳	水	制	房	危	一白	明堂黃道	生甲	06:35	12:19	18:03	陰陽不將, 大空亡
11	月		4	甲午	金	寶	心	成	九紫	天刑黑道	死甲	06:36	12:19	18:01	大空亡, 生氣
12	火		5	乙未	金	制	尾	收	八白	朱雀黑道	死甲	06:37	12:18	18:00	大明日, 大殺白虎
13	水		6	丙申	火	制	箕	開	七赤	金匱黃道	死甲	06:38	12:18	17:58	月德, 天德, 天賊
14	木		7	丁酉	火	制	斗	閉	六白	天德黃道	死甲	06:39	12:18	17:57	全吉日, 天地轉殺
15	金	체육의 날	8	戊戌	木	專	牛	建	五黃	白虎黑道	死甲	06:40	12:18	17:56	母倉日, 復日
16	土	문화의날, 중양절(重陽節)	9	己亥	木	制	女	除	四綠	玉堂黃道	死甲	06:41	12:18	17:54	開店開業日, 復日
17	日		10	庚子	土	寶	虛	滿	三碧	天牢黑道	死甲	06:42	12:18	17:53	全吉日, 伏斷日
18	月		11	辛丑	土	義	危	平	二黑	玄武黑道	死甲	06:43	12:17	17:52	母倉日, 河魁, 天罡
19	火		12	壬寅	金	寶	室	定	一白	司命黃道	死甲	06:43	12:17	17:50	大明日, 大空亡
20	水	토왕용사일(21:11)	13	癸卯	金	寶	壁	執	九紫	句陳黑道	死甲	06:44	12:17	17:49	通用吉日, 大空亡
21	木	경찰의 날	14	甲辰	火	制	奎	破	八白	青龍黃道	病甲	06:45	12:17	17:48	母倉日, 大殺白虎
22	金		15	乙巳	火	寶	婁	危	七赤	明堂黃道	病甲	06:46	12:17	17:46	通用吉日, 金剛殺
23	土		16	丙午	水	專	胃	成	六白	天刑黑道	病甲	06:47	12:16	17:45	天德, 月德, 生氣

상강(霜降)　10월 23일　오후 9시 35분

양력	요일	摘要	陰曆	干支	納音	生剋	星宿	建除	九星	黃道黑道	三甲	일출	일중	일몰	중요신살
24	日	국제연합일	17	丁未	水	寶	昴	收	五黃	朱雀黑道	病甲	06:48	12:16	17:44	全吉日, 母倉日
25	月		18	戊申	土	寶	畢	開	四綠	金匱黃道	病甲	06:49	12:16	17:43	天赦日, 天賊, 復日
26	火	저축의 날	19	己酉	土	寶	觜	閉	三碧	天德黃道	病甲	06:50	12:16	17:41	大明日, 天地轉殺
27	水		20	庚戌	金	義	參	建	二黑	白虎黑道	病甲	06:51	12:16	17:40	母倉日, 大明日
28	木	교정의 날	21	辛亥	金	寶	井	除	一白	玉堂黃道	病甲	06:52	12:16	17:39	大明日, 天恩日
29	金		22	壬子	木	專	鬼	滿	九紫	天牢黑道	病甲	06:53	12:16	17:38	通用吉日, 歸忌
30	土		23	癸丑	木	伐	柳	平	八白	玄武黑道	病甲	06:54	12:16	17:37	母倉日, 大殺白虎
31	日		24	甲寅	水	專	星	定	七赤	司命黃道	生甲	06:55	12:16	17:35	全吉日, 正四廢

개천절 · 생갑일 · 시갑일 · 병갑일 · 생갑일

• 황도일(黃道日)을 구분하여 표시한다. 음택행사에는 생기 · 천의 · 복덕일을 쓰지 않는다(p.25 참조).

❸ 구성(九星)을 구분하여 표시한다.

10月 음력 庚寅年 8월 24일 ~ 9월 24일

양력	요일	摘要	陰曆	干支	納音	生剋	星宿	建除	九星	黃道黑道	三甲	일출	일중	일몰	중요 신살
1	金	국군의 날	24	甲申	水	伐	鬼	閉	一白	白虎黑道	生甲	06:27	12:22	18:16	月空, 伏斷日, 金剛殺
2	土	노인의 날	25	乙酉	水	伐	柳	建	九紫	玉堂黃道	生甲	06:28	12:22	18:15	大空亡, 天地轉殺
3	日		26	丙戌	土	寶	星	除	八白	天牢黑道	生甲	06:29	12:21	18:13	全吉日, 大殺白虎
4	月		27	丁亥	土	伐	張	滿	七赤	玄武黑道	生甲	06:30	12:21	18:12	驛馬, 大明日, 重日
5	火	세계한인의 날	28	戊子	火	制	翼	平	六白	司命黃道	生甲	06:31	12:21	18:10	上樑吉日, 定礎吉日
6	水		29	己丑	火	專	軫	定	五黃	句陳黑道	生甲	06:31	12:20	18:09	母倉日, 通用吉日
7	木		30	庚寅	木	制	角	執	四綠	青龍黃道	生甲	06:32	12:20	18:07	全吉日, 小耗, 歸忌
8	金	음력9월(小), 재향군인의날	1	辛卯	木	制	亢	執	三碧	句陳黑道	生甲	합삭 03:44			通用吉日, 金剛殺

한로(寒露) 10월 8일 오후 6시 26분 丙戌月

양력	요일	摘要	陰曆	干支	納音	生剋	星宿	建除	九星	黃道黑道	三甲	일출	일중	일몰	중요 신살
09	土	한글날	2	壬辰	水	伐	氐	破	二黑	青龍黃道	生甲	06:34	12:19	18:04	大明日, 母倉日
10	日	임산부의 날	3	癸巳	水	制	房	危	一白	明堂黃道	生甲	06:35	12:19	18:03	陰陽不將, 大空亡
11	月		4	甲午	金	寶	心	成	九紫	天刑黑道	死甲	06:36	12:19	18:01	大空亡, 生氣
12	火		5	乙未	金	制	尾	收	八白	朱雀黑道	死甲	06:37	12:19	18:00	大明日, 大殺白虎
13	水		6	丙申	火	制	箕	開	七赤	金匱黃道	死甲	06:38	12:18	17:58	月德, 天德, 天賊
14	木		7	丁酉	火	制	斗	閉	六白	天德黃道	死甲	06:39	12:18	17:57	全吉日, 天地轉殺
15	金	체육의 날	8	戊戌	木	專	牛	建	五黃	白虎黑道	死甲	06:40	12:18	17:56	母倉日, 復日
16	土	문화의날, 중양절(重陽節)	9	己亥	木	專	女	除	四綠	玉堂黃道	死甲	06:41	12:18	17:54	開店開業日, 復日
17	日		10	庚子	土	寶	虛	滿	三碧	天牢黑道	死甲	06:42	12:18	17:53	全吉日, 伏斷日
18	月		11	辛丑	土	義	危	平	二黑	玄武黑道	死甲	06:43	12:17	17:52	母倉日, 河魁, 天罡
19	火		12	壬寅	金	寶	室	定	一白	司命黃道	死甲	06:43	12:17	17:50	大明日, 大空亡
20	水	토왕용사일(21:11)	13	癸卯	金	寶	壁	執	九紫	句陳黑道	死甲	06:44	12:17	17:49	通用吉日, 大空亡
21	木	경찰의 날	14	甲辰	火	制	奎	破	八白	青龍黃道	病甲	06:45	12:17	17:48	母倉日, 大殺白虎
22	金		15	乙巳	火	寶	婁	危	七赤	明堂黃道	病甲	06:46	12:17	17:46	通用吉日, 金剛殺
23	土		16	丙午	水	專	胃	成	六白	天刑黑道	病甲	06:47	12:16	17:45	天德, 月德, 生氣

상강(霜降) 10월 23일 오후 9시 35분

양력	요일	摘要	陰曆	干支	納音	生剋	星宿	建除	九星	黃道黑道	三甲	일출	일중	일몰	중요 신살
24	日	국제연합일	17	丁未	水	寶	昴	收	五黃	朱雀黑道	病甲	06:48	12:16	17:44	全吉日, 母倉日
25	月		18	戊申	土	寶	畢	開	四綠	金匱黃道	病甲	06:49	12:16	17:43	天赦日, 天賊, 復日
26	火	저축의 날	19	己酉	土	寶	觜	閉	三碧	天德黃道	病甲	06:50	12:16	17:41	大明日, 天地轉殺
27	水		20	庚戌	金	義	參	建	二黑	白虎黑道	病甲	06:51	12:16	17:40	母倉日, 大明日
28	木	교정의 날	21	辛亥	金	寶	井	除	一白	玉堂黃道	病甲	06:52	12:16	17:39	大明日, 天恩日
29	金		22	壬子	木	專	鬼	滿	九紫	天牢黑道	病甲	06:53	12:16	17:38	通用吉日, 歸忌
30	土		23	癸丑	木	伐	柳	平	八白	玄武黑道	病甲	06:54	12:16	17:37	母倉日, 大殺白虎
31	日		24	甲寅	水	專	星	定	七赤	司命黃道	生甲	06:55	12:16	17:35	全吉日, 正四廢

개천절 / 생갑일 / 사갑일 / 병갑일 / 생갑일

- 구성을 표시한다. 양택행사에는 삼백(三白: 一白·六白·八白)만 사용하였으나 음택행사에는 구자(九紫)를 포함한다(p.38 참조).

10月

음력 庚寅年 8월 24일 ~ 9월 24일

양력	요일	摘要	陰曆	干支	納音	生剋	星宿	建除	九星	黄道黑道	三甲	일출	일중	일몰	중요 신살
1	金	국군의 날	24	甲申	水	伐	鬼	閉	一白	白虎黑道	生甲	06:27	12:22	18:16	月空, 伏斷日, 金剛殺
2	土	노인의 날	25	乙酉	水	伐	柳	建	九紫	玉堂黄道	生甲	06:28	12:22	18:15	大空亡, 天地轉殺
3	日		26	丙戌	土	寶	星	除	八白	天牢黑道	生甲	06:29	12:21	18:13	全吉日, 大殺白虎
4	月		27	丁亥	土	伐	張	滿	七赤	玄武黑道	生甲	06:30	12:21	18:12	驛馬, 大明日, 重日
5	火	세계한인의 날	28	戊子	火	制	翼	平	六白	司命黄道	生甲	06:31	12:21	18:10	上樑吉日, 定礎吉日
6	水		29	己丑	火	專	軫	定	五黄	勾陳黑道	生甲	06:31	12:20	18:09	母倉日, 通用吉日
7	木		30	庚寅	木	制	角	執	四綠	青龍黄道	生甲	06:32	12:20	18:07	全吉日, 小耗, 歸忌
8	金	음력9월(小), 재향군인의 날	1	辛卯	木	制	亢	破	三碧	勾陳黑道	生甲	합삭 03:44			通用吉日, 金剛殺

한로(寒露) 10월 8일 오후 6시 26분 丙戌月

양력	요일	摘要	陰曆	干支	納音	生剋	星宿	建除	九星	黄道黑道	三甲	일출	일중	일몰	중요 신살
09	土	한글날	2	壬辰	水	伐	氐	破	二黑	青龍黄道	生甲	06:34	12:19	18:04	大明日, 母倉日
10	日	임산부의 날	3	癸巳	水	制	房	危	一白	明堂黄道	生甲	06:35	12:19	18:03	陰陽不將, 大空亡
11	月		4	甲午	金	寶	心	成	九紫	天刑黑道	死甲	06:36	12:19	18:01	大空亡, 生氣
12	火		5	乙未	金	制	尾	收	八白	朱雀黑道	死甲	06:37	12:19	18:00	大明日, 大殺白虎
13	水		6	丙申	火	制	箕	開	七赤	金匱黄道	死甲	06:38	12:18	17:58	月德, 天德, 天賊
14	木		7	丁酉	火	制	斗	閉	六白	天德黄道	死甲	06:39	12:18	17:57	全吉日, 天地轉殺
15	金	체육의 날	8	戊戌	木	專	牛	建	五黄	白虎黑道	死甲	06:40	12:18	17:56	母倉日, 復日
16	土	문화의 날, 중양절(重陽節)	9	己亥	木	制	女	除	四綠	玉堂黄道	死甲	06:41	12:18	17:54	開店開業日, 復日
17	日		10	庚子	土	寶	虛	滿	三碧	天牢黑道	死甲	06:42	12:18	17:53	全吉日, 伏斷日
18	月		11	辛丑	土	義	危	平	二黑	玄武黑道	死甲	06:43	12:17	17:52	母倉日, 河魁, 天罡
19	火		12	壬寅	金	寶	室	定	一白	司命黄道	死甲	06:43	12:17	17:50	大明日, 大空亡
20	水	토왕용사일(21:11)	13	癸卯	金	寶	壁	執	九紫	勾陳黑道	死甲	06:44	12:17	17:49	通用吉日, 大空亡
21	木	경찰의 날	14	甲辰	火	制	奎	破	八白	青龍黄道	病甲	06:45	12:17	17:48	母倉日, 大殺白虎
22	金		15	乙巳	火	寶	婁	危	七赤	明堂黄道	病甲	06:46	12:17	17:46	通用吉日, 金剛殺
23	土		16	丙午	水	專	胃	成	六白	天刑黑道	病甲	06:47	12:16	17:45	天德, 月德, 生氣

상강(霜降) 10월 23일 오후 9시 35분

양력	요일	摘要	陰曆	干支	納音	生剋	星宿	建除	九星	黄道黑道	三甲	일출	일중	일몰	중요 신살
24	日	국제연합일	17	丁未	水	寶	昴	收	五黄	朱雀黑道	病甲	06:48	12:16	17:44	全吉日, 母倉日
25	月		18	戊申	土	寶	畢	開	四綠	金匱黄道	病甲	06:49	12:16	17:43	天赦日, 天賊, 復日
26	火	저축의 날	19	己酉	土	寶	觜	閉	三碧	天德黄道	病甲	06:50	12:16	17:41	大明日, 天地轉殺
27	水		20	庚戌	金	義	參	建	二黑	白虎黑道	病甲	06:51	12:16	17:40	母倉日, 大明日
28	木	교정의 날	21	辛亥	金	寶	井	除	一白	玉堂黄道	病甲	06:52	12:16	17:39	大明日, 天恩日
29	金		22	壬子	木	專	鬼	滿	九紫	天牢黑道	病甲	06:53	12:16	17:38	通用吉日, 歸忌
30	土		23	癸丑	木	伐	柳	平	八白	玄武黑道	病甲	06:54	12:16	17:37	母倉日, 大殺白虎
31	日		24	甲寅	水	專	星	定	七赤	司命黄道	生甲	06:55	12:16	17:35	全吉日, 正四廢

개천절

생갑일

사갑일

병갑일

생갑일

• 이십팔수에서 칠살일을 구분하여 표시한다. 칠살일은 각(角)·항(亢)·우(牛)·규(奎)·루(婁)·귀(鬼)·성(星)에 해당하는 날이다. 칠살일은 양택·음택행사에 모두 사용한다(p.27 참조).

❺ 이십팔수(二十八宿)에서 음택행사에 흉(凶)한 날을 구분하여 표시한다.

10月　음력 庚寅年 8월 24일~9월 24일

개천절

양력	요일	摘要	陰曆	干支	納音	生剋	星宿	建除	九星	黃道黑道	三甲	일출	일중	일몰	중요신살	
1	金	국군의 날	24	甲申	水	伐	鬼	開	一白	白虎黑道	生甲	06:27	12:22	18:16	月空,伏斷日,金剛殺	생갑일
2	土	노인의 날	25	乙酉	水	伐	柳	建	九紫	玉堂黃道	生甲	06:28	12:22	18:15	大空亡,天地轉殺	
3	日		26	丙戌	土	寶	星	除	八白	天牢黑道	生甲	06:29	12:21	18:13	全吉日,大殺白虎	
4	月		27	丁亥	土	伐	張	滿	七赤	玄武黑道	生甲	06:30	12:21	18:12	驛馬,大明日,重日	
5	火	세계한인의 날	28	戊子	火	制	翼	平	六白	司命黃道	生甲	06:31	12:21	18:10	上樑吉日,定礎吉日	
6	水		29	己丑	火	專	軫	定	五黃	句陳黑道	生甲	06:31	12:20	18:09	母倉日,通用吉日	
7	木		30	庚寅	木	制	角	執	四綠	靑龍黃道	生甲	06:32	12:20	18:07	全吉日,小耗,歸忌	
8	金	음력9월(小),재향군인의날	1	辛卯	木	制	亢	破	三碧	句陳黑道	生甲	합삭 03:44			通用吉日,金剛殺	

한로(寒露)　10월 8일　오후 6시 26분　丙戌月

09	土	한글날	2	壬辰	水	伐	氐	危	二黑	靑龍黃道	生甲	06:34	12:19	18:04	大明日,母倉日	
10	日	임산부의 날	3	癸巳	水	制	房	危	一白	明堂黃道	生甲	06:35	12:19	18:03	陰陽不將,大空亡	
11	月		4	甲午	金	寶	心	成	九紫	天刑黑道	死甲	06:36	12:19	18:01	大空亡,生氣	사갑일
12	火		5	乙未	金	制	尾	收	八白	朱雀黑道	死甲	06:37	12:19	18:00	大明日,大殺白虎	
13	水		6	丙申	火	制	箕	開	七赤	金匱黃道	死甲	06:38	12:18	17:58	月德,天德,天賊	
14	木		7	丁酉	火	制	斗	閉	六白	天德黃道	死甲	06:39	12:18	17:57	全吉日,天地轉殺	
15	金	체육의 날	8	戊戌	木	寶	牛	建	五黃	白虎黑道	死甲	06:40	12:18	17:56	母倉日,復日	
16	土	문화의날,중양절(重陽節)	9	己亥	木	制	女	除	四綠	玉堂黃道	死甲	06:41	12:18	17:54	開店開業日,復日	
17	日		10	庚子	土	寶	虛	滿	三碧	天牢黑道	死甲	06:42	12:18	17:53	全吉日,伏斷日	
18	月		11	辛丑	土	義	危	平	二黑	玄武黑道	死甲	06:43	12:17	17:52	母倉日,河魁,天罡	
19	火		12	壬寅	金	寶	室	定	一白	司命黃道	死甲	06:43	12:17	17:50	大明日,大空亡	
20	水	토왕용사일(21:11)	13	癸卯	金	寶	壁	執	九紫	句陳黑道	死甲	06:44	12:17	17:49	通用吉日,大空亡	
21	木	경찰의 날	14	甲辰	火	制	奎	破	八白	靑龍黃道	病甲	06:45	12:17	17:48	母倉日,大殺白虎	병갑일
22	金		15	乙巳	火	寶	婁	危	七赤	明堂黃道	病甲	06:46	12:17	17:46	通用吉日,金剛殺	
23	土		16	丙午	水	專	胃	成	六白	天刑黑道	病甲	06:47	12:16	17:45	天德,月德,生氣	

상강(霜降)　10월 23일　오후 9시 35분

24	日	국제연합일	17	丁未	水	寶	昴	收	五黃	朱雀黃道	病甲	06:48	12:16	17:44	全吉日,母倉日	
25	月		18	戊申	土	寶	畢	開	四綠	金匱黃道	病甲	06:49	12:16	17:43	天赦日,天賊,復日	
26	火	저축의 날	19	己酉	土	寶	觜	閉	三碧	天德黃道	病甲	06:50	12:16	17:41	大明日,天地轉殺	
27	水		20	庚戌	金	義	參	建	二黑	白虎黑道	病甲	06:51	12:16	17:40	母倉日,大明日	
28	木	교정의 날	21	辛亥	金	寶	井	除	一白	玉堂黃道	病甲	06:52	12:16	17:39	大明日,天恩日	
29	金		22	壬子	木	專	鬼	滿	九紫	天牢黑道	病甲	06:53	12:16	17:38	通用吉日,歸忌	
30	土		23	癸丑	木	伐	柳	平	八白	玄武黑道	病甲	06:54	12:16	17:37	母倉日,大殺白虎	
31	日		24	甲寅	水	專	星	定	七赤	司命黃道	生甲	06:55	12:16	17:35	全吉日,正四廢	생갑일

• 이십팔수(二十八宿)에서 음택행사에 흉한 날은 심(心)·여(女)·허(虛)·위(危)·묘(昴)·삼(參)·정(井)·류(柳)에 해당하는 날이다(p.27 참조).

❻ 이십팔수(二十八宿)에서 음택행사에 길(吉)한 날을 구분하여 표시한다.

10月 음력 庚寅年 8월 24일~9월 24일

양력	요일	摘要	陰曆	干支	納音	生剋	星宿	建除	九星	黃道黑道	三甲	일출	일중	일몰	중요 신살
1	金	국군의 날	24	甲申	水	伐	鬼	閉	一白	白虎黑道	生甲	06:27	12:22	18:16	月空, 伏斷日, 金剛殺
2	土	노인의 날	25	乙酉	水	伐	柳	建	九紫	玉堂黃道	生甲	06:28	12:22	18:15	大空亡, 天地轉殺
3	日		26	丙戌	土	寶	星	除	八白	天牢黑道	生甲	06:29	12:21	18:13	全吉日, 大殺白虎
4	月		27	丁亥	土	伐	張	滿	七赤	玄武黑道	生甲	06:30	12:21	18:12	驛馬, 大明日, 重日
5	火	세계한인의 날	28	戊子	火	制	翼	平	六白	司命黃道	生甲	06:31	12:21	18:10	上樑吉日, 定礎吉日
6	水		29	己丑	火	專	軫	定	五黃	句陳黑道	生甲	06:31	12:20	18:09	母倉日, 通用吉日
7	木		30	庚寅	木	制	角	執	四綠	青龍黃道	生甲	06:32	12:20	18:07	全吉日, 小耗, 歸忌
8	金	음력9월(小), 재향군인의 날	1	辛卯	木	制	亢	執	三碧	句陳黑道	生甲	합삭 03:44			通用吉日, 金剛殺

한로(寒露) 10월 8일 오후 6시 26분 丙戌月

양력	요일	摘要	陰曆	干支	納音	生剋	星宿	建除	九星	黃道黑道	三甲	일출	일중	일몰	중요 신살
09	土	한글날	2	壬辰	水	伐	氐	破	二黑	青龍黃道	生甲	06:34	12:19	18:04	大明日, 母倉日
10	日	임산부의 날	3	癸巳	水	制	房	危	一白	明堂黃道	生甲	06:35	12:19	18:03	陰陽不將, 大空亡
11	月		4	甲午	金	寶	心	成	九紫	天刑黑道	死甲	06:36	12:19	18:01	大空亡, 生氣
12	火		5	乙未	金	制	尾	收	八白	朱雀黑道	死甲	06:37	12:19	18:00	大明日, 大殺白虎
13	水		6	丙申	火	制	箕	開	七赤	金匱黃道	死甲	06:38	12:18	17:58	月德, 天德, 天賊
14	木		7	丁酉	火	制	斗	閉	六白	天德黃道	死甲	06:39	12:18	17:57	全吉日, 天地轉殺
15	金	체육의 날	8	戊戌	木	專	牛	建	五黃	白虎黑道	死甲	06:40	12:18	17:56	母倉日, 復日
16	土	문화의 날, 중양절(重陽節)	9	己亥	木	制	女	除	四綠	玉堂黃道	死甲	06:41	12:18	17:54	開店開業日, 復日
17	日		10	庚子	土	寶	虛	滿	三碧	天牢黑道	死甲	06:42	12:18	17:53	全吉日, 伏斷日
18	月		11	辛丑	土	義	危	平	二黑	玄武黑道	死甲	06:43	12:17	17:52	母倉日, 河魁, 天罡
19	火		12	壬寅	金	寶	室	定	一白	司命黃道	死甲	06:43	12:17	17:50	大明日, 大空亡
20	水	토왕용사일(21:11)	13	癸卯	金	寶	壁	執	九紫	句陳黑道	死甲	06:44	12:17	17:49	通用吉日, 大空亡
21	木	경찰의 날	14	甲辰	火	制	奎	破	八白	青龍黃道	病甲	06:45	12:17	17:48	母倉日, 大殺白虎
22	金		15	乙巳	火	寶	婁	危	七赤	明堂黃道	病甲	06:46	12:17	17:46	通用吉日, 金剛殺
23	土		16	丙午	水	專	胃	成	六白	天刑黑道	病甲	06:47	12:16	17:45	天德, 月德, 生氣

상강(霜降) 10월 23일 오후 9시 35분

양력	요일	摘要	陰曆	干支	納音	生剋	星宿	建除	九星	黃道黑道	三甲	일출	일중	일몰	중요 신살
24	日	국제연합일	17	丁未	水	寶	昴	收	五黃	朱雀黑道	病甲	06:48	12:16	17:44	全吉日, 母倉日
25	月		18	戊申	土	寶	畢	開	四綠	金匱黃道	病甲	06:49	12:16	17:43	天赦日, 天賊, 復日
26	火	저축의 날	19	己酉	土	寶	觜	閉	三碧	天德黃道	病甲	06:50	12:16	17:41	大明日, 天地轉殺
27	水		20	庚戌	金	義	參	建	二黑	白虎黑道	病甲	06:51	12:16	17:40	母倉日, 大明日
28	木	교정의 날	21	辛亥	金	寶	井	除	一白	玉堂黃道	病甲	06:52	12:16	17:39	大明日, 天恩日
29	金		22	壬子	木	專	鬼	滿	九紫	天牢黑道	病甲	06:53	12:16	17:38	通用吉日, 歸忌
30	土		23	癸丑	木	伐	柳	平	八白	玄武黑道	病甲	06:54	12:16	17:37	母倉日, 大殺白虎
31	日		24	甲寅	水	專	星	定	七赤	司命黃道	生甲	06:55	12:16	17:35	全吉日, 正四廢

개천절

생갑일 / 사갑일 / 병갑일 / 생갑일

• 이십팔수(二十八宿)에서 음택행사에 길한 날은 미(尾)·기(箕)·두(斗)·실(室)·벽(壁)·위(胃)·필(畢)·자(觜)·장(張)·익(翼)·진(軫)에 해당하는 날이다(p.27 참조).

10月　음력 庚寅年 8월 24일~9월 24일

양력	요일	摘要	陰曆	干支	納音	生剋	星宿	建除	九星	黃道黑道	三甲	일출	일중	일몰	중요 신살
1	金	국군의 날	24	甲申	水	伐	鬼	閉	一白	白虎黑道	生甲	06:27	12:22	18:16	月空,伏斷日,金剛殺
2	土	노인의 날	25	乙酉	水	伐	柳	建	九紫	玉堂黃道	生甲	06:28	12:22	18:15	大空亡,天地轉殺
3	日		26	丙戌	土	寶	星	除	八白	天牢黑道	生甲	06:29	12:21	18:13	全吉日,大殺白虎
4	月		27	丁亥	土	伐	張	滿	七赤	玄武黑道	生甲	06:30	12:21	18:12	驛馬,大明日,重日
5	火	세계한인의 날	28	戊子	火	制	翼	平	六白	司命黃道	生甲	06:31	12:21	18:10	上樑吉日,定礎吉日
6	水		29	己丑	火	專	軫	定	五黃	句陳黃道	生甲	06:31	12:20	18:09	母倉日,通用吉日
7	木		30	庚寅	木	制	角	執	四綠	青龍黃道	生甲	06:32	12:20	18:07	全吉日,小耗,歸忌
8	金	음력9월(小),재향군인의날	1	辛卯	木	制	亢	執	三碧	句陳黑道	生甲	합삭 03:44			通用吉日,金剛殺

한로(寒露)　10월 8일　오후 6시 26분　丙戌月

양력	요일	摘要	陰曆	干支	納音	生剋	星宿	建除	九星	黃道黑道	三甲	일출	일중	일몰	중요 신살
09	土	한글날	2	壬辰	水	伐	氐	破	二黑	青龍黃道	生甲	06:34	12:19	18:04	大明日,母倉日
10	日	임산부의 날	3	癸巳	水	制	房	危	一白	明堂黃道	生甲	06:35	12:19	18:03	陰陽不將,大空亡
11	月		4	甲午	金	寶	心	成	九紫	天刑黑道	死甲	06:36	12:19	18:01	大空亡,生氣
12	火		5	乙未	金	制	尾	收	八白	朱雀黑道	死甲	06:37	12:19	18:00	大明日,大殺白虎
13	水		6	丙申	火	制	箕	開	七赤	金匱黃道	死甲	06:38	12:18	17:58	月德,天德,天賊
14	木		7	丁酉	火	制	斗	閉	六白	天德黃道	死甲	06:39	12:18	17:57	全吉日,天地轉殺
15	金	체육의 날	8	戊戌	木	專	牛	建	五黃	白虎黑道	死甲	06:40	12:18	17:56	母倉日,復日
16	土	문화의날,중양절(重陽節)	9	己亥	木	制	女	除	四綠	玉堂黃道	死甲	06:41	12:18	17:54	開店開業日,復日
17	日		10	庚子	土	寶	虛	滿	三碧	天牢黑道	死甲	06:42	12:18	17:53	全吉日,伏斷日
18	月		11	辛丑	土	義	危	平	二黑	玄武黑道	死甲	06:43	12:17	17:52	母倉日,河魁,天罡
19	火		12	壬寅	金	寶	室	定	一白	司命黃道	死甲	06:43	12:17	17:50	大明日,大空亡
20	水	토왕용사일(21:11)	13	癸卯	金	寶	壁	執	九紫	句陳黑道	死甲	06:44	12:17	17:49	通用吉日,大空亡
21	木	경찰의 날	14	甲辰	火	制	奎	破	八白	青龍黃道	病甲	06:45	12:17	17:48	母倉日,大殺白虎
22	金		15	乙巳	火	寶	婁	危	七赤	明堂黃道	病甲	06:46	12:17	17:46	通用吉日,金剛殺
23	土		16	丙午	水	專	胃	成	六白	天刑黑道	病甲	06:47	12:16	17:45	天德,月德,生氣

상강(霜降)　10월 23일　오후 9시 35분

양력	요일	摘要	陰曆	干支	納音	生剋	星宿	建除	九星	黃道黑道	三甲	일출	일중	일몰	중요 신살
24	日	국제연합일	17	丁未	水	寶	昴	收	五黃	朱雀黑道	病甲	06:48	12:16	17:44	全吉日,母倉日
25	月		18	戊申	土	寶	畢	開	四綠	金匱黃道	病甲	06:49	12:16	17:43	天赦日,天賊,復日
26	火	저축의 날	19	己酉	土	寶	觜	閉	三碧	天德黃道	病甲	06:50	12:16	17:41	大明日,天地轉殺
27	水		20	庚戌	金	義	參	建	二黑	白虎黑道	病甲	06:51	12:16	17:40	母倉日,大明日
28	木	교정의 날	21	辛亥	金	寶	井	除	一白	玉堂黃道	病甲	06:52	12:16	17:39	大明日,天恩日
29	金		22	壬子	木	專	鬼	滿	九紫	天牢黑道	病甲	06:53	12:16	17:38	通用吉日,歸忌
30	土		23	癸丑	木	伐	柳	滿	八白	玄武黑道	病甲	06:54	12:16	17:37	母倉日,大殺白虎
31	日		24	甲寅	水	專	星	定	七赤	司命黃道	生甲	06:55	12:16	17:35	全吉日,正四廢

개천절

생갑일 / 사갑일 / 병갑일 / 생갑일

• 건제십이신(建除十二神)에서 음택행사에 꺼리는 흉신은 개(開)·파(破)이다(p.28 참조).

❽ 건제십이신(建除十二神)에서 음택행사에 좋은 길신(吉神)을 구분하여 표시한다.

10月 음력 庚寅年 8월 24일 ~ 9월 24일

양력	요일	摘要	陰曆	干支	納音	生剋	星宿	建除	九星	黃道黑道	三甲	일출	일중	일몰	중요 신살
1	金	국군의 날	24	甲申	水	伐	鬼	閉	一白	白虎黑道	生甲	06:27	12:22	18:16	月空, 伏斷日, 金剛殺
2	土	노인의 날	25	乙酉	水	伐	柳	建	九紫	玉堂黃道	生甲	06:28	12:22	18:15	大空亡, 天地轉殺
3	日		26	丙戌	土	寶	星	除	八白	天牢黑道	生甲	06:29	12:21	18:13	全吉日, 大殺白虎
4	月		27	丁亥	土	伐	張	滿	七赤	玄武黑道	生甲	06:30	12:21	18:12	驛馬, 大明日, 重日
5	火	세계한인의 날	28	戊子	火	制	翼	平	六白	司命黃道	生甲	06:31	12:21	18:10	上樑吉日, 定礎吉日
6	水		29	己丑	火	專	軫	定	五黃	句陳黑道	生甲	06:31	12:20	18:09	母倉日, 通用吉日
7	木		30	庚寅	木	制	角	執	四綠	青龍黃道	生甲	06:32	12:20	18:07	全吉日, 小耗, 歸忌
8	金	음력9월(小), 재향군인의 날	1	辛卯	木	制	亢	破	三碧	句陳黑道	生甲	합삭 03:44			通用吉日, 金剛殺

한로(寒露) 10월 8일 오후 6시 26분 丙戌月

양력	요일	摘要	陰曆	干支	納音	生剋	星宿	建除	九星	黃道黑道	三甲	일출	일중	일몰	중요 신살
09	土	한글날	2	壬辰	水	伐	氐	危	二黑	青龍黃道	生甲	06:34	12:19	18:04	大明日, 母倉日
10	日	임산부의 날	3	癸巳	水	制	房	危	一白	明堂黃道	生甲	06:35	12:19	18:03	陰陽不將, 大空亡
11	月		4	甲午	金	寶	心	成	九紫	天刑黑道	死甲	06:36	12:19	18:01	大空亡, 生氣
12	火		5	乙未	金	制	尾	收	八白	朱雀黑道	死甲	06:37	12:19	18:00	大明日, 大殺白虎
13	水		6	丙申	火	制	箕	開	七赤	金匱黃道	死甲	06:38	12:18	17:58	月德, 天德, 天賊
14	木		7	丁酉	火	制	斗	閉	六白	天德黃道	死甲	06:39	12:18	17:57	全吉日, 天地轉殺
15	金	체육의 날	8	戊戌	木	專	牛	建	五黃	白虎黑道	死甲	06:40	12:18	17:56	母倉日, 復日
16	土	문화의 날, 중양절(重陽節)	9	己亥	木	制	女	除	四綠	玉堂黃道	死甲	06:41	12:18	17:54	開店開業日, 復日
17	日		10	庚子	土	寶	虛	滿	三碧	天牢黑道	死甲	06:42	12:18	17:53	全吉日, 伏斷日
18	月		11	辛丑	土	義	危	平	二黑	玄武黑道	死甲	06:43	12:17	17:52	母倉日, 河魁, 天罡
19	火		12	壬寅	金	寶	室	定	一白	司命黃道	死甲	06:43	12:17	17:50	大明日, 大空亡
20	水	토왕용사일(21:11)	13	癸卯	金	寶	壁	執	九紫	句陳黑道	死甲	06:44	12:17	17:49	通用吉日, 大空亡
21	木	경찰의 날	14	甲辰	火	制	奎	破	八白	青龍黃道	病甲	06:45	12:17	17:48	母倉日, 大殺白虎
22	金		15	乙巳	火	寶	婁	危	七赤	明堂黃道	病甲	06:46	12:17	17:46	通用吉日, 金剛殺
23	土		16	丙午	水	專	胃	成	六白	天刑黑道	病甲	06:47	12:16	17:45	天德, 月德, 生氣

상강(霜降) 10월 23일 오후 9시 35분

양력	요일	摘要	陰曆	干支	納音	生剋	星宿	建除	九星	黃道黑道	三甲	일출	일중	일몰	중요 신살
24	日	국제연합일	17	丁未	水	寶	昴	收	五黃	朱雀黑道	病甲	06:48	12:16	17:44	全吉日, 母倉日
25	月		18	戊申	土	寶	畢	開	四綠	金匱黃道	病甲	06:49	12:16	17:43	天赦日, 天賊, 復日
26	火	저축의 날	19	己酉	土	寶	觜	閉	三碧	天德黃道	病甲	06:50	12:16	17:41	大明日, 天地轉殺
27	水		20	庚戌	金	義	參	建	二黑	白虎黑道	病甲	06:51	12:16	17:40	母倉日, 大明日
28	木	교정의 날	21	辛亥	金	寶	井	除	一白	玉堂黃道	病甲	06:52	12:16	17:39	大明日, 天恩日
29	金		22	壬子	木	專	鬼	滿	九紫	天牢黑道	病甲	06:53	12:16	17:38	通用吉日, 歸忌
30	土		23	癸丑	木	伐	柳	平	八白	玄武黑道	病甲	06:54	12:16	17:37	母倉日, 大殺白虎
31	日		24	甲寅	水	專	星	定	七赤	司命黃道	生甲	06:55	12:16	17:35	全吉日, 正四廢

(측면 표기) 개천절 / 생갑일 / 사갑일 / 병갑일 / 생갑일

• 건제십이신(建除十二神)에서 음택행사에 좋은 길신(吉神)을 표시한다. 길신은 정(定)·집(執)·성(成)·폐(閉)이다. 흉신을 제외하고 나머지 모두 길신으로 보아도 된다(p.28 참조).

길일(吉日)의 순서

1 흉신(검은색)이 없고, 길신(황색)이 가장 많은 날.

→ 사갑일이 가장 길하고 병갑일은 그 다음이므로 사갑일에서부터 찾는다. 양력 14일과 19일이 이에 해당되어 가장 길한 날이다.

2 흉신이 없고, 길신이 두 번째로 많은 날.

→ 이 경우에는 양력 20일이 길하고, 흉신이 없는 양력 12일이 다음이다. 필자는 13일도 가능하다고 본다.

3 병갑일로 넘어가서 앞에서 사용한 방법대로 길일을 가린다.

→ 이 경우에는 양력 26일이 더 길하고, 23일이 그 다음이다.

4 길신과 흉신이 섞여 있어도 길신이 많은 날.

→ 이 경우에는 양력 21일, 25일, 28일이 이에 해당된다.